ISBN 978-0-260-96467-0
PIBN 10994800

INDICE GENERAL (*)

(*) Atribuímos en estos índices los tratados y documentos á los distintos países según resulta de sus cabeceras. En las anotaciones puestas á éstas se precisa si han sido ó no ratificados por cada uno de aquéllos.

ÍNDICE CRONOLÓGICO

INDICE ALFABÉTICO POR NACIONES

Tratados.

ÍNDICE ALFABÉTICO POR NACIONES

1

ALEMANIA, AUSTRIA, BÉLGICA, ESTADOS UNIDOS DE AMÉRICA, FRANCIA, GRAN BRETAÑA, ITALIA, MARRUECOS, PAÍSES BAJOS, PORTUGAL, RUSIA Y SUECIA

Acta general y protocolo adicional de la *Conferencia de Algeciras.*

Firmada en **Algeciras** *á 7 de Abril de 1906.*
(Publicada el 2 de Enero de 1907.)

AU NOM DE DIEU TOUT PUISSANT;

Sa Majesté l'Empereur d'Allemagne, Roi de Prusse, au nom de l'Empire Allemand;

Sa Majesté l'Empereur d'Autriche, Roi de Bohême, etc., et Roi Apostolique de Hongrie;

Sa Majesté le Roi des Belges;

Sa Majesté le Roi d'Espagne;

Le Président des Etats-Unis d'Amérique;

Le Président de la République française;

Sa Majesté le Roi du Royaume-Uni de la Grande-Bretagne et d'Irlande et des territoires britanniques au delà des mers, Empereur des Indes;

Sa Majesté le Roi d'Italie;

Sa Majesté le Sultan du Maroc;

Sa Majesté la Reine des Pays-Bas;

Sa Majesté le Roi de Portugal et des Algarves, etc., etc., etc.;

Sa Majesté l'Empereur de toutes les Russies;

Sa Majesté le Roi de Suède,

S'inspirant de l'intérêt qui s'attache à ce que l'ordre, la paix et la prospérité règnent au Maroc, et ayant reconnu que ce but précieux ne saurait être atteint que moyennant l'introduction de réformes basées sur le triple principe de la souveraineté et de l'indépendance de Sa Majesté le Sultan, de l'intégrité de ses Etats et de la liberté économique sans aucune inégalité, ont résolu, sur l'invi-

DEPÓSITO DE LAS RATIFICACIONES en Madrid á 31 de Diciembre de 1906, según Acta que insertamos. La de S. M. autorizada por ley de 18 de Diciembre de 1906, que también se copia.

Gaceta de Madrid de 2 de Enero de 1907. — Martens, N. R. G., 2.ª serie, XXXIV, 289.—*Documents diplomatiques, Affaires du Maroc II*, 258. — Acompañamos aquí el texto inglés de las reservas hechas por el Senado de los Estados Unidos que constan en la ratificación de estos y la traducción del rescripto imperial del Sultán de Marruecos, ratificando el Acta, fechado en 26 de Rabí 2.º de 1324 (18 de Junio de 1906), haciéndola de la francesa, inserta en el Libro rojo austriaco (páginas 449-50). Ni uno ni otro documento se han publicado en las ediciones oficiales españolas.

tation qui Leur a été adressée par Sa Majesté Chérifienne, de réunir une Conférence à Algésiras pour arriver à une entente sur les dites réformes, ainsi que pour examiner les moyens de se procurer les ressources nécessaires à leur application et ont nommé pour Leurs Délégués Plénipotentiaires, savoir:

Sa Majesté l'Empereur d'Allemagne, Roi de Prusse, au nom de l'Empire Allemand:

Le Sieur Joseph de *Radowitz*, Son Ambassadeur Extraordinaire et Plénipotentiaire près Sa Majesté Catholique, et

Le Sieur Christian, *Comte de Tattenbach*, Son Envoyé Extraordinaire et Ministre Plénipotentiaire près Sa Majesté Très Fidèle.

Sa Majesté l'Empereur d'Autriche, Roi de Bohême, etc., et Roi Apostolique de Hongrie:

Le Sieur Rodolphe, *Comte de Welsersheimb*, Son Ambassadeur Extraordinaire et Plénipotentiaire près Sa Majesté Catholique, et

Le Sieur Léopold, *Comte Bolesta-Koziebrodzki*, Son Envoyé Extraordinaire et Ministre Plénipotentiaire au Maroc.

Sa Majesté le Roi des Belges:

Le Sieur Maurice, *Baron Joostens*, Son Envoyé Extraordinaire et Ministre Plénipotentiaire près Sa Majesté Catholique, et

Le Sieur Conrad, *Comte de Buisseret Steenbecque de Blarenghien,* Son Envoyé Extraordinaire et Ministre Plénipotentiaire au Maroc.

Sa Majesté le Roi d'Espagne:

Don Juan Manuel Sánchez y Gutiérrez de Castro, *Duc d'Almodóvar del Rio,* Son Ministre d'Etat, et

Don Juan Pérez Caballero y Ferrer, Son Envoyé Extraordinaire et Ministre Plénipotentiaire près Sa Majesté le Roi des Belges.

Le Président des Etats-Unis d'Amérique:

Le Sieur *Henry White,* Ambassadeur Extraordinaire et Plénipotentiaire des Etats-Unis d'Amérique près Sa Majesté le Roi d'Italie, et

Le Sieur *Samuel R. Gummeré,* Envoyé Extraordinaire et Ministre Plénipotentiaire des Etats-Unis d'Amérique au Maroc.

Le Président de la République Française:

Le Sieur *Paul Révoil,* Ambassadeur Extraordinaire et Plénipotentiaire de la République Française auprès de la Confédération Suisse, et

Le Sieur *Eugène Regnault,* Ministre Plénipotentiaire.

Sa Majesté le Roi du Royaume-Uni de Grande Bretagne et d'Irlande et des territoires britanniques au delà des mers, Empereur des Indes:

Sir Arthur Nicolson, Son Ambassadeur Extraordinaire et Plénipotentiaire près Sa Majesté l'Empereur de toutes les Russies.

Sa Majesté le Roi d'Italie:

Le Sieur Emile, *Marquis Visconti-Venosta,* Chevalier de l'Ordre de la Très-Sainte Annonciade, et

Le Sieur *Giulio Malmusi,* Son Envoyé Extraordinaire et Ministre Plénipotentiaire au Maroc.

Sa Majesté le Sultan du Maroc:

El Hadj Mohamed ben el-Arbi Et-Torrés, Son Délégué à Tanger et Son Ambassadeur Extraordinaire;

El Hadj Mohamed ben Abdesselam El-Mokhri, Son Ministre des dépenses;

El Hadj Mohamed Es-Seffar, et

Sid Abderrhaman Bennis.

Sa Majesté la Reine des Pays-Bas:

Le Sieur Jonkheer *Hannibal Testa,* Son Envoyé Extraordinaire et Ministre Plénipotentiaire près Sa Majesté Catholique.

Sa Majesté le Roi de Portugal et des Algarves, etc.

Le Sieur Antoine, *Comte de Tovar,* Son Envoyé Extraordinaire et Ministre Plénipotentiaire près Sa Majesté Catholique, et

Le Sieur François-Robert, *Comte Martens Ferrão,* Pair du Royaume, Son Envoyé Extraordinaire et Ministre Plénipotentiaire au Maroc.

Sa Majesté l'Empereur de toutes les Russies:

Le Sieur Arthur, *Comte Cassini,* Son Ambassadeur Extraordinaire et Plénipotentiaire près Sa Majesté Catholique, et

Le Sieur *Basile de Bacheracht,* Son Ministre au Maroc.

Sa Majesté le Roi de Suède:

Le Sieur *Robert Sager,* Son Envoyé Extraordinaire et Ministre Plénipotentiaire près Sa Majesté Catholique et près Sa Majesté Très Fidèle.

Lesquels, munis de pleins pouvoirs qui ont été trouvés en bonne et due forme, ont, conformément au programme sur lequel Sa Majesté Chérifienne et les Puissances sont tombées d'accord, successivement discuté et adopté:

I. Une Déclaration relative à l'organisation de la police;

II. Un Règlement concernant la surveillance et la répression de la contrebande des armes;

III. Un Acte de concession d'une Banque d'Etat marocaine;

IV. Une Déclaration concernant un meilleur rendement des impôts et la création de nouveaux revenus;

V. Un Règlement sur les Douanes de l'empire et la répression de la fraude et de la contrebande.

VI. Une Déclaration relative aux Services Publics et aux Travaux Publics;

Et ayant jugé que ces différents documents pourraient être utilement coordonnés en un seul instrument, les ont réunis en un Acte général composé des articles suivants:

CHAPITRE PREMIER

Déclaration relative à l'organisation de la police.

Article I. La Conférence, appelée par Sa Majesté le Sultan à se prononcer sur les mesures nécessaires pour organiser la police, déclare que les dispositions à prendre sont les suivantes:

Art. II. La police sera placée sous l'autorité souveraine de Sa Majesté le Sultan. Elle sera recrutée par le Makhzen parmi les musulmans marocains, commandée par des Caïds marocains et répartie dans les huit ports ouverts au commerce.

Art. III. Pour venir en aide au Sultan dans l'organisation de cette police, des officiers et sous-officiers instructeurs espagnols, des officiers et sous-officiers instructeurs français, seront mis à Sa disposition par leurs Gouvernements respectifs, qui soumettront leur désignation à l'agrément de Sa Majesté Chérifienne. Un contrat passé entre le Makhzen et les instructeurs, en conformité du règlement prévu à l'art. IV, déterminera les conditions de leur engagement et fixera leur solde, qui ne pourra pas être inférieur au double de la solde correspondante au grade de chaque officier ou sous-officier. Il leur sera alloué, en outre, une indemnité de résidence variable suivant les localités. Des logements convenables seront mis à leur disposition par le Makhzen, qui fournira également les montures et les fourrages nécessaires.

Les Gouvernements auxquels ressortissent les instructeurs se réservent le droit de les rappeler et de les remplacer par d'autres, agréés et engagés dans les mêmes conditions.

Art. IV. Ces officiers et sous-officiers prêteront pour une durée de cinq années, à dater de la ratification de l'Acte de la Conférence, leur concours à l'organisation des corps de police chérifiens. Ils assureront l'instruction et la discipline conformément au règlement qui sera établi sur la matière; ils veilleront également à ce que les hommes enrôlés possèdent l'aptitude au service militaire. D'une façon générale, ils devront surveiller l'administration des troupes et contrôler le payement de la solde, qui sera effectué par l'*Amin*, assisté de l'officier instructeur comptable. Ils prêteront aux autorités marocaines, investies du commandement de ces corps, leur concours technique pour l'exercice de ce commandement.

Les dispositions réglementaires propres à assurer le recrutement, la discipline, l'instruction et l'administration des corps de police seront arrêtées d'un commun accord entre le Ministre de la Guerre chérifien ou son délégué, l'inspecteur prévu à l'art. VII, l'instructeur français et l'instructeur espagnol les plus élevés en grade.

Le règlement devra être soumis au corps diplomatique à Tanger qui formulera son avis dans le délai d'un mois.

Passé ce délai, le règlement sera mis en application.

Art. V. L'effectif total des troupes de police ne devra pas dépasser deux mille cinq cents hommes ni être inférieur à deux mille. Il sera réparti suivant l'importance des ports par groupes variant de cent cinquante à six cents hommes. Le nombre des officiers espagnols et français sera de seize à vingt; celui des sous-officiers espagnols et français de trente à quarante.

Art. VI. Les fonds nécessaires à l'entretien et au payement de la solde des troupes et des officiers et sous-officiers instructeurs, seront avancés au Trésor chérifien par la Banque d'Etat, dans les limites du budget annuel attribué à la police, qui ne devra pas dépasser deux millions et demi de pesetas pour un effectif de deux mille cinq cents hommes.

Art. VII. Le fonctionnement de la police sera, pendant la même période de cinq années, l'objet d'une inspection générale qui sera confiée par Sa Majesté Chérifienne à un officier supérieur de l'armée suisse dont le choix sera proposé à Son agrément par le Gouvernement fédéral suisse.

Cet officier prendra le titre d'Inspecteur général et aura sa résidence à Tanger.

Il inspectera, au moins une fois par an, les divers corps de police, et à la suite de ces inspections il établira un rapport qu'il adressera au Makhzen.

En dehors des rapports réguliers, il pourra, s'il le juge nécessaire, établir des rapports spéciaux sur toute question concernant le fonctionnement de la police.

Sans intervenir directement dans le commandement ou l'instruction, l'Inspecteur général se rendra compte des résultats obtenus par la police chérifienne au point de vue du maintien de l'ordre et de la sécurité dans les localités où cette police sera installée.

Art. VIII. Les rapports et communications faits au Makhzen par l'Inspecteur général au sujet de sa mission seront en même temps remis en copie au Doyen du Corps Diplomatique à Tanger, afin que le Corps Diplomatique soit mis à même de constater que la police chérifienne fonctionne conformément aux décisions prises par la Conférence et de surveiller si elle garantit d'une manière efficace et conforme aux traités, la sécurité des personnes et des biens des ressortissants étrangers, ainsi que celle des transactions commerciales.

Art. IX. En cas de réclamations dont le Corps Diplomatique serait saisi par la Légation intéressée, le Corps Diplomatique pourra, en avisant le Représentant du Sultan, demander à l'Inspecteur général de faire une enquête et d'établir un rapport sur ces réclamations, à toutes fins utiles.

Art. X. L'Inspecteur général recevra un traitement annuel de vingt cinq mille francs. Il lui sera alloué, en outre, une indemnité de six mille francs pour frais de tournées. Le Makhzen mettra à sa disposition une maison convenable et pourvoira à l'entretien de ses chevaux.

Art. XI. Les conditions matérielles de son engagement et de son installation, prévues à l'art. X, feront l'objet d'un contrat passé entre lui et le Makhzen. Ce contrat sera communiqué en copie au Corps Diplomatique.

Art. XII. Le cadre des instructeurs de la police chérifienne (officiers et sous-officiers) sera espagnol à Tétouan, mixte à Tanger, espagnol à Larache, français à Rabat, mixte à Casablanca et français dans les trois autres ports (1).

CHAPITRE II

Règlement concernant la surveillance et la répression de la contrebande des armes.

Art. XIII. Sont prohibés dans toute l'étendue de l'Empire Chérifien, sauf dans le cas spécifié aux articles XIV et XV, l'importation et le commerce des armes de guerre, pièces d'armes, munitions chargées ou non chargées de toutes espèces, poudres, salpêtre, fulmicoton, nitro-glycérine et toutes compositions destinées exclusivement à la fabrication des munitions.

Art. XIV. Les explosifs nécessaires à l'industrie et aux travaux publics pourront néanmoins être introduits. Un règlement, pris dans les formes indiquées à l'art. XVIII, déterminera les conditions dans lesquelles sera effectuée leur importation.

Art. XV. Les armes, pièces d'armes et munitions destinées aux troupes de Sa Majesté chérifienne seront admises après l'accomplissement des formalités suivantes:

Une déclaration, signée par le Ministre de la Guerre marocain, énonçant le nombre et l'espèce des fournitures de ce genre commandées à l'industrie étrangère, devra être présentée à la Légation du pays d'origine qui y apposera son visa.

Le dédouanement des caisses et colis contenant les armes et munitions livrées en exécution de la commande du Gouvernement marocain, sera opéré sur la production:

1.º De la déclaration spécifiée cidessus;

2.ª Du connaissement indiquant le nombre, le poids des colis, le nombre et l'espéce des armes et munitions qu'ils contiennent. Ce document devra être visé par la Légation du pays d'origine qui marquera au verso les quantités successives précédemment dédouanées. Le visa sera refusé à partir du moment où la commande aura été intégralement livrée.

Art. XVI. L'importation des armes de chasse et de luxe, pièces d'armes, cartouches chargées et non chargées est également interdite. Elle pourra toutefois être autorisée:

1.º Pour les besoins strictement personnels de l'importateur;

2.º Pour l'approvisionnement des magasins d'armes autorisés conformément à l'art. XVIII.

---

(1) Mazagán, Saffi y Mogador.

Art. XVII. Les armes et munitions de chasse ou de luxe seront admises pour les besoins strictement personnels de l'importateur, sur la production d'un permis delivré par le représentant du Makhzen à Tanger. Si l'importateur est étranger, le permis ne sera établi que sur la demande de la Légation dont il relève.

En ce qui concerne les munitions de chasse, chaque permis portera au maximum sur mille cartouches ou les fournitures nécessaires à la fabrication de mille cartouches.

Le permis ne sera donné qu'à des personnes n'ayant encouru aucune condamnation correctionnelle.

Art. XVIII. Le commerce des armes de chasse et de luxe, non rayées, de fabrication étrangère, ainsi que des munitions qui s'y rapportent, sera réglementé, dès que les circonstances le permettront, par décision chérifienne, prise conformément à l'avis du Corps Diplomatique à Tanger, statuant à la majorité des voix. Il en sera de même des décisions ayant pour but de suspendre ou de restreindre l'exercice de ce commerce.

Seules, les personnes ayant obtenu une licence spéciale et temporaire du Gouvernement marocain, seront admises à ouvrir et exploiter des débits d'armes et de munitions de chasse. Cette licence ne sera accordée que sur demande écrite de l'intéressé, appuyée d'un avis favorable de la Légation dont il relève.

Des règlements pris dans la forme indiquée au paragraphe premier de cet article détermineront le nombre des débits pouvant être ouverts à Tanger et éventuellement dans les ports qui seront ultérieurement désignés. Ils fixeront les formalités imposées à l'importation des explosifs à l'usage de l'industrie et des travaux publics, des armes et munitions destinées à l'approvisionnement des débits, ainsi que les quantités maxima qui pourront être conservées en dépôt.

En cas d'infraction aux prescriptions réglementaires, la licence pourra être retirée à titre temporaire ou à titre définitif, sans préjudice des autres peines encourues par les délinquants.

Art. XIX. Toute introduction ou tentative d'introduction de marchandises prohibées donnera lieu à leur confiscation et en outre aux peines et amendes ci dessous, qui seront prononcées par la juridiction compétente.

Art. XX. L'introduction ou tentative d'introduction par un port ouvert au commerce ou par un bureau de douane, sera punie:

1° D'une amende de cinq cents à deux mille pesetas et d'une amende supplémentaire égale à trois fois la valeur de la marchandise importée;

2° D'un emprisonnement de cinq jours à un an ou de l'une des deux pénalités seulement.

Art. XXI. L'introduction ou tentative d'introduction en dehors d'un port ouvert au commerce ou d'un bureau de douane sera punie:

1° D'une amende de mille à cinq mille pesetas et d'une amende supplémentaire égale à trois fois la valeur de la marchandise importée;

2° D'un emprisonnement de trois mois à deux ans ou de l'une des deux pénalités seulement.

Art. XXII. La vente frauduleuse, le recel et le colportage des marchandises prohibées par le présent règlement seront punis des peines édictées à l'art. XX.

Art. XXIII. Les complices des délits prévus aux articles XX, XXI et XXII seront passibles des mêmes peines que les auteurs principaux. Les éléments caractérisant la complicité seront appréciés d'après la législation du tribunal saisi.

Art. XXIV. Quand il y aura des indices sérieux, faisant soupçonner qu'un navire mouillé dans un port ouvert au commerce transporte en vue de leur introduction au Maroc, des armes, des munitions ou d'autres marchandises prohibées, les agents de la douane chérifienne devront signaler ces indices à l'autorité consulaire compétente afin que celle-ci procède, avec l'assistance d'un délégué de la douane chérifienne, aux enquêtes, vérifications ou visites qu'elle jugera nécessaires.

Art. XXV. Dans le cas d'introduction ou de tentative d'introduction par mer de marchandises prohibées, en dehors d'un port ouvert au commerce, la douane marocaine pourra amener le navire au port le plus proche pour être remis à l'autorité consulaire, laquelle pourra le saisir et maintenir la saisie jusqu'au payement des amendes prononcées. Toutefois, la saisie du navire devra être levée, en tout état de l'instance, en tant que cette mesure, n'entravera pas l'instruction judiciaire, sur consignation du montant maximum de l'amende entre les mains de l'autorité consulaire ou sous caution solvable de la payer, acceptée par la douane.

Art. XXVI. Le Mackhzen conservera les marchandises confisquées, soit pour son propre usage, si elles peuvent lui servir, à condition que les sujets de l'empire ne puissent s'en procurer, soit pour les faire vendre en pays étranger.

Les moyens de transport à terre pourront être confisqués et seront vendus au profit du Trésor chérifien.

Art. XXVII. La vente des armes réformées par le Gouvernement marocain sera prohibée dans toute l'étendue de l'Empire Chérifien.

Art. XXVIII. Des primes, à prélever sur le montant des amendes prononcées, seront attribuées aux indicateurs qui auront amené la découverte des marchandises prohibées et aux agents qui en auront opéré la saisie; ces primes seront ainsi attribuées après déduction, s'il y a lieu, des frais du procès: un tiers à répartir par la douane entre les indicateurs, un tiers aux agents ayant saisi la marchandise, et un tiers au Trésor marocain.

Si la saisie a été opérée sans l'intervention d'un indicateur, la moitié des amendes sera attribuée aux agents saisissants et l'autre moitié au Trésor chérifien.

Art. XXIX. Les autorités douanières marocaines devront signaler directement aux agents diplomatiques ou consulaires les infractions au présent règlement commises par leurs ressortissants, afin que ceux-ci soient poursuivis devant la juridiction compétente.

Les mêmes infractions, commises par des sujets marocains, seront déférées directement par la douane à l'autorité chérifienne.

Un délégué de la douane sera chargé de suivre la procédure des affaires pendantes devant les diverses juridictions.

Art. XXX. Dans la région frontière de l'Algérie, l'application du règlement sur la contrebande des armes restera l'affaire exclusive de la France et du Maroc.

De même l'application du règlement sur la contrebande des armes dans le Riff, et, en général dans les régions frontières des possessions espagnoles, restera l'affaire exclusive de l'Espagne et du Maroc.

CHAPITRE III

Acte de concession d'une Banque d'Etat.

Art. XXXI. Une Banque sera instituée au Maroc, sous le nom de *Banque d'Etat du Maroc*, pour exercer les droits ci-après spécifiés dont la concession lui est accordée par Sa Majesté le Sultan pour une durée de quarante années, à partir de la ratification du présent Acte.

Art. XXXII. La Banque qui pourra exécuter toutes les opérations rentrant dans les attributions d'une Banque, aura le privilége exclusif d'émettre des billets au porteur, remboursables à présentation, ayant force libératoire dans les caisses publiques de l'Empire marocain.

La Banque maintiendra, pour le terme de deux ans, à compter de la date de son entrée en fonctions, une encaisse, au moins égale à la moitié de ses billets en circulation, et au moins égale au tiers, après cette période de deux ans révolue. Cette encaisse sera constituée pour au moins un tiers en or ou monnaie d'or.

Art. XXXIII. La Banque remplira, à l'exclusion de toute autre banque ou établissement de crédit, les fonctions de trésorier-payeur de l'Empire. A cet effet le Gouvernement marocain prendra les mesures nécessaires pour faire verser dans les caisses de la Banque le produit des revenus des douanes, à l'exclusion de la partie affectée au service de l'Emprunt 1904, et des autres revenus qu'il désignera.

Quant au produit de la taxe spéciale créée en vue de l'accomplissement de certains travaux publics, le Gouvernement marocain devra le faire verser à la Banque, ainsi que les revenus qu'il pourrait ultérieurement affecter à la garantie de ses emprunts, la Banque étant spécialement chargée d'en assurer le service, à l'exception toutefois de l'Emprunt 1904, qui se trouve régi par un Contrat spécial [1].

Art. XXXIV. La Banque sera l'agent financier du Gouvernement, tant au dedans qu'au dehors de l'Empire, sans préjudice du droit pour le Gouvernement de s'adresser à d'autres maisons de banque ou établissements de crédit pour ses emprunts publics. Toutefois, pour les dits emprunts, la Banque jouira d'un droit de préférence, à conditions égales, sur toute maison de Banque ou établissement de crédit.

Mais, pour les Bons du Trésor et autres effets de trésorerie à court terme que le Gouvernement marocain voudrait négocier, sans en faire l'objet d'une émission publique, la Banque sera chargée, à l'exclusion de tout autre établissement, d'en faire, pour le compte du Gouvernement marocain, la négociation, soit au Maroc, soit à l'étranger.

Art. XXXV. A valoir sur les rentrées du Trésor, la Banque fera au Gouvernement marocain des avances en compte courant jusqu'à concurrence d'un million de francs.

La Banque ouvrira, en outre, au Gouvernement, pour une durée de dix ans, à partir de sa constitution, un crédit qui ne pourra pas dépasser les deux tiers de son capital initial.

Ce crédit sera réparti sur plusieurs années et employé en premier lieu aux dépenses d'installation et d'entretien des corps de police, organisés conformément aux décisions prises par la Conférence, et subsidiairement, aux dépenses de travaux d'intérêt général qui ne seraient pas imputées sur le fonds spécial prévu à l'article suivant.

Le taux de ces deux avances sera au maximum de sept pour cent, commission de Banque comprise, et la Banque pourra demander au Gouvernement de lui remettre en garantie de leur montant une somme équivalente en Bons du Trésor.

Si avant l'expiration des dix années, le Gouvernement marocain venait à contracter un emprunt, la Banque aurait la faculté d'obtenir le remboursement immédiat des avances faites conformément au deuxième alinéa du présent article.

Art. XXXVI. Le produit de la taxe spéciale (articles XXXIII et LXVI) for-

---

[1]   Contrato de 12 de Junio de 1904. *Livre jaune*, anejo al núm. 170, pág. 118 y siguientes.

mera un fonds spécial dont la Banque tiendra une comptabilité à part. Ce fonds sera employé conformément aux prescriptions arrêtées par la Conférence.

En cas d'insuffisance et à valoir sur les rentrées ultérieures, la Banque pourra ouvrir à ce fonds un crédit dont l'importance ne dépassera pas le montant des encaissements pendant l'année antérieure.

Les conditions de taux et de commission seront les mêmes que celles fixées à l'article précédent pour l'avance en compte courant au Trésor.

Art. XXXVII. La Banque prendra les mesures qu'elle jugera utiles pour assainir la situation monétaire au Maroc. La monnaie espagnole continuera à être admise à la circulation avec force libératoire.

En conséquence, la Banque sera exclusivement chargée de l'achat des métaux précieux, de la frappe et de la refonte des monnaies, ainsi que de toutes autres opérations monétaires qu'elle fera pour le compte et au profit du Gouvernement marocain.

Art. XXXVIII. La Banque, dont le siège social sera à Tanger, établira des succursales et agences dans les principales villes du Maroc et dans tout autre endroit où elle le jugera utile.

Art. XXXIX. Les emplacements nécessaires à l'établissement de la Banque, ainsi que de ses succursales et agences au Maroc, seront mis gratuitement à sa disposition par le Gouvernement, et à l'expiration de la concession, le Gouvernement en reprendra possession et remboursera à la Banque les frais de construction de ces établissements. La Banque sera, en outre, autorisée à acquérir tout bâtiment et terrain dont elle pourrait avoir besoin pour le même objet.

Art. XL. Le Gouvernement chérifien assurera sous sa responsabilité la sécurité et la protection de la Banque, de ses succursales et agences.

A cet effet, il mettra dans chaque ville une garde suffisante à la disposition de chacun de ces établissements.

Art. XLI. La Banque, ses succursales et agences, seront exemptes de tout impôt ou redevance ordinaire ou extraordinaire, existants ou à créer; il en est de même pour les immeubles affectés à ses services, les titres et coupons de ses actions et ses billets. L'importation et l'exportation des métaux et monnaies, destinés aux opérations de la Banque, seront autorisées et exemptes de tout droit.

Art. XLII. Le Gouvernement chérifien exercera sa haute surveillance sur la Banque par un Haut Commissaire marocain, nommé par lui après entente préalable avec le Conseil d'Administration de la Banque.

Ce Haut Commissaire aura le droit de prendre connaissance de la gestion de

la Banque; il contrôlera l'émission des billets de banque et veillera à la stricte observation des dispositions de la concession.

Le Haut Commissaire devra signer chaque billet ou y apposer son sceau; il
sera chargé de la surveillance des relations de la Banque avec le Trésor Impérial.

Il ne pourra pas s'immiscer dans l'administration et la gestion des affaires
de la Banque. Mais il aura toujours le droit d'assister aux réunions des Censeurs.

Le Gouvernement chérifien nommera un ou deux Commissaires adjoints, qui
seront spécialement chargés de contrôler les opérations financières du Trésor
avec la Banque.

Art. XLIII. Un règlement, précisant les rapports de la Banque et du Gouvernement marocain, sera établi par le Comité spécial prévu à l'art. LVII, et
approuvé par les Censeurs.

Art. XLIV. La Banque constituée avec approbation du Gouvernement de
Sa Majesté Chérifienne, sous la forme des sociétés anonymes, est régie par la
loi française sur la matière.

Art. XLV. Les actions intentées au Maroc par la Banque, seront portées devant le Tribunal consulaire du défendeur ou devant la juridiction marocaine,
conformément aux règles de compétence établies par les traités et les firmans
chérifiens.

Les actions, intentées au Maroc contre la Banque, seront portées devant un
Tribunal spécial, composé de trois magistrats consulaires et de deux assesseurs. Le Corps Diplomatique établira, chaque année, la liste des magistrats,
des assesseurs et de leurs suppléants.

Ce Tribunal appliquera à ces causes les règles de droit, de procédure et de
compétence, édictés en matière commerciale par la législation française.

L'appel des jugements prononcés par ce Tribunal sera porté devant la Cour
fédérale de Lausanne qui statuera en dernier ressort.

Art. XLVI. En cas de contestation sur les clauses de la concession ou de litiges pouvant survenir entre le Gouvernement marocain et la Banque, le différend sera soumis, sans appel ni recours, à la Cour fédérale de Lausanne.

Seront également soumises à cette Cour, sans appel ni recours, toutes les
contestations qui pourraient s'élever entre les actionnaires et la Banque sur
l'exécution des Statuts ou à raison des affaires sociales.

Art. XLVII. Les Statuts de la Banque seront établis d'après les bases suivantes par un Comité spécial prévu à l'art. LVII. Ils seront approuvés par les
Censeurs et ratifiés par l'Assemblée générale des actionnaires.

Art. XLVIII. L'Assemblée générale constitutive de la Société fixera le lieu où se tiendront les Assemblées des actionnaires et les réunions du Conseil d'Administration; toutefois, ce dernier aura la faculté de se réunir dans toute autre ville, s'il le juge utile.

La Direction de la Banque sera fixée à Tanger.

Art. XLIX. La Banque sera administrée par un Conseil d'Administration composé d'autant de membres qu'il sera fait de parts dans le capital initial.

Les administrateurs auront les pouvoirs les plus étendus pour l'administration et la gestion de la Société; ce sont eux notamment qui nommeront les Directeurs, Sous-Directeurs et Membres de la Commission, indiquée à l'art. LIV, ainsi que les Directeurs des Succursales et Agences.

Tous les employés de la Société seront recrutés, autant que possible, parmi les ressortissants des diverses Puissances qui ont pris part à la souscription du capital.

Art. L. Les Administrateurs, dont la nomination sera faite par l'Assemblée générale des actionnaires, seront désignés à son agrément par les groupes souscripteurs du capital.

Le premier Conseil restera en fonctions pendant cinq années. A l'expiration de ce délai, il sera procédé à son renouvellement à raison de trois membres par an. Le sort déterminera l'ordre de sortie des Administrateurs; ils seront rééligibles.

A la constitution de la Société, chaque groupe souscripteur aura le droit de désigner autant d'Administrateurs qu'il aura souscrit de parts entières, sans que les groupes soient obligés de porter leur choix sur un candidat de leur propre nationalité.

Les groupes souscripteurs ne conserveront leur droit de désignation des Administrateurs, lors du remplacement de ces derniers ou du renouvellement de leur mandat qu'autant qu'ils pourront justifier être encore en possession d'au moins la moitié de la part pour laquelle ils exercent ce droit.

Dans le cas où, par suite de ces dispositions, un groupe souscripteur ne se trouverait plus en mesure de désigner un Administrateur, l'Assemblée générale des actionnaires pourvoirait directement à cette désignation.

Art. LI. Chacun des établissements ci-après: Banque de l'Empire Allemand, Banque d'Angleterre, Banque d'Espagne, Banque de France, nommera, avec l'agrément de son Gouvernement, un Censeur auprès de la Banque d'Etat de Maroc.

Les Censeurs resteront en fonctions pendant quatre années. Les Censeurs sortants peuvent être désignés à nouveau.

En cas de décès ou de démission, il sera pourvu à la vacance par l'établissement qui a procédé à la désignation de l'ancien titulaire, mais seulement pour le temps où ce dernier devait rester en charge.

Art. LII. Les Censeurs qui exerceront leur mandat en vertu du présent Acte des Puissances signataires devront, dans l'intérêt de celles-ci, veiller sur le bon fonctionnement de la Banque et assurer la stricte observation des clauses de la concession et des Statuts.

Ils veilleront à l'exact accomplissement des prescriptions concernant l'émission des billets et devront surveiller les opérations tendantes à l'assainissement de la situation monétaire; mais ils ne pourront jamais, sous quelque prétexte que ce soit, s'immiscer dans la gestion des affaires, ni dans l'administration intérieure de la Banque.

Chacun des Censeurs pourra examiner en tout temps les comptes de la Banque, demander, soit au Conseil d'Administration, soit à la Direction, des informations sur la gestion de la Banque et assister aux réunions du Conseil d'Administration, mais seulement avec voix consultative.

Les quatre Censeurs se réuniront à Tanger, dans l'exercice de leurs fonctions, au moins une fois tous les deux ans, à une date à concerter entre eux. D'autres réunions à Tanger ou ailleurs devront avoir lieu, si trois des Censeurs l'exigent.

Les quatre Censeurs dresseront, d'un commun accord, un rapport annuel qui sera annexé à celui du Conseil d'Administration. Le Conseil d'Administration transmettra, sans délai, une copie de ce rapport à chacun des Gouvernements signataires de l'Acte de la Conférence.

Art. LIII. Les émoluments et indemnités de déplacement, affectés aux Censeurs, seront établis par le Comité d'études des Statuts. Ils seront directement versés à ces agents par les Banques chargées de leur désignation et remboursés à ces établissements par la Banque d'Etat du Maroc.

Art. LIV. Il sera institué à Tanger auprès de la direction une Commission dont les membres seront choisis par le Conseil d'Administration sans distinction de nacionalité, parmi les notables résidant à Tanger, propriétaires d'actions de la Banque.

Cette Commission, qui sera présidée par un des Directeurs ou Sous-Directeurs, donnera son avis sur les escomptes et ouvertures de crédit.

Elle adressera un rapport mensuel sur ces diverses questions au Conseil d'Administration.

Art. LV. Le capital, dont l'importance, sera fixée par le Comité spécial désigné à l'art. LVII, sans pouvoir être inférieur à quinze millions de francs, ni supérieur à vingt millions, sera formé en monnaie or, et les actions, dont les coupures représenteront une valeur équivalente à cinq cents francs, seront libellées dans les diverses monnaies or à un change fixe, déterminé par les Statuts.

Ce capital pourra être ultérieurement augmenté, en une ou plusieurs fois, par décision de l'Assemblée Générale des Actionnaires.

La souscription de ces augmentations de capital sera réservée à tous les porteurs d'actions sans distinction de groupes, proportionnellement aux titres possédés par chacun d'eux.

Art. LVI. Le capital initial de la Banque sera divisé en autant de parts égales qu'il y aura de parties prenantes parmi les Puissances représentées à la Conférence.

A cet effet, chaque Puissance désignera une Banque qui exercera, soit pour elle-même, soit pour un groupe de Banques, le droit de souscription ci-dessus spécifié, ainsi que le droit de désignation des administrateurs, prévu à l'art. L. Toute Banque, choisie comme chef de groupe, pourra, avec l'autorisation de son Gouvernement, être remplacée par une autre Banque du même pays.

Les Etats, qui voudraient se prévaloir de leur droit de souscription, auront à communiquer cette intention au Gouvernement Royal d'Espagne dans un délai de quatre semaines, à partir de la signature du présent Acte par les représentants des Puissances.

Toutefois, deux parts égales à celles réservées à chacun des groupes souscripteurs seront attribuées au *Consortium* des Banques signataires du contrat du 12 Juin 1904, en compensation de la cession qui sera faite par le *Consortium* à la Banque d'Etat du Maroc:

1° Des droits spécifiés à l'article XXXIII du contrat [1];

2° Du droit inscrit à l'art. XXXII (paragraphe 2) du contrat [2], concernant le solde disponible des recettes douanières, sous réserve expresse du privilège général, conféré en premier rang par l'art. XI du même contrat [3] aux porteurs de Titres sur la totalité du Produit des Douanes.

Art. LVII. Dans un délai de trois semaines, à partir de la clôture de la souscription, notifiée par le Gouvernement Royal d'Espagne aux Puissances intéressées, un Comité spécial, composé de Délégués nommés par les groupes souscripteurs, dans les conditions prévues à l'art. L pour la nomination des Administrateurs, se réunira afin d'élaborer les Statuts de la Banque.

L'Assemblée générale constitutive de la Société aura lieu dans un délai de deux mois, à partir de la ratification du présent Acte.

---

(1) «Si le Gouvernement Imperial du Maroc désire contracter un emprunt, ou acheter ou vendre des titres, il en fera part aux Banques contractantes ainsi qu'à d'autres et à conditions et prix egaux, la préférence sera accordée aux Banques contractantes.

»De même s'il désire frapper des monnaies à l'étranger, en dehors de son Empire, il en fera aussi part aux Banques contractantes comme à d'autres, et, à conditions et prix egaux, la préférence sera accordée aux Banques contractantes. Cependant les contrats conclus pour la frappe de monnaies, et actuellement en cours, continueront leur effet jusqu'à leur expiration.

»De même, si le Gouvernement désirait faire des achats ou des ventes d'or et d'argent, il en fera aussi part aux Banques contractantes, et à d'autres pour connaître leurs prix et conditions, et le Gouvernement Imperial du Maroc décidera comme il lui conviendra.»

(2) «Quand au solde du produit des douanes restant disponible pour le Gouvernement Cherifien après prélèvement de la proportion que le représentant des porteurs des titres et ses délégués doivent faire encaisser pour le service de l'emprunt, il ne pourra, sans entente préalable avec les Banques contractantes sur le *quantum* qu'il convient de donner sur le solde susdit, être affecté à la garantie d'aucun autre emprunt.»

(3) «Le present emprunt est garanti spécialement et irrévocablement par preference et priorité à tous autres emprunts par la totalité du produit des droits de douanes, tant à l'entrée qu'à la sortie de tous les ports de l'Empire existant ou à créer.»

Le rôle du Comité spécial cessera aussitôt après la constitution de la Société. Le Comité spécial fixera lui-même le lieu de ses réunions.

Art. LVIII. Aucune modification aux Statuts ne pourra être apportée si ce n'est sur la proposition du Conseil d'Administration et après avis conforme des Censeurs et du Haut Commissaire Impérial.

Ces modifications devront être votées par l'Assemblée Générale des actionnaires, à la majorité des trois quarts des membres présents ou représentés.

CHAPITRE IV

Déclaration concernant un meilleur rendement des impôts et la création de nouveaux revenus.

Art. LIX. Dès que le *tertib* [1] sera mis à exécution d'une façon régulière à l'égard des sujets marocains, les Représentants des Puissances à Tanger y soumettront leurs ressortissants dans l'Empire.

Mais il est entendu que le dit impôt ne sera appliqué aux étrangers:

a) Que dans les conditions fixées par le règlement du Corps Diplomatique à Tanger, en date du 23 Novembre 1903 [2];

b) Que dans les localités où il sera effectivement perçu sur les sujets marocains.

Les autorités consulaires retiendront un tantième pour cent des sommes encaissées sur leurs ressortissants pour couvrir les frais occasionnés par la rédaction des rôles et le recouvrement de la taxe.

Le taux de cette retenue sera fixé, d'un commun accord, par le Makhzen et le Corps Diplomatique à Tanger.

Art. LX. Conformément au droit qui leur a été reconnu par l'art. XI de la Convention de Madrid [3], les étrangers pourront acquérir des propriétés dans toute l'étendue de l'Empire chérifien et Sa Majesté le Sultan donnera aux autorités administratives et judiciaires les instructions nécessaires pour que l'autorisation de passer les actes ne soit pas refusée sans motif légitime. Quand aux transmissions ultérieures par actes entre vifs ou après décès, elles continueront à s'exercer sans aucune entrave.

---

(1) Impuesto en plata ordenado por la reforma fiscal dispuesta en los primeros años del reinado del actual Sultán (1901).

(2) Una de sus disposiciones es que los extranjeros propietarios de jardines ó fincas cultivados, bestias de carga ó de cualquier clase, quedarán sujetos al impuesto lo mismo que los indígenas.

(3) *Olivart,* núm. XCVIII (t. VIII, pág. 88).—«Le droit de propriété au Maroc est reconnu à tous les étrangers.

»L'achat de propriétés devra être effectué avec le consentement préalable du Gouvernement et es titres de ces propriétés seront soumises aux formes prescrites par les lois du pays.

»Toute question qui pourrait surgir sur ce droit sera decidé d'après ces mêmes lois, avec l'appel au Ministre des Affaires Etrangères stipulé dans les Traités.»

Dans les ports ouverts au commerce et dans un rayon de dix kilomètres autour de ces ports, Sa Majesté le Sultan accorde, d'une façon générale et sans qu'il soit désormais nécessaire de l'obtenir spécialement pour chaque achat de propriété par les étrangers, le consentement exigé par l'art. XI de la Convention de Madrid.

A Ksar el-Kebir, Arzila, Azemmour et éventuellement dans d'autres localités du littoral ou de l'intérieur, l'autorisation générale cidessus mentionnée est également accordée aux étrangers, mais seulement pour les acquisitions dans un rayon de deux kilomètres autour de ces villes.

Partout où les étrangers auront acquis des propriétés, ils pourront élever des constructions en se conformant aux règlements et usages.

Avant d'autoriser la rédaction des actes transmissifs de propriété, le *Cadi* devra s'assurer, conformément à la loi musulmane, de la régularité des titres.

Le Makhzen désignera, dans chacune des villes et circonscriptions indiquées au présent article, le *Cadi* qui sera chargé d'effectuer ces vérifications.

Art. LXI. Dans le but de créer de nouvelles ressources au Makhzen, la Conférence reconnait en principe qu'une taxe pourra être établie sur les constructions urbaines.

Une partie des recettes ainsi réalisées sera affectée aux besoins de la voirie et de l'hygiène municipales et, d'une façon générale, aux dépenses d'amélioration et d'entretien des villes.

La taxe sera due par le propriétaire marocain ou étranger sans aucune distinction; mais le locataire ou le détenteur de la clef en sera responsable envers le Trésor marocain.

Un règlement édicté, d'un commun accord, par le Gouvernement chérifien et le Corps Diplomatique à Tanger, fixera le taux de la taxe, son mode de perception et d'application et déterminera la quotité des ressources ainsi créées qui devra être affectée aux dépenses d'amélioration et d'entretien des villes.

A Tanger, cette quotité sera versée au Conseil sanitaire international, qui en règlera l'emploi jusqu'à la création d'une organisation municipale.

Art. LXII. Sa Majesté Chérifienne, ayant décidé en 1901 que les fonctionnaires marocains, chargés de la perception des impôts agricoles, ne recevraient plus des populations ni *sokhra* [1] ni *mouna* [2], la Conférence estime que cette règle devra être généralisée autant que possible.

Art. LXIII. Les délégués chérifiens ont exposé que des biens *habous* [3] ou certaines propriétés domaniales, notamment des immeubles du Makhzen, occupés contre payement de la redevance de six pour cent, sont détenus par des ressortissants étrangers, sans titres réguliers ou en vertu de contrats sujets à

---

(1) Propina ó comisión.
(2) Subsistencia ó provisiones.
(3) Bienes religiosos ó de fundaciones pías.

revision. La Conférence, désireuse de remédier à cet état de choses, charge le Corps Diplomatique à Tanger de donner une solution équitable à ces deux questions, d'accord avec le Commissaire spécial que Sa Majesté Chérifienne voudra bien désigner à cet effet.

Art. LXIV. La Conférence prend acte des propositions formulées par les délégués chérifiens, au sujet de la création de taxes sur certains commerces, industries et professions.

Si, à la suite de l'application de ces taxes aux sujets marocains, le Corps Diplomatique à Tanger estimait qu'il y a lieu de les étendre aux ressortissants étrangers, il est, dès à présent, spécifié que les dites taxes seront exclusivement municipales.

Art. LXV. La Conférence so rallie à la proposition faite par la délégation marocaine d'établir avec l'assistance du Corps Diplomatique:

a) Un droit de timbre sur les contrats et actes authentiques passés devant les *adoul;*

b) Un droit de mutation, au maximum de deux pour cent, sur les ventes immobilières;

c) Un droit de statistique et de pesage, au maximum de un pour cent *ad valorem,* sur les marchandises transportées par cabotage;

d) Un droit de passeport à percevoir sur les sujets marocains;

e) Éventuellement, des droits de quais et de phares dont le produit devra être affecté à l'amélioration des ports.

Art. LXVI. A titre temporaire, les marchandises d'origine étrangère seront frappées à leur entrée au Maroc d'une taxe spéciale s'élevant à deux et demi pour cent *ad valorem.* Le produit intégral de cette taxe formera un fonds spécial qui sera affecté aux dépenses et à l'exécution de travaux publics, destinés au développement de la navigation et du commerce en général dans l'Empire chérifien.

Le programme des travaux et leur ordre de priorité seront arrêtés, d'un commun accord, par le Gouvernement chérifien et par le Corps Diplomatique à Tanger.

Les études, devis, projets et cahiers des charges s'y rapportant seront établis par un ingénieur compétent, nommé par le Gouvernement chérifien, d'accord avec le Corps Diplomatique. Cet ingénieur pourra au besoin être assisté d'un ou plusieurs ingénieurs adjoints. Leur traitement sera imputé sur les fonds de la caisse spéciale.

Les fonds de la caisse spéciale seront déposés à la Banque d'Etat du Maroc, qui en tiendra la comptabilité.

Les adjudications publiques seront passées dans les formes et suivant les conditions générales, prescrites par un règlement que le Corps Diplomatique à Tanger est chargé d'établir avec le représentant de Sa Majesté Chérifienne.

Le bureau d'adjudication sera composé d'un représentant du Gouvernement chérifien, de cinq délégués du Corps Diplomatique et de l'ingénieur.

L'adjudication sera prononcée en faveur du soumissionnaire qui, en se conformant aux prescriptions du cahier des charges, présentera l'offre remplissant les conditions générales les plus avantageuses.

En ce qui concerne les sommes provenant de la taxe spéciale, et qui seraient perçues dans les bureaux de douane, établis dans les régions visées par l'article CIII du Règlement sur les douanes, leur emploi sera réglé par le Makhzen avec l'agrément de la puissance limitrophe, conformément aux prescriptions du présent article.

Art. LXVII. La Conférence, sous réserve des observations présentées à ce sujet, émet le vœu que les droits d'exportation des marchandises ci-après soient réduits de la manière suivante:

Pois chiches....................... 20 pour 100
Maïs.............................. 20 » 100
Orge.............................. 50 » 100
Blé............................... 34 » 100

Art. LXVIII. Sa Majesté Chérifienne consentira à élever à dix mille le chiffre de six mille têtes de bétail de l'espèce bovine que chaque Puissance aura le droit d'exporter du Maroc. L'exportation pourra avoir lieu par tous le bureaux de douane. Si, par suite de circonstances malheureuses, une pénurie de bétail était constatée dans une région determinée, Sa Majesté Chérifienne pourrait interdire temporairement la sortie du bétail par le port où les ports qui desservent cette région. Cette mesure ne devra pas excéder une durée de deux années; elle ne pourra pas être appliquée à la fois à tous les ports de l'Empire.

Il est, d'ailleurs, entendu que les dispositions précédentes ne modifient pas les autres conditions de l'exportation du bétail, fixées par les firmans antérieurs.

La Conférence émet, en outre, le vœu qu'un service d'inspection vétérinaire soit organisé au plus tôt dans les ports de la côte.

Art. LXIX. Conformément aux décisions antérieures de Sa Majesté Chérifienne et notamment à la décision du 28 Septembre 1901, est autorisée entre tous les ports de l'Empire le transport par cabotage des céréales, graines, légumes, œufs, fruits, volailles, et en général des marchandises et animaux de toute espèce, originaires ou non du Maroc, à l'exception des chevaux, mulets, ânes et chameaux, pour lesquels un permis spécial du Makhzen sera nécessaire. Le cabotage pourra être effectué par des bateaux de toute nationalité, sans que les dits articles aient à payer les droits d'exportation, mais en se conformant aux droits spéciaux et aux règlements sur la matière.

Art. LXX. Le taux des droits de stationnement ou d'ancrage imposés aux navires dans les ports marocains, se trouvant fixé par des traités passés avec certaines Puissances, ces Puissances se montrent disposées à consentir la révision des dits droits. Le Corps Diplomatique à Tanger est chargé d'établir, d'accord avec le Makhzen, les conditions de la révision qui ne pourra avoir lieu qu'après l'amélioration des ports.

Art. LXXI. Les droits de magasinage en douane seront perçus dans tous les ports marocains où il existera des entrepôts suffisants, conformément aux règlements pris ou à prendre sur la matière par le Gouvernement de Sa Majesté Chérifienne, d'accord avec le Corps Diplomatique à Tanger.

Art. LXXII. L'opium et le *kif* continueront à faire l'objet d'un monopole au profit du Gouvernement chérifien. Néanmoins, l'importation de l'opium spécialement destiné à des emplois pharmaceutiques sera autorisée par permis spécial, délivré par le Makhzen sur la demande de la Légation dont relève le pharmacien ou médecin importateur. Le Gouvernement chérifien et le Corps Diplomatique régleront, d'un commun accord, la quantité maxima à introduire.

Art. LXXIII. Les Représentants des Puissances prennent acte de l'intention du Gouvernement chérifien d'étendre aux tabacs de toutes sortes le monopole existant en ce qui concerne le tabac à priser. Ils réservent le droit de leurs ressortissants à être dûment indemnisés des préjudices que le dit monopole pourrait occasionner à ceux d'entré eux qui auraient des industries, créées sous le régime actuel concernant le tabac. A défaut d'entente amiable, l'indemnité sera fixée par des experts désignés par le Makhzen et par le Corps Diplomatique, en se conformant aux dispositions arrêtées en matière d'expropriation pour cause d'utilité publique.

Art. LXXIV. Le principe de l'adjudication, sans acception de nationalité, sera appliqué aux fermes concernant le monopole de l'opium et du *kif*. Il en serait de la même pour le monopole du tabac, s'il était établi.

Art. LXXV. Au cas où il y aurait lieu de modifier quelqu'une des dispositions de la présente déclaration, une entente devra s'etablir à ce sujet entre le Makhzen et le Corps Diplomatique à Tanger.

Art. LXXVI. Dans tous les cas prévus par la présente déclaration où le Corps Diplomatique sera appelé à intervenir, sauf en ce qui concerne les articles LXIV, LXX et LXXV, les décisions seront prises à la majorité des voix.

CHAPITRE V

Réglement sur les douanes de l'Empire et la répression de la fraude et de la contrebande.

Art. LXXVII. Tout capitaine de navire de commerce, venant de l'étranger ou du Maroc, devra, dans les vingt quatre heures de son admission en libre pratique dans un des ports de l'Empire, déposer au bureau de douane une copie exacte de son manifeste, signée par lui et certifiée conforme par le consigtaire du navire. Il devra, en outre, s'il en est requis, donner communication aux agents de la douane de l'original de son manifeste.

La douane aura la faculté d'installer à bord un ou plusieurs gardiens pour prévenir tout trafic illégal.

Art. LXXVIII. Sont exempts du dépôt du manifeste:

1. Les bâtiments de guerre ou affrétés pour le compte d'une Puissance;
2. Les canots appartenant à des particuliers, qui s'en servent pour leur usage en s'abstenant de tout transport de marchandises;
3. Les bateaux ou embarcations employés à la pêche en vue des côtes;
4. Les yachts uniquement employés à la navigation de plaisance et enregistrés au port d'attache dans cette catégorie;
5. Les navires chargés spécialement de la pose et de la réparation des câbles télégraphiques;
6. Les bateaux uniquement affrétés au sauvetage;
7. Les bâtiments hospitaliers;
8. Les navires-écoles de la marine marchande, ne se livrant pas à des opérations commerciales.

Art. LXXIX. Le manifeste, déposé à la douane, devra annoncer la nature et la provenance de la cargaison avec les marques et numéros des caisses, balles, ballots, barriques, etc.

Art. LXXX. Quand il y aura des indices sérieux, faisant soupçonner l'inexactitude du manifeste, ou quand le capitaine du navire refusera de se prêter à la visite et aux vérifications des agents de la douane, le cas sera signalé à l'autorité consulaire compétente, afin que celle-ci procède avec un délégué de la douane chérifienne aux enquêtes, visites et vérifications qu'elle jugera nécessaires.

Art. LXXXI. Si, à l'expiration du délai de vingt-quatre heures indiqué à l'art. LXXVII, le capitaine n'a pas déposé son manifeste, il sera passible, à moins que le retard ne provienne d'un cas de force majeure, d'une amende de cent cinquante pesetas par jour de retard, sans toutefois que cette amende puisse dépasser six cents pesetas. Si'le capitaine a présenté frauduleusement un manifeste inexact ou incomplet, il sera personnellement condamné au payement d'une somme égale à la valeur des marchandises pour lesquelles il n'a pas produit de manifeste et à une amende de cinq cent à mille pesetas et le bâtiment et les marchandises pourront en outre être saisis par l'autorité consulaire compétente pour la sûreté de l'amende.

Art. LXXXII. Toute personne, au moment de dédouaner les marchandises importées ou destinées à l'exportation, doit faire à la douane une déclaration détaillée, enonçant l'espèce, la qualité, le poids, le nombre, la mesure et la valeur des marchandises, ainsi que l'espèce, les marques et les numéros des colis qui les contiennent.

Art. LXXXIII. Dans le cas où, lors de la visite, on trouvera moins de colis ou de marchandises qu'il n'en a été déclaré, le déclarant, à moins qu'il ne puisse justifier de sa bonne foi, devra payer double droit pour les marchandises manquant et les marchandises présentées seront retenues en douane pour la sûreté de ce double droit; si, au contraire, on trouve à la visite un excédent quant au nombre des colis, à la quantité ou au poids des marchandises, cet excédent sera saisi et confisqué au profit du Makhzen, à moins que le déclarant ne puisse justifier de sa bonne foi.

Art. LXXXIV. Si la déclaration a été reconnue inexacte, quant à l'espèce ou à la qualité, et si le déclarant ne peut justifier de sa bonne foi, les marchandises inexactement déclarées seront saisies et confisquées au profit du Makhzen par l'autorité compétente.

Art. LXXXV. Dans le cas où la declaration serait reconnue inexacte quant à la valeur déclarée et si le déclarant ne peut justifier de sa bonne foi, la douane pourra, soit prélever le droit en nature séance tenante, soit, au cas où la marchandise est indivisible, acquérir la dite marchandise, en payant immédiatement au déclarant la valeur déclarée, augmentée de cinq pour cent.

Art. LXXXVI. Si la déclaration est reconnue fausse, quant à la nature des marchandises, celles-ci seront considérées comme n'ayant pas été déclarées et l'infraction tombera sous l'application des articles LXXXVIII et XC ci-après et sera punie des peines prévues aux dits articles.

Art. LXXXVII. Toute tentative ou tout flagrant délit d'introduction, toute tentative ou tout flagrant délit d'exportation en contrebande de marchandises soumises au droit, soit par mer, soit par terre, seront passibles de la confiscation des marchandises, sans préjudice des peines et amendes ci-dessous qui seront prononcées par la juridiction compétente.

Seront en outre saisis et confisqués les moyens de transport par terre, dans le cas où le contrebande constituera la partie principale du chargement.

Art. LXXXVIII. Toute tentative ou tout flagrant délit d'exportation en contrebande par un port ouvert au commerce ou par un bureau de douane, seront punis d'une amende ne dépassant pas le triple de la valeur des marchandises, objet de la fraude, et d'un emprisonnement de cinq jours à six mois, ou de l'une des deux peines seulement.

Art. LXXXIX. Toute tentative ou tout flagrant délit d'introduction, toute tentative ou tout flagrant délit d'exportation, en dehors d'un port ouvert au commerce ou d'un bureau de douane, seront punis d'une amende de trois cents à cinq cents pesetas et d'une amende supplémentaire, égale à trois fois la valeur de la marchandise, ou d'un emprisonnement d'un mois à un an.

Art. XC. Les complices des délits prévus aux articles LXXXVIII et LXXXIX, seront passibles des mêmes peines que les auteurs principaux. Les éléments caractérisant la complicité, seront appréciés d'après la législation du tribunal saisi.

Art. XCI. En cas de tentative ou flagrant délit d'importation, de tentative ou flagrant delit d'exportation de marchandises par un navire en dehors d'un port ouvert au commerce, la douane marocaine pourra amener le navire au port le plus proche pour être remis à l'autorité consulaire, laquelle pourra le saisir et maintenir la saisie jusqu'à ce qu'il ait acquitté le montant des condamnations prononcées.

La saisie du navire devra être levée, en tout état de l'instance, en tant que cette mesure n'entravera pas l'instruction judiciaire, sur consignation du montant maximum de l'amende entre les mains de l'autorité consulaire, ou sous caution solvable de la payer acceptée par la douane.

Art. XCII. Les dispositions des articles précédents seront applicables à la navigation du cabotage.

Art. XCIII. Les marchandises, non soumises, aux droits d'exportation, embarquées dans un port marocain pour être transportées par mer dans un autre port de l'Empire, devront être accompagnées d'un certificat de sortie délivré par la douane, sous peine d'être assujetties au payement du droit d'importation et même confisquées, si elles ne figuraient pas au manifeste.

Art. XCIV. Le transport par cabotage des produits soumis au droit d'exportation ne pourra s'effectuer qu'en consignant au bureau du départ, contre quittance, le montant des droits d'exportation relatifs à ces marchandises.

Cette consignation sera remboursée au déposant par le bureau où elle a été effectuée, sur production d'une déclaration, revêtue par la douane, de la mention d'arrivée de la marchandise et de la quittance constatant le dépôt des droits. Les pièces justificatives de l'arrivée de la marchandise devront être produites dans les trois mois de l'expedition. Passé ce délai, à moins que le retard ne provienne d'un cas de force majeure, la somme consignée deviendra la propriété du Makhzen.

Art. XCV. Les droits d'entrée ou de sortie seront payés au comptant au bureau de douane où la liquidation aura été effectuée. Les droits *ad valorem* seront liquidés suivant la valeur au comptant et en gros de la marchandise rendue au bureau de douane et franche des droits de douane et de magasinage. En cas d'avaries, il sera tenu compte dans l'estimation de la dépréciation subie par la marchandise. Les marchandises ne pourront être retirées qu'après le payement des droits de douane et de magasinage.

Toute prise en charge ou perception devra faire l'objet d'un récépissé régulier, délivré par l'agent chargé de l'opération.

Art. XCVI. La valeur des principales marchandises, taxées par les Douanes marocaines, sera déterminée chaque année, par une Commission des valeurs douanières, réunie à Tanger et composée de:

1. Trois membres désignés par le Gouvernement marocain;
2. Trois membres désignés par le Corps Diplomatique à Tanger;
3. Un délégué de la Banque d'Etat;
4. Un agent de la Délégation de l'Emprunt marocain 5 %, 1904.

La Commission nommera douze à vingt membres honoraires domiciliés au Maroc, qu'elle consultera, quand il s'agira de fixer les valeurs et toutes les fois qu'elle le jugera utile. Ces membres honoraires seront choisis sur les listes des notables, établies par chaque Légation pour les étrangers et par le Représentant du Sultan pour les marocains. Ils seront désignés, autant que possible, proportionnellement à l'importance du commerce de chaque nation.

La Commission sera nommée pour trois années.

Le tarif des valeurs, fixé par elle servira de base aux estimations qui seront faites dans chaque bureau par l'administration des douanes marocaines. Il sera affiché dans les bureaux de douane et dans les Chancelleries des Légations ou des Consulats à Tanger.

Le tarif sera susceptible d'être revisé au bout de six mois, si des modifications notables sont survenues dans la valeur de certaines marchandises.

Art. XCVII. Un Comité permanent, dit *Comité des Douanes,* est institué à Tanger et nommé pour trois années. Il sera composé d'un Commissaire spécial de Sa Majeste Chérifienne, d'un membre du Corps Diplomatique ou Consulaire désigné par le Corps Diplomatique à Tanger et d'un délégué de la Banque d'Etat. Il pourra s'adjoindre, à titre consultatif, un ou plusieurs représentants du service des Douanes.

Ce Comité exercera sa haute surveillance sur le fonctionnement des douanes et pourra proposer à Sa Majesté Chérifienne les mesures qui seraient propres à apporter des améliorations dans le service et à assurer la régularité et le contrôle des opérations et perceptions (débarquements, embarquements, transports à terre, manipulations, entrées et sorties des marchandises, magasinage, estimation, liquidation et perception des taxes). Par la création du *Comités des Douanes*, il ne sera porté aucune atteinte aux droits stipulés en faveur des porteurs de titres par les articles XV et XVI du contrat d'Emprunt du 12 Juin 1904 (1).

Des instructions élaborées par le Comité des Douanes et les services intéressés détermineront les détails de l'application de l'art. XCVI du présent Acte. Elles seront soumises à l'avis du Corps Diplomatique.

Art. XCVIII. Dans les douanes où il existe des magasins suffisants le service de la douane prend en charge les marchandises débarquées à partir du moment où elles ont remises, contre récépissé, par le capitaine du bateau aux agents préposés à l'acconage jusqu'au moment où elles sont réguliérement dédouanées. Il est responsable des dommages causés par les pertes ou avaries de marchandises qui sont imputables à la faute ou à la négligence de ses agents. Il n'est pas responsable des avaries résultant soit du dépérissement naturel de la marchandise, soit de son trop long séjour en magasin, soit des cas de force majeure.

Dans les douanes où il n'y a pas de magasins suffisants, les agents du Makhzen sont seulement tenus d'employer les moyens de préservation dont dispose le bureau de la douane.

Une revision du Réglement de magasinage actuellement en vigueur sera effectuée par les soins du Corps Diplomatique statuant à la majorité, de concert avec le Gouvernement chérifien.

Art. XCIX. Les marchandises et les moyens de transports à terre confisqués seront vendus par les soins de la douane dans un délai de huit jours à partir du jugement définitif rendu par le tribunal compétent.

---

(1) *Art. XV.* Le Gouvernement Imperial du Maroc prendra toutes les mesures necessaires pour que le fraude en vue d'eviter ou de modifier le payement des droits de douanes ou leur perception, ne puisse pas s'exercer.

Toute fraude constatée par l'un des Delegués sera inmediatement signalée par ecrit aux *Oumanas* du port et au Representant des porteurs de Titres à Tanger. Celui-ci en informera le Commisaire du Gouvernement qui devra prendre les mesures necessaires, vis-à-vis du delinquant pour faire acquiter les droits de douanes et amendes en faveur du Gouvernement Imperial du Maroc, qu'envers les *Oumana* pour empêcher le retour de ces fraudes.

Dans le cas de fraudes reiterées, et si les reclamations du Representant des Porteurs de Titres restaient sans effet, celui-ci aura le droit, deux mois après notification au Gouvernement Imperial du Maroc, de reclamer la destitution des *Oumanas* ou des employés coupables.

Art. XVI. L'encaissement des droits de douane affectés au present Emprunt s'opererá par les soins des fonctionnaires du Gouvernement Imperial du Maroc.

Le Representant des Porteurs de Titres nommera auprès de chacune des douanes un Delegué, qui, ainsi que le Representant des Porteurs de l'Emprunt lui-même aura le droit de contrôle et d'enquête pour tout ce qui concerne les affaires de la douane auprès de laquelle sera accrédité, et auquel devra être remis journellement l'état des encaissements, à l'entrée et à la sortie, opérés par les fonctionnaires du Gouvernement Imperial du Maroc.

Art. C. Le produit net de la vente des marchandises et d'objets confisqués et acquis définitivement à l'Etat, celui des amendes pécuniaires, ainsi que le montant des transactions seront, après déduction des frais de toute nature, répartis entre le Trésor chérifien et ceux qui auront participé à la répression de la fraude et de la contrebande:

Un tiers à répartir par la douane entre les indicateurs.

Un tiers aux agents ayant saisi la marchandise.

Un tiers au Trésor marocain.

Si la saisie a été opérée sans l'intervention d'un indicateur, la moitié des amendes sera attribuée aux agents saisissants et l'autre moitié au Trésor marocain.

Art. CI. Les autorités douanières marocaines devront signaler directement aux agents diplomatiques ou consulaires les infractions au présent règlement, commises par leurs ressortissants, afin que ceux-ci soient poursuivis devant la juridiction compétente.

Les mêmes infractions commises par des sujets marocains seront déférées directement par la douane à l'autorité chérifienne.

Un délégué de la douane sera chargé de suivre la procédure des affaires pendantes devant les diverses juridictions.

Art. CII. Toute confiscation, amende ou pénalité devra être prononcé pour les étrangers par la juridiction consulaire et pour les sujets marocains par la juridiction chérifienne.

Art. CIII. Dans la région frontière de l'Algérie l'application du présent règlement restera l'affaire exclusive de la France et du Maroc.

De même, l'application de ce règlement dans le Riff, et en général dans les régions frontières des possessions espagnoles, restera l'affaire exclusive de l'Espagne et du Maroc.

Art. CIV. Les dispositions du présent règlement autres que celles qui s'appliquent aux pénalités, pourront être revisées par le Corps Diplomatique à Tanger, statuant à l'unanimité des voix et d'accord avec le Makhzen, à l'expiration d'un délai de deux ans, à dater de son entrée en vigueur.

CHAPITRE VI

Déclaration relative aux services publics et aux travaux publics.

Art. CV. En vue d'assurer l'application du principe de la liberté économique sans aucune inégalité, les Puissances signataires déclarent qu'aucun des services publics de l'Empire chérifien ne pourra être aliéné au profit d'intérêts particuliers.

Art. CVI. Dans le cas où le Gouvernement chérifien croirait devoir faire appel aux capitaux étrangers ou à l'industrie étrangère pour l'exploitation de services publics ou pour l'exécution de travaux publics, routes, chemins de fer, ports, télégraphes et autres, les Puissances signataires se réservent de veiller à ce que l'autorité de l'Etat sur ces grandes entreprises d'intérêt général demeure entière.

Art. CVII. La validité des concessions qui seraient faites aux termes de l'art. CVI ainsi que pour les fournitures d'Etat, sera subordonnée dans tout l'empire chérifien au principe de l'adjudication publique sans acception de nationalité, pour toutes les matières qui, conformément aux régles suivies dans les législations étrangères, en comportent l'application.

Art. CVIII. Le Gouvernement chérifien dès qu'il aura décidé de procéder par voie d'adjudication à l'exécution des travaux publics, en fera part au Corps Diplomatique; il lui communiquera par la suite les cahier des charges, plans et tous les documents annexés au projet d'adjudication de manière que les nationaux de toutes les Puissances signataires puissent se rendre compte des travaux projetés et être à même d'y concourir. Un délai suffisant sera fixé à cet effet par l'avis d'adjudication.

Art. CIX. Le cahier des charges ne devra contenir, ni directement ni indirectement aucune condition ou disposition qui puisse porter atteinte à la libre concurrence et mettre en état d'infériorité les concurrents d'une nationalité vis-à-vis des concurrents d'une autre nationalité.

Art. CX. Les adjudications seront passées dans les formes et suivant les conditions générales prescrites par un règlement que le Gouvernement chérifien arrêtera avec l'assistance du Corps Diplomatique.

L'adjudication sera prononcée par le Gouvernement chérifien en faveur du soumissionnaire qui, en se conformant aux prescriptions du cahier des charges, présentera l'offre remplissant les conditions générales les plus avantageuses.

Art. CXI. Les règles des articles CVI à CX seront appliquées aux concessions d'exploitation de forêts de chênes liéges, conformément aux dispositions en usage dans les législations étrangères.

Art. CXII. Un firman chérifien déterminera les conditions de concession et d'exploitation des mines, minières et carrières. Dans l'élaboration de ce firman le Gouvernement chérifien s'inspirera des législations étrangères existantes sur la matière.

Art. CXIII. Si, dans les cas mentionnés aux articles CVI à CXII, il était nécessaire d'occuper certains immeubles, il pourra être procédé à leur expropriation moyennant le versement préalable d'une juste indemnité et confor-mément aux règles suivantes.

Art. CXIV. L'expropriation ne pourra avoir lieu que pour cause d'utilité publique et qu'autant que la nécessité en aura été constatée par une enquête administrative dont un règlement chérifien, élaboré avec l'assistance du Corps Diplomatique, fixera les formalités.

Art. CXV. Si les propriétaires d'immeubles sont sujets marocains, Sa Majesté Chérifienne prendra les mesures nécessaires pour qu'aucun obstacle ne soit apporté à l'exécution des travaux qu'Elle aura déclarée d'utilité publique.

Art. CXVI. S'il s'agit de propriétaires étrangers, il sera procédé à l'expropriation de la manière suivante:

En cas de désaccord entre l'administration compétente et le propriétaire de l'immeuble à exproprier, l'indemnité sera fixée par un jury spécial, ou, s'il y a lieu, par arbitrage.

[ ]*Art. CXVII.* Ce jury sera composé de six experts estimateurs, choisis trois par le propriétaire, trois par l'administration qui poursuivra l'expropriation. L'avis de la majorité absolue prévaudra.

S'il ne peut se former de majorité, le propriétaire et l'administration nommeront chacun un arbitre, et ces deux arbitres désigneront le tiers arbitre.

A défaut d'entente pour la désignation du tiers arbitre, ce dernier sera nommé par le Corps Diplomatique à Tanger.

Art. CXVIII. Les arbitres devront être choisis sur une liste établie au début de l'année par le Corps Diplomatique, et autant que possible, parmi les experts ne résidant pas dans la localité où s'exécute le travail.

Art. CXIX. Le propriétaire pourra faire appel de la décision rendue par les arbitres devant la juridiction compétente et conformément aux règles fixées en matière d'arbitrage par la législation à laquelle il ressortit.

CHAPITRE VII

Dispositions générales.

Art. CXX. En vue de mettre, s'il y a lieu, sa législation en harmonie avec les engagements contractés par le présent Acte général, chacune des Puissances signataires s'oblige à provoquer, en ce qui la concerne, l'adoption des mesures législatives qui seraient nécessaires.

Art. CXXI. Le présent Acte général sera ratifié suivant les lois constitutionnelles particulières à chaque Etat; les ratifications seront déposées à Madrid le plus tôt que faire se pourra et, au plus tard, le trente et un Décembre mil neuf cent six.

Il sera dressé du dépôt un procès verbal dont une copie certifiée conforme sera remise aux Puissances signataires par la voie diplomatique.

Art. CXXII. Le présent Acte général entrera en vigueur le jour où toutes les ratifications auront été déposées et, au plus tard, le trente et un Décembre mil neuf cent six.

Au cas où les mesures législatives spéciales qui, dans certains pays seraient nécessaires pour assurer l'application à leurs nationaux résidant au Maroc de quelques-unes des stipulations du présent Acte général, n'auraient pas été adoptées avant la date fixée pour la ratification, ces stipulations ne deviendraient applicables, en ce qui les concerne, qu'après que les mesures législatives ci-dessus visées, auraient été promulguées.

Art. CXXIII et dernier. Tous les Traités, conventions et arrangements des Puissances signataires avec le Maroc restent en vigueur. Toutefois, il est entendu, qu'en cas de conflit entre leurs dispositions et celles du présent Acte général, les stipulations de ce dernier prévaudront.

EN FOI DE QUOI, les Délégués Plénipotentiaires ont signé le présent Acte général et y ont apposé leur cachet.

Fait à Algésiras, le septième jour d'Avril mil neuf cent six, en un seul exemplaire qui restera déposé dans les archives du Gouvernement de Sa Majesté Catholique et dont des copies certifiées conformes seront remises par la voie diplomatique aux Puissances signataires.

(L. S.) — Pour l'Allemagne: RADOWITZ. — TATTENBACH.

(L. S.) — Pour l'Autriche-Hongrie: WELSERSHEIMB.—BOLESTA-KOZIE-BRODZKI.

(L. S.) — Pour la Belgique: JOOSTENS. — COMTE CONRAD DE BUISSERET.

(L. S.) — Pour l'Espagne: EL DUQUE DE ALMODÓVAR DEL RÍO. — J. PÉREZ CABALLERO.

(L. S.) — Pour les Etats-Unis d'Amérique: *Sous réserve de la déclaration faite en séance plénière de la Conférence le 7 Avril 1906* [1]. — HENRY WHITE. — SAMUEL R. GUMMERÉ.

---

(1) «Le Gouvernement des Etats-Unis declare qu'én s'associant aux règléments et déclarations de la Conférence par la signature de l'Acte général, sous réserve de ratification en conformité avec les lois constitutionnelles, et le Protocole additionel, et en acceptant leur application aux citoyens et aux intérets américains au Maroc, il ne prend sur lui aucune obligation ou responsabilité par rapport aux mesures qui pourraint être necessaires pour la mise à execution desdits règléments et declarations.»

(L. S.) — Pour la France: REVOIL. — REGNAULT.

(L. S.) — Pour la Grande Bretagne: A. NICOLSON.

(L. S.) — Pour l'Italie: VISCONTI VENOSTA. — G. MALMUSI.

Pour le Maroc: .....

(L. S.) — Pour les Pays Bas: H. TESTA.

(L. S.) — Pour le Portugal: COMTE DE TOVAR. — COMTE DE MARTENS-FERRAO.

(L. S.) — Pour la Russie: CASSINI. — BASILE BACHERAT.

(L. S.) — Pour la Suède: ROBERT SAGER [1].

Protocolo adicional.

Au moment de procéder à la signature de l'Acte général de la Conférence d'Algésiras, les délégués d'Allemagne, d'Autriche-Hongrie, de Belgique, d'Espagne, des Etats-Unis d'Amérique, de France, de la Grande-Bretagne, d'Italie, des Pays-Bas, de Portugal, de Russie et de Suède,

Tenant compte de ce que les délégués du Maroc ont déclaré ne pas être en mesure, pour le moment, d'y apposer leur signature, l'éloignement ne leur permettant pas d'obtenir à bref délai la réponse de Sa Majesté Chérifienne concernant les points au sujet desquels ils ont cru devoir lui en référer,

S'engagent réciproquement, en vertu de leurs mêmes pleins pouvoirs, à unir leurs efforts en vue de la ratification intégrale par Sa Majesté Chérifienne du dit Acte général, et en vue de la mise en vigueur simultanée des réformes qui y sont prévues et qui sont solidaires les unes des autres,

Ils conviennent, en conséquence, de charger Son Excellence M. *Malmusi,* Ministre d'Italie au Maroc, et doyen du Corps Diplomatique à Tanger, de faire les démarches nécessaires à cet effet, en appelant l'attention de Sa Majesté le Sultan sur les grands avantages qui résulteront pour son Empire des stipulations adoptées à la Conférence par l'unanimité des Puissances signataires.

L'adhésion donnée par Sa Majesté Chérifienne à l'Acte général de la Conférence d'Algésiras devra être communiquée, par l'intermédiaire du Gouvernement de Sa Majesté Catholique aux Gouvernements des autres Puissances signataires. Cette adhésion aura la même force que si les délégués du Maroc eussent apposé leur signature sur l'Acte général et tiendra lieu de ratification par Sa Majesté Chérifienne [2].

EN FOI DE QUOI, les Délégués d'Allemagne, d'Autriche-Hongrie, de Belgique, d'Espagne, des Etats-Unis d'Amérique, de France, de la Grande-Bretagne,

---

(1) Según el corresponsal de *Le Temps* (9 de Abril de 1906), el Delegado de Suecia, M. *Sager,* se asoció en breves palabras á las reservas del primer Representante de los Estados Unidos. Pero, como se ve no les hizo, en todo caso, condición de su firma como el último.

(2) El Sultán otorgó esta ratificación el 18 de Junio de 1906 por edicto, cuya traducción insertamos á continuación.

d'Italie, des Pays-Bas, de Portugal, de Russie et de Suède, ont signé le présent protocole additionnel et y ont apposé leur cachet.

Fait à Algésiras, le septième jour d'Avril mil neuf cent six, en un seul exemplaire, qui restera déposé dans les archives du Gouvernement de Sa Majesté Catholique et dont les copies certifiées conformes seront remises par la voie diplomatique aux Puissances signataires.

(L. S.) — Pour l'Allemagne: RADOWITZ. — TATTENBACH.

(L. S) — Pour l'Autriche-Hongrie: WELSERSHEIMB.—BOLESTA-KOIZE-BRODZKI.

(L. S.) — Pour la Belgique: JOOSTENS. — COMTE CONRAD DE BUIS-SERET.

(L. S.) — Pour l'Espagne: EL DUQUE DE ALMODÓVAR DEL RÍO. — J. PÉREZ CABALLERO.

(L. S.) — Pour les Etats-Unis d'Amérique: *Sous réserve de la déclaration faite en séance plénière de la Conférence le 7 Avril 1906* (1). — HENRY WHITE. — SAMUEL R. GUMMERÉ.

(L. S.) — Pour la France: REVOIL. — REGNAULT.

(L. S.) — Pour la Grande Bretagne: A. NICOLSON.

(L. S.) — Pour l'Italie: VISCONTI VENOSTA. — G. MALMUSI.

(L. S.) — Pour les Pays-Bas: H. TESTA.

(L. S.) — Pour le Portugal: COMTE DE TOVAR. — COMTE DE MARTENS-FERRAO.

(L. S.) — Pour la Russie: CASSINI. — BASILE BACHERAT.

(L. S.) — Pour la Suéde: ROBERT SAGER (2).

Ratificación de los Estados Unidos de América.

Resolved as a part of this act of ratification that the Senate understands that the participation of the United States in the Algeciras-conference and in the formulation and adoption of the general act and protocol which resulted therefrom, was with the sole purpose of preserving and increasing its commerce in Morokko, the protection as to life, liberty and property of its citizens residing or travelling therein, and of aiding by its friendly offices and efforts in removing friction and controversy which seemed to menace the peace between powers, signatory with the United States to the treaty of eighteen hundred eighty, all of which are on terms of amity with this government, and without purpose to depart from the traditional American foreign policy which forbids participation by the United States in the settlement of political questions which are entirely European in their scope.

---

(1) Véase la nota puesta á la misma firma en el Acta general.
(2) Véase la nota puesta á la misma firma en el Acta general.

Decreto imperial de Su Majestad el Sultán de Marruecos ratificando el Acta general de la Conferencia internacional de Algeciras.

(Traducción del texto árabe.)

Gloria á Dios único.
Su reinado es el sólo eterno.

(Sello del Sultán Abd el-Aziz Ben Hasan.)

Por el presente edicto hacemos saber que hemos leído lo que ha sido elaborado por nuestros Delegados jerifianos y los Delegados de las grandes y altas Potencias amigas en las sesiones de la Conferencia reunida en la ciudad de Algeciras en el año 1324 de la Egira correspondiente al año 1906 de la Era Cristiana para examinar las reformas *(que se han de introducir)* en este Imperio marroquí, basadas principalmente en tres principios, á saber: mantenimiento de nuestros derechos soberanos, independencia de nuestro dicho Imperio y libertad económica en lo que á obras públicas se refiere. Luego las reformas basadas en los indicados principios han sido resumidas en siete capítulos, los cuales son:

1.° Declaración relativa á la organización de la policía en los puertos de nuestro Imperio abiertos *(al comercio).*

2.° Reglamento concerniente á la vigilancia y represión del contrabando de armas en el territorio de este Imperio.

3.° Acta de concesión de un Banco en nombre del Gobierno marroquí.

4.° Declaración concerniente al mejor rendimiento de los impuestos existentes y de la creación de nuevos ingresos.

5.° Reglamento sobre las aduanas del Imperio y represión del fraude y del contrabando.

6.° Reglamento concerniente á los medios de ejecutar los trabajos públicos.

7.° Disposiciones generales para la ratificación y ejecución del Acta general.

Cada uno de estos capítulos comprende un número de artículos, siendo el de su conjunto el de 123.

Después de haber examinado el Acta, que consolida y reúne los artículos dichos y que lleva la fecha del 12 Safar del año corriente, que corresponde al 7 de Abril de 1906, y después de habernos penetrado de dicha Acta desde su principio hasta su fin, hemos tomado la determinación jerifiana de aprobarla, ratificarla, aceptarla y ejecutarla enteramente.

Así lo hemos dado por nuestra orden, orden fuerte y poderosa por la voluntad de Dios, en el día 26 de Rabí segundo del año de 1324, correspondiente al 18 de Junio de 1906 de la Era Cristiana.

LEY

D. Alfonso XIII, por la gracia de Dios y la Constitución Rey de España;
Á todos los que la presente vieren y entendieren, sabed: que las Cortes han decretado y Nos sancionado lo siguiente:

Artículo único. Se autoriza al Gobierno de S. M. para ratificar el Acta general de la Conferencia Internacional de Algeciras firmada en 7 de Abril de 1906.
Por tanto:
Mandamos á los Tribunales, Justicias, Jefes, Gobernadores y demás Autoridades, así civiles como militares y eclesiásticas, de cualquier clase y dignidad, que guarden y hagan guardar, cumplir y ejecutar la presente ley en todas sus partes.

Dado en Palacio á diez y ocho de Diciembre de mil novecientos seis. — YO EL REY. — *El Ministro de Estado,* JUAN PÉREZ CABALLERO.

Acta del depósito de las ratificaciones [1].

Procés-verbal de dépôt de ratifications sur l'Acte général de la Conférence international d'Algésiras, signé le 7 Avril 1906.

En exécution de l'art. CXXI de l'Acte général de la Conférence internationale d'Algésiras, les soussignés Représentants d'Allemagne, d'Autriche-Hongrie, de Belgique, d'Espagne, des Etats-Unis d'Amérique, de France, de la Grande-Bretagne, d'Italie, des Pays-Bas, du Portugal, de Russie et de Suède se sont réunis au Ministère d'Etat á Madrid, pour procéder au dépôt entre les mains du Gouvernement de Sa Majesté Catholique des ratifications des Hautes Parties contractantes.
Les instruments des ratifications:
1° De Sa Majesté *l'Empereur d'Allemagne, Roi de Prusse,* au nom de l'Empire Allemand;
2° De Sa Majesté *l'Empereur d'Autriche, Roi de Bohême,* etc., et *Roi Apostolique de Hongrie;*
3° De Sa Majesté *le Roi des Belges;*
4° De Sa Majesté *le Roi d'Espagne;*
5° Du *Président des Etats-Unis d'Amérique;*
6° Du *Président de la République française;*
7° De Sa Majesté *le Roi du Royaume-Uni de la Grande-Bretagne et d'Irlande et des Territoires Britanniques au delà des mers, Empereur des Indes;*

---

(1) Del Libro Amarillo francés, *Affaires du Maroc,* III, 1906-1907, páginas 149-150.

8º De Sa Majesté *le Roi d'Italie;*

9º De Sa Majesté *la Reine des Pays-Bas;*

10º De Sa Majesté *le Roi de Portugal et des Algarves, etc;*

11º De Sa Majesté *l'Empereur de toutes les Russies;*

12º. Et de Sa Majesté *le Roi de Suède;*

Ont été produits et ayant été, après examen, trouvés en bonne et due forme, sont confiés au Gouvernement de Sa Majesté Catholique pour être déposés dans les archives du Département d'Etat.

Le Chargé d'affaires des Etats Unis déclare que la ratification du Président des Etats-Unis d'Amérique est faite sous réserve de la déclaration présentée par le prémier Délégué de son Pays à la séance de clôture de la Conférence le sept Avril mil neuf cent six, déclaration et résolution qui sont insérées dans l'instrument de ratification et dont lecture a été donnée.

L'adhésion de Sa Majesté Chérifienne à l'Acte général de la Conférence internationale d'Algésiras ayant été communiquée, par l'intermédiaire du Gouvernement de Sa Majesté Catholique aux Gouvernements des autres Puissances, cette adhésion, conformément au Protocole additionnel dudit Acte, tient lieu de ratification en ce qui concerne le Maroc.

En foi de quoi a été dressé le présent procès-verbal, dont une copie certifiée conforme sera remise par le Gouvernement de Sa Majesté Catholique aux Puissances signataires de l'Acte général.

Fait à Madrid le trente et unième jour de Décembre mil neuf cent six.

(L. S.) — Pour l'Allemagne: RADOWITZ.

(L. S.) — Pour l'Autriche-Hongrie: WELSERSHEIMB.

(L. S.) — Pour la Belgique: JOOSTENS.

(L. S.) — Pour l'Espagne: J. PÉREZ CABALLERO.

(L. S.) — Pour les Etats-Unis d'Amérique: WINTHROP.

(L. S.) — Pour la France: CAMBON.

(L. S.) — Pour la Grande-Bretagne: BUNSEN.

(L. S.) — Pour l'Italie: SILVESTRELLI.

(L. S.) — Pour les Pays-Bas: TESTA.

(L. S.) — Pour le Portugal: CONDE DE TOVAR.

(L. S.) — Pour la Russie: CASSINI.

(L. S.) — Pour la Suède: SAGER.

ble ejemplar, en la ciudad de Buenos Aires, á los diez y siete días del mes de Septiembre del año mil novecientos dos.

(L. S.)—JOSÉ CARO.
(L. S.)—LUIS M. DRAGO.

———————

3

PERÚ

Convenio sobre él *reconocimiento* y validez de *títulos académicos é incorporación de estudios*.

Firmado en **Lima** *el 9 de Abril de 1904 y publicado en 20 de Enero de 1907.*

D. Alfonso XIII, Rey de España, y D. Manuel Candamo, Presidente de la República Peruana;

Animados del deseo de hacer más estrechas y mutuamente eficaces las cordiales relaciones que unen á ambos países, han resuelto celebrar un Convenio sobre reconocimiento y validez de títulos académicos é incorporación de estudios, y al efecto han nombrado por Sus Plenipotenciarios, á saber:

Su Majestad el Rey de España, á *D. Ramiro Gil de Uribarri*, Caballero de Carlos III, Gran Cruz del Mérito naval, Gran Cordón de la Corona de Italia, del Doble Dragón de China, etc., etc., etc., Su Enviado Extraordinario y Ministro Plenipotenciario en el Perú, Ecuador y Bolivia; y Su Excelencia el Presidente de la República del Perú, *Doctor D. José Pardo*, Ministro de Relaciones Exteriores.

Quienes, debidamente autorizados al efecto, han convenido en los artículos siguientes:

Artículo I. Los nacionales de ambos Países que en cualquiera de los Estados signatarios de este Convenio hubieren obtenido título ó diploma, expedido por la Autoridad nacional competente, para ejercer profesiones liberales, se tendrán por habilitados para ejercerlos en uno y otro territorio.

Art. II. Para que el título ó diploma á que se refiere el artículo anterior produzca los efectos expresados, se requiere:

1.º La exhibición del mismo, debidamente legalizado.

2.º Que el que lo exhiba acredite, mediante certificado expedido por la Legación ó el Consulado más cercano de su País, ser la persona á cuyo favor se ha extendido.

3.º Que cuando se solicite por el interesado, en uno de los dos Países, el re-

CANJE DE RATIFICACIONES en Madrid el 7 de Enero de 1907.
Gaceta de Madrid del 20 de Enero de 1907.

conocimiento de la validez de un diploma ó título académico expedido en el otro País para ejercer profesión determinada, se acrédite que dicho diploma ó título le habilita también para ejercer esa profesión en el País en que se haya expedido.

Art. III. Los nacionales de cada uno de los dos Países que fueren autorizados para ejercer una profesión en el otro, en virtud de las estipulaciones del presente Convenio, quedarán sujetos á todos los Reglamentos, Leyes, impuestos y deberes que rijan en la materia para los propios nacionales.

Art. IV. Sin perjuicio de que ambos Gobiernos se comuniquen recíprocamente los programas de enseñanza, ó se entiendan respecto á cualesquiera otros detalles administrativos que puedan parecer necesarios, los estudios de asignaturas realizados en uno de los Estados contratantes podrán ser incorporados en los establecimientos docentes del otro, previo el cumplimiento de los requisitos siguientes:

1.º Exhibición, por el interesado, de certificación debidamente legalizada, en que conste haber sido aprobadas dichas asignaturas en establecimiento cuyos exámenes ó certificados de aptitud tengan validez oficial en el Estado donde se hayan realizado los estudios.

2.º Exhibición de certificado expedido por la Legación ó Consulado más próximo del País á que el interesado pertenezca, y en el cual se acredite que este último es la persona á cuyo favor se ha extendido la certificación susodicha.

3.º Informes del Consejo de Instrucción pública en España, ó del Centro consultivo ó docente señalado para ese efecto por el otro Estado contratante, haciendo constar los estudios exigidos por las disposiciones nacionales que puedan estimarse equivalentes á los realizados en el extranjero por el que lo solicite.

Art. V. Se entiende, sin embargo, que el diploma ó título expedido por las Autoridades de uno de los dos Países contratantes á favor de uno de sus ciudadanos ó de un ciudadano extranjero no habilita á este ciudadano para que ejerza en el otro País cargo ó profesión reservada á los propios súbditos ó ciudadanos por la Constitución ó por las leyes.

Art. VI. Los beneficios derivados del presente Convenio á los nacionales de ambos Países contratantes serán únicamente aplicables á los países de lengua española que en su legislación interior, ó mediante Convenio, concedan las mismas ventajas á los diplomas ó títulos académicos ó profesionales expedidos respectivamente por cada uno de ellos.

Art. VII. La duración del presente Convenio será de diez años, á contar desde la fecha del canje de ratificaciones del mismo; y si para entonces no hubiese sido denunciado por ninguna de las Altas Partes Contratantes, subsistirá por otros diez años, y así sucesivamente.

Art. VIII. El presente Convenio será ratificado dentro del menor plazo posible, y las ratificaciones serán canjeadas en Lima ó en Madrid.

En fe de lo cual, los respectivos Plenipotenciarios lo firman y sellan con sus sellos particulares, por duplicado, en la ciudad de Lima á los nueve días del mes de Abril del año mil novecientos cuatro.

(L. S.) — RAMIRO GIL DE URIBARRI.
(L. S.) — JOSÉ PARDO.

4

FRANCIA

Convenio para fijar las nuevas *comunicaciones transpirenaicas* por vía férrea.

Firmado en **París** *el 18 de Agosto de 1904 con un Reglamento de ejecución de la misma fecha y un Protocolo adicional de 8 de Marzo de 1905. Publicado en 2 de Marzo de 1907.*

Su Majestad el Rey de España y el Presidente de la República francesa, deseando fijar de común acuerdo las nuevas comunicaciones transpirenaicas por vía férrea que han de establecerse entre los dos Países, y decidir acerca de las condiciones generales de ejecución y enlace en la frontera de las líneas proyectadas, han resuelto celebrar á este fin un Convenio, y nombrado como Plenipotenciarios, á saber:

Su Majestad el Rey de España, al Excmo. *Sr. D. Fernando de León y Castillo*, Marqués del Muni, Embajador Extraordinario y Plenipotenciario de Su Majestad el Rey de España cerca del Presidente de la República francesa, etc. etc., etc.;

Y el Presidente de la República francesa al Excmo. *Sr. Th. Delcasse*, Diputado, Ministro de Negocios extranjeros de la República francesa etcétera, etc., etc.

Sa Majesté le Roi d'Espagne et le Président de la République française, désirant déterminer, d'un commun accord, les nouvelles communications par voies ferrées à établir entre les deux Pays à travers les Pyrénées, et arrêter les conditions générales d'exécution et raccordement à la frontière des lignes à construire, ont résolu de conclure, à cet effet, une Convention, et ont nommé pour leurs Plénipotentiaires, savoir:

Sa Majesté le Roi d'Espagne, à Son Excellence *M. de Léon y Castillo*, Marquis del Muni, Ambassadeur Extraordinaire et Plénipotentiaire de Sa Majesté le Roi d'Espagne près le Président de la République française, etcætera, etc., etc.;

Et le Président de la République française, Son Excellence *M. Th. Delcassé*, Député, Ministre des Affaires étrangères de la République française, etcætera, etc., etc.

CANJE DE RATIFICACIONES en París el 28 de Enero de 1907.—La de S. M. autorizada por Ley de 18 de Enero de 1906. (1906, núm. 2, pág. 13.)

Gaceta de Madrid de 2 de Marzo de 1907. — *Journal officiel* del 15 de Febrero de 1907.

Los cuales, después de haberse comunicado sus plenos poderes, encontrados en buena y debida forma, han convenido los artículos siguientes:

Artículo I. Se construirán tres líneas internacionales, que atravesarán, respectivamente, la frontera hispano-francesa por las inmediaciones de Puigcerdá y de Bourg-Madame y cerca de los puertos de Somport y de Salau.

La primera línea partirá de Ax-les-Thermes (Ariege), atravesará por túnel el puerto de Puymosens, pasará la frontera por las inmediaciones de Puigcerdá y de Bourg-Madame, franqueará por túnel el puerto de Tosas y enlazará en Ripoll con el camino de hierro de Granollers á San Juan de las Abadesas.

La segunda partirá de Olorón (Bajos Pirineos), subirá por el valle de Aspe, franqueará por túnel el Somport, penetrará en el valle del rio Aragón, pasará después por el del Gállego y enlazará en Zuera con la línea de Zaragoza á Barcelona.

La tercera partirá de Saint-Girons (Ariege), subirá por el valle de Salat, franqueará por túnel el puerto de Salau, penetrará en España por el valle del Noguera-Pallaresa y enlazará en él, en Sort, con la línea proyectada de Lérida á la frontera.

Art. II. Los dos Gobiernos se comprometen á construir cada una de las tres líneas citadas lo más rápidamente posible, y en todo caso en un plazo máximo de diez años.

Respecto á cada una de las dos primeras, que deben enlazar en España con las líneas que ya se hallan actualmente en explotación, este plazo prin-

Lesquels, après s'être communiqué leurs pleins pouvoirs, trouvés en bonne et due forme, sont convenus des articles suivants:

Article I. Il sera construit trois lignes internationales qui traverseront, respectivement, la frontière franco-espagnole aux environs de Puigcerda et de Bourg-Madame, et près des ports du Somport et de Salau.

La première partira d'Ax-les-Thermes (Ariège), traversera en tunnel le col de Puymorens, coupera la frontière aux environs de Puigcerda et de Bourg-Madame, franchira en tunnel le col de Tosas et s'embranchera à Ripoll sur le chemin de fer de Granollers à San Juan-de-las Abadesas.

La seconde partira d'Oloron (Basses-Pyrénées), remontera la vallée d'Aspe, franchira en tunnel le Somport, pénétrera dans la vallée du Rio-Aragon, puis passera dans celle du Gallego et s'embranchera à Zuéra sur la ligne de Saragosse à Barcelone.

La troisième partira de Saint Girons (Ariège), remontera la vallée du Salat, franchira en tunnel le col de Salau, pénétrera en Espagne par la vallée du Noguera-Pallaresa et s'y embranchera, à Sort, sur la ligne projetée de Lérida à la frontière.

Art. II. Les deux Gouvernements s'engagent à exécuter chacune des trois lignes susdites le plus rapidement possible et, en tous cas, dans un délai maximum de dix années.

Pour chacune des deux premières, qui doivent s'embrancher, en Espagne, sur des lignes déjà actuellement ouvertes à l'exploitation, ce délai cou-

cipiará á correr desde el día del canje de ratificaciones del presente Convenio.

Respecto á la tercera, que debe enlazar en España con la línea, aun no construída, de Lérida á la frontera por el valle del Noguera-Pallaresa, este plazo principiará á correr desde el día de la notificación del Gobierno español al Gobierno francés de haberse terminado el trozo de Lérida á Sort de dicha línea. *(Véase el Protocolo de 8 de Marzo de 1905.)*

Art. III. En las tres líneas internacionales la tracción será de vapor ó eléctrica, por adherencia ó por cualquier otro medio convenido entre los dos Gobiernos; pudiendo, por lo demás, variar el sistema de tracción en cada línea, según sus trozos.

Sólo el material de tracción podrá ser de tipos especiales; los demás vehículos deberán ser, en cada uno de los dos Países, de los tipos en uso en el conjunto de las vías férreas, de ancho normal en ellos.

Las pendientes no podrán exceder, en el caso de tracción de vapor por adherencia, de 33 milímetros por metro, y en el de tracción eléctrica por adherencia, de 43 milímetros por metro.

En los túneles internacionales de Somport y de Salau, en que la tracción será eléctrica, las pendientes no deberán exceder de 34 milímetros por metro.

En el caso de tracción por adherencia, los radios de las curvas no serán inferiores, á saber:

En los trozos de tracción de vapor, de 300 metros en la vía española y de 260 metros en la vía francesa;

Y en los trozos de tracción eléctri-

---

rra du jour de l'échange des ratifications de la présente Convention.

Pour la troisième, qui doit s'embrancher, en Espagne, sur la ligne non encore exécutée de Lérida à la frontière par la vallée du Noguera Pallaresa, ce délai courra du jour de la notification par le Gouvernement espagnol au Gouvernement français de l'achèvement de la section de Lérida à Sort de ladite ligne. *(Véase el Protocolo de 8 de Marzo de 1905.)*

Art. III. Sur les trois lignes internationales, la traction se fera soit à la vapeur, soit à l'électricité, par adhérence ou par tout autre moyen agréé par les deux Gouvernements, le mode de traction pouvant d'ailleurs varier, sur chaque ligne, suivant les sections.

Le matériel de traction seul y pourra être de types spéciaux; les autres véhicules devront, dans chacun des deux Pays, être des types en usage sur l'ensemble des voies ferrées à largeur normale dudit Pays

Les déclivités ne devront pas dépasser: pour le cas de la traction à vapeur par adhérence, 33 millimètres par mètre, et pour celui de la traction électrique par adhérence, 43 millimètres par mètre.

Dans les tunnels internationaux du Somport et de Salau, où la traction s'effectuera par l'électricité, les déclivités ne devront pas dépasser 34 millimètres par mètre.

Dans le cas de la traction par adhérence, les rayons des courbes ne devront pas être inférieurs, savoir:

Sur les sections à traction à vapeur, à 300 mètres pour la voie espagnole et 260 mètres pour la voie française;

Et sur les sections à traction élec-

ca, de 230 metros en la vía española y de 200 metros en la vía francesa.

Sin embargo, estos radios mínimos podrán reducirse en caso de dificultades excepcionales de construcción, acerca de las cuales se resolverá por los dos Gobiernos.

En el caso de tracción por otro medio cualquiera que no sea el de adherencia, se resolverá de acuerdo entre ambos Gobiernos acerca de los límites que deben concederse á las pendientes y á los radios de las curvas.

Art. IV. El túnel internacional de Somport partirá, en Francia, de Forges d'Abel á una cota que no será inferior á 1.064 metros, y vendrá á parar á Arañones; en España, á la cota invariable de 1.195,50 metros. Tendrá dos pendientes de longitudes sensiblemente iguales y dará paso á una vía española única. La fuerza hidráulica, procedente del lago de Estaes, será utilizada en las dos vertientes para la perforación del túnel en las condiciones que fijen de acuerdo los dos Gobiernos.

El túnel internacional del puerto de Salau partirá, en Francia, de Jeu-du Mail *(a)*, y vendrá á parar, en España, cerca de Isil. Tendrá dos pendientes de longitudes tan iguales como sea posible, y dará paso á una vía francesa única.

Los dos Gobiernos resolverán, de común acuerdo, el trazado, el perfil y, de una manera general, las disposiciones técnicas de los dos túneles internacionales.

Cada uno de estos túneles, incluyendo la superestructura, se construirá á cargo y provisionalmente por cuenta del Gobierno francés en la parte com-

trique, à 230 mètres pour la voie espagnole et 200 mètres pour la voie française.

Toutefois, ces rayons minima pourront être abaissés en cas de difficultés exceptionnelles de construction, pour lesquelles il sera statué par les deux Gouvernements.

Pour le cas de la traction par tout autre moyen que l'adhérence, il sera statué, d'accord entre les deux Gouvernements, sur les limites à admettre pour les déclivités et pour les rayons des courbes.

Art. IV. Le tunnel international du Somport partira, en France, des Forges d'Abel, à une cote qui ne sera pas inférieure à 1.064 mètres et aboutira aux Arañones, en Espagne, à la cote invariable 1.195,50 mètres. Il sera à deux pentes de longueur sensiblement égales. Il donnera passage à une voie espagnole unique. La force hydraulique à provenir du lac d'Estaes sera, dans les conditions que fixeront de concert les deux Gouvernements, utilisée sur les deux versants pour le percement du tunnel.

Le tunnel international du col de Salau partira, en France, du Jeu-du-Mail, et aboutira, en Espagne, près d'Isil. Il sera à deux pentes de longueurs aussi égales que possible. Il donnera passage à une voie française unique.

Les deux Gouvernements arrêteront, d'un commun accord, le tracé, le profil et, d'une manière générale, les dispositions techniques des deux tunnels internationaux.

Chacun de ces tunnels, superstructure comprise, sera exécuté par les soins et provisoirement aux frais du Gouvernement français dans la partie

prendida entre la boca francesa y el punto culminante del perfil longitudinal, y á cargo y provisionalmente por cuenta del Gobierno español entre este punto culminante y la boca española.

Cada uno de los dos Gobiernos decidirá en absoluto y sin intervención del otro acerca de la cuenta general de gastos referentes á los trabajos ejecutados á su cargo.

Se acumularán en seguida estas dos cuentas para que la mitad del total sea sufragado definitivamente por cada uno de los dos Gobiernos.

Art. V. Se establecerán en la línea de Ax-les-Thermes á Ripoll dos estaciones internacionales, situadas una en Francia y la otra en España, unidas entre sí por dos vías, una francesa y otra española.

Se establecerá una sola estación internacional en cada una de las otras dos líneas: la de la línea de Somport estará situada en territorio francés, en Forges d'Abel; la de la línea del puerto de Salau, en territorio español, en un punto que so fijará de acuerdo entre los dos Gobiernos.

La vía española que atraviese el túnel de Somport se prolongará hasta la estación internacional situada en territorio francés. La vía francesa que atraviese el túnel del puerto de Salau se prolongará hasta la estación internacional situada en territorio español.

Los proyectos de cada una de estas cuatro estaciones y de las vías que unan entre sí las dos estaciones internacionales de la línea de Ax-les-Thermes á Ripoll, y, respectivamente, en los subterráneos de la cumbre las de las líneas de Somport y del puerto de

comprise entre la tête française et le point culminant du profil en long; par les soins et provisoirement aux frais du Gouvernement espagnol entre ce point culminant et la tête espagnole.

Chacun des deux Gouvernements arrêtera souverainement, sans intervention de l'autre, le compte général des dépenses relatives aux travaux exécutés par ses soins.

Il serait fait, ensuite, masse de ces deux comptes, pour la moitié du total être supportée définitivement par chacun des deux Gouvernements.

Art. V. Il sera établi sur la ligne d'Ax à Ripoll deux gares internationales, situées l'une en France, l'autre en Espagne, et reliées entre elles par deux voies, l'une française, l'autre espagnole.

Il sera établi une seule gare internationale sur chacune des deux autres lignes; celle de la ligne du Somport sera située sur le territoire français, aux Forges d'Abel; celle de la ligne du col de Salau sur le territoire espagnol, en un point qui sera déterminé d'accord entre les deux Gouvernements.

La voie espagnole traversant le tunnel du Somport sera prolongée jusqu'à la gare internationale située sur le territoire français. La voie française traversant le tunnel du col de Salau sera prolongée jusqu'à la gare internationale située sur le territoire espagnol.

Les projets de chacune de ces quatre gares et des voies reliant entre elles les deux gares internationales de la ligne d'Ax-les Thermes à Ripoll et, respectivement, aux souterrains de faîte celles des lignes du Somport et du col de Salau seront arrêtés d'un

Salau, se resolverán de común acuerdo entre los dos Gobiernos.

En las estaciones internacionales de Somport y del puerto de Salau, cada uno de los dos Países dispondrá las instalaciones necesarias para la explotación y vigilancia del ferrocarril y para el servicio de Aduanas.

Todos estos trabajos se ejecutarán á cargo y provisionalmente por cuenta del Gobierno del territorio en que se hagan; cada uno de los dos Gobiernos resolverá en absoluto, sin intervención del otro, acerca de la cuenta general de gastos referentes á los trabajos ejecutados á su cargo.

Se acumularán en seguida estas dos cuentas para que la mitad del total sea sufragado por cada uno de los dos Gobiernos.

Art. VI. Los dos Gobiernos sufragarán por mitad los gastos de entretenimiento de·las obras ejecutadas por cuenta común, en virtud de los artículos anteriores, IV y V.

Art. VII. La Comisión internacional se reunirá todas las veces que uno de los dos Gobiernos lo juzgue necesario, y por lo menos una vez al año, en el mes de Mayo, para inspeccionar la ejecución de las cláusulas del presente Convenio, estudiar todos los demás puntos de su competencia y, particularmente, velar porque la construcción de las tres líneas se termine en los plazos fijados en el anterior artículo II.

Art. VIII. A fin de asegurar la marcha normal de los trabajos, los dos Gobiernos seguirán, tanto en lo relativo al orden y á los plazos para la

commun accord par les deux Gouvernements.

Dans les gares internationales du Somport et du col de Salau, chacun des deux Pays disposera des installa·tions nécessaires pour l'exploitation et la surveillance du chemin de fer et pour le service des Douanes.

Tous ces travaux seront exécutés par les soins et provisoirement aux frais du Gouvernement sur le territoire duquel ils seront situés; chacun des deux Gouvernements arrêtera souverainement, sans intervention de l'autre, le compte général des dépenses relatives aux travaux exécutés par ses soins.

Il sera fait ensuite masse de ces deux comptes, pour la moitié du total être supportée par chacun des deux Gouvernements.

Art. VI. Les deux Gouvernements supporteront par moitié les frais d'entretien des ouvrages établis à leurs frais communs en vertu des articles IV et V ci-dessus.

Art. VII. La Commission internationale se réunira toutes les fois que l'un des deux Gouvernements le jugera nécessaire, et au moins une fois par an, au mois de Mai, pour contrôler l'exécution des clauses de la présente Convention, étudier tous les autres points de sa compétence, et, notamment, veiller à ce que la construction des troits lignes soit achevée dans les délais stipulés à l'article II ci-dessus.

Art. VIII. En vue d'assurer la marche normale des travaux, les deux Gouvernements suivront, en ce qui concerne tant l'ordre et les délais à

ejecución de las líneas como á la revisión de las cuentas de los trabajos que hayan de sufragarse en común, las disposiciones estipuladas en el adjunto Reglamento de ejecución.

Debiendo formar este Reglamento parte integrante del presente Convenio, tendrá igual fuerza que si se encontrase inserto en él literalmente.

Art. IX. El presente Convenio anula y sustituye al firmado en Madrid el 13 de Febrero de 1885, que no se ratificó.

Art. X. El presente Convenio se ratificará, y las ratificaciones se canjearán después de aprobarse por las Cámaras legislativas en España y en Francia, á las que se presentará en la primera reunión.

En fe de lo cual, los Plenipotenciarios respectivos han firmado el presente Convenio, sellándole con sus sellos.

Hecho por duplicado en París el 18 de Agosto de 1904.

(L. S.). — F. DE LEÓN Y CASTILLO.

Reglamento de ejecución citado en el art. VIII del Convenio.

1.º En el plazo máximo de cinco años, á contar desde el canje de ratificaciones del Convenio, la línea de Somport se prolongará en España hasta Villanua, y se terminará en Francia el trozo de Olorón á Bedous.

Lo antes posible, y lo más tarde al concluirse dichos trozos, deberán em-

observer pour l'exécution des lignes que l'apurement des comptes des ouvrages à établir à frais communs, les dispositions générales stipulées dans le Réglement d'exécution ci-annexé.

Ce Règlement devant former partie intégrante de la présente Convention, aura la même vigueur que s'ils y trouvait littéralement inséré.

Art. IX. La présente Convention annule et remplace celle signée à Madrid le 13 Février 1885 et non ratifiée.

Art. X. La présente Convention sera ratifiée et les ratifications en seront échangées après approbation par les Chambres legislatives en Espagne et en France, auxquelles elle sera présentée au cours de leur plus prochaine session.

En foi de quoi, les Plénipotentiaires respectifs ont signé la présente Convention et l'ont revêtue de leurs cachets.

Fait en double exemplaire, à Paris, le 18 Août 1904.

(L. S.).—DELCASSÉ.

Règlement d'exécution prévu a l'article VIII de la Convention.

1º Dans le délai maximum de cinq années à compter de l'échange des ratifications de la Convention, la ligne du Somport sera prolongée, en Espagne, jusqu'à Villanua, et l'on terminera, en France, la section d'Oloron à Bedous.

Le plus tôt possible, et au plus tard dès l'achévement desdites sections,

prenderse los trabajos del túnel de cima y de sus enlaces con Villanua de una parte y Bedous de la otra, así como los de la línea de Zuera á Turuñana (Atalaya), prosiguiéndolos después con la suficiente actividad para que se hallen enteramente terminados antes de expirar el plazo de diez años estipulado en el art. II del Convenio para la construcción de la línea de Olorón á Zuera.

2.º Las operaciones topográficas y los demás trabajos técnicos relativos á los proyectos de los túneles internacionales y de las estaciones internacionales se efectuarán, de común acuerdo, por los Ingenieros de los dos Gobiernos, sometiéndose á la Comisión internacional, que deberá, cuando haya lugar, presentarlos á la aprobación de los dos Gobiernos.

Los Ingenieros de los dos Países dirigirán respectivamente, después de la adjudicación simultánea de los trabajos en España y en Francia, la construcción de la parte del túnel de Somport comprendido entre la boca situada en su País y el punto culminante del perfil longitudinal. Periódicamente comprobarán juntos la alineación y las pendientes de las partes construidas y en construcción en las dos vertientes del túnel. Se procederá de igual modo con respecto al túnel del puerto de Salau.

3.º Las cuentas generales de gastos previstas en los artículos IV y V del Convenio comprenderán: los gastos hechos á partir de la ratificación del Convenio para el estudio de los trabajos, á los cuales se aplican estas cuentas; los gastos propiamente dichos de los trabajos, bien se trate de los previstos en las contratas, ó de aumentos sobrevenidos en el curso de las mis-

les travaux du tunnel de faîte et de ses raccordements avec Villanua d'une part et Bedous de l'autre, ainsi que ceux de la ligne de Zuéra à Turuñana (Atalaya), devront être entrepris, puis poursuivis assez activement pour être entièrement terminés avant l'expiration du délai de dix ans stipulé à l'article II de la Convention pour l'exécution de la ligne d'Oloron à Zuéra.

2º Les opérations topographiques et les autres travaux techniques relatifs aux projets des tunnels internationaux et des gares internationales seront effectués d'un commun accord par les Ingénieurs des deux Gouvernements et soumis à la Commission internationale qui devra, lorsqu'il y aura lieu, les présenter à l'approbation des deux Gouvernements.

Les Ingénieurs des deux pays dirigeront respectivement, après adjudication simultanée des travaux en France et en Espagne, la construction de la partie du tunnel du Somport comprise entre la tête située dans leur pays et le point culminant du profil en long. Ils vérifieront périodiquement, ensemble, l'alignement et les pentes des parties construites et en construction sur les deux versants du tunnel. Il sera procédé de même à l'égard du tunnel du col de Salau.

3º Les comptes généraux de dépenses prévus aux articles IV et V de la Convention comprendront: les frais exposés à partir de la ratification de la Convention pour l'étude des ouvrages auxquels s'appliquent ces comptes; les dépenses proprement dites des travaux, qu'il s'agisse de celles prévues aux marchés d'entreprise ou des augmentations survenues en cours

mas, ó de los efectuados directamen-
te por administración; los gastos de
vigilancia; las indemnizaciones que
deban pagarse, tanto á los contratis-
tas como á terceros; los gastos de procedimiento, y, en general, los gastos
de todas clases inherentes á la ejecución de dichos trabajos, con la única
excepción de los sueldos é indemnizaciones de los Ingenieros y Agentes
que formen parte de la plantilla permanente de Obras públicas de ambos
países, sueldos é indemnizaciones,
que serán á cargo de sus Gobiernos
respectivos.

4.º El presente reglamento de ejecución anula y sustituye al firmado
en Madrid el 13 de Febrero de 1885,
que no se ratificó.

Hecho por duplicado en París á 18
de Agosto de 1904.

(L. S.). — F. DE LEÓN Y CASTI-
LLO.

**Protocolo adicional al Convenio celebra
de el 18 de Agosto de 1904 entre España y Francia con objeto de determinar
las nuevas comunicaciones por vías
férreas que se establecerán entre los
dos Países á través de los Pirineos, y
de fijar las condiciones generales de
ejecución y enlace en la frontera de
las líneas que han de construirse.**

El Gobierno de Su Majestad el Rey
de España y el Gobierno de la República francesa se han puesto de acuerdo para completar y redactar como
sigue el párrafo 3.º del art. II del Convenio de 18 de Agosto de 1904;

«Respecto á la tercera, que debe enlazar en España sobre la línea, aún no
construída, de Lérida á la frontera

d'exécutiou ou, encore, de celles effectuées directement en régie; les frais
de surveillance; les indemnités à payer soit aux entrepreneurs, soit à des
tiers; les frais de procédure et, en général, les dépenses de toute nature se
rattachant à l'exécution desdits travaux, à la seule exception des traitements et indemnités des Ingénieurs et
Agents faisant partie du cadre permanent des Travaux publics des deux
pays, traitements et indemnités qui
seront à la charge de leurs Gouvernements respectifs.

4° Le présent réglement d'exécution
annule et remplace celui signé à Madrid, le 13 Février 1885, et non ratifié.

Fait à Paris, en double exemplaire
le 18 Août 1904.

(L. S.).—DELCASSÉ.

**Protocole additionnel à la Convention
conclue, le 18 Août 1904, entre la
France et l'Espagne, en vue de déterminer les nouvelles communications
par voies ferrées à établir entre les
deux Pays à travers les Pyrénées, et
d'arrêter les conditions générales
d'exécution et raccordement à la frontière des lignes à construire.**

Le Gouvernement de Sa Majesté le
Roi d'Espagne et le Gouvernement de
la République française se sont mis
d'accord pour compléter et rédiger
ainsi qu'il suit le paragraphe 3 de
l'article II de la Convention du 18
Août 1904:

«Pour la troisième, qui doit s'embrancher en Espagne, sur la ligne non
encore exécutée de Lérida à la fron-

por el valle de Noguera-Pallaresa, este plazo principiará á correr desde el día de la notificación del Gobierno español al Gobierno francés de haberse terminado el trozo de Lérida á Sort de dicha línea, notificación que deberá efectuarse en un plazo máximo de diez años.»

En fe de lo cual los infrascritos, debidamente autorizados por sus Gobiernos, han firmado el presente Protocolo y lo han autorizado con sus sellos.

Hecho por duplicado el 8 de Marzo de 1905.

(L. S.). — F. DE LEÓN Y CASTILLO.

tière par la vallée du Noguera-Pallaresa, ce délai courra du jour de la notification par le Gouvernement espagnol au Gouvernement français de l'achèvement de la section de Lérida à Sort de ladite ligne, notification qui devra avoir lieu dans un délai maximum de dix ans.»

En foi de quoi les soussignés, dûment autorisés par leurs Gouvernements, ont signé le présent protocole et l'ont revêtu de leurs cachets.

Fait en double exemplaire, le 8 Mars 1905.

(L. S.). — DELCASSÉ.

(a) *Gaceta*, por errata; *Jendu-Mail*.

5

ESPAÑA

Real decreto creando una *Junta de Comercio internacional,* y cuatro *Agentes comerciales* en el extranjero para auxiliarla.

Dado en **Madrid** *á 22 de Marzo de 1907.*

MINISTERIO DE FOMENTO

EXPOSICIÓN

Señor: La acción perseverante y continua en los mercados adonde por razones históricas ú otras causas debe alcanzar la gestión comercial de los pueblos es labor que ejercitada con unidad de dirección y armonía de intereses logra prevalecer si al esfuerzo se une el estudio de las necesidades, la experiencia de los gustos, y, muy singularmente, el conocimiento exacto de la producción nacional.

La centralización de los servicios relativos al comercio exterior en un organismo formado por elementos heterogéneos que, persiguiendo un mismo fin, aprecian por la índole de los servicios que prestan los medios de alcanzarle en forma distinta, es de primordial necesidad, porque en su seno se reducirán, cuando no se armonicen, diferencias tradicionales de criterio, formando una fuerza directiva que, al sumar aisladas y aun contrapuestas energías, conquistará el resultado hace tiempo apetecido y hasta el presente no logrado.

Asociar á este propósito las iniciativas de la práctica mercantil, incorporando á la función del Estado los organismos interesados en el ensanche de nuestro comercio en el exterior, será, sin duda, labor fecunda, no solamente porque en la obra del trabajo nacional el Estado cumple únicamente la dirección, recogiendo la fuerza del trabajo mismo, sino porque esa asociación de intereses, bien encauzada, logrará la continuidad del impulso, venciendo las proverbiales y estériles intermitencias de la función administrativa.

No se funda esta asociación sobre las bases de estrechez y angustia á que obliga la rigidez del presupuesto del Estado porque no es posible vaciar en un molde obra que la labor ha de ensanchar forzosamente, ni reducir á un sueldo función que no es susceptible de tarifarse por su complejidad y desenvolvimiento. Diferido para el próximo presupuesto el auxilio que el Estado habrá de prestarle, créase el organismo para oir, antes de consignarlo, á las Cámaras de Comercio, conocer la medida de su concurso y apreciar la extensión del gasto.

Una sola nación en el Occidente de Europa cuenta para su expansión comercial con funcionarios análogos á los agentes comerciales que por este Real decreto se establecen. Inglaterra, en donde el espíritu de asociación es tan fuerte que apenas se solicita la acción tutelar del Estado, fundó á principios del siglo organismo semejante en sus funciones, y los resultados superaron á las esperanzas más optimistas que presidieron á su creación, porque con un esfuerzo al cual no es ciertamente ajeno el espíritu de la raza y el desarrollo de sus industrias ha podido remover inveterados obstáculos y acreditar sus productos en el mundo, á pesar de la ruda contienda que otras naciones le plantean.

No podemos en la actualidad aspirar á que nuestro comercio y las industrias nacionales, salvo plausibles excepciones, tengan marcado desarrollo en los mercados de Europa; pero el origen y la tradición, que son los gustos y el alma de muchas nacionalidades modernas de América, nos señalan hace tiempo el camino que, con ventaja, sin duda, pudiéramos desde luego recorrer.

A este criterio responde la distribución de los trabajos y la división de los territorios que en el texto del Real decreto se establecen. En todos ellos existen colonias más ó menos importantes de españoles, muchos de ellos con influencia positiva en la riqueza del país de su residencia. Recoger esas energías dispersas y olvidadas, estimular su acción con recompensas, encauzar su esfuerzo con la acción directiva del Estado, será, sin duda, obra eficaz y práctica por la simultánea cooperación del patriotismo y la utilidad.

No hay que olvidar que el origen, el idioma, las costumbres y la acumulación histórica en las Repúblicas americanas nos prestan singulares facilidades para prevalecer en la contienda de influencias que ha llevado á pueblos extraños á constituir una como hegemonía continental, absorbiendo y anulando el espíritu tradicional, que tiene su punto de arranque en la formación de aquellas nacionalidades. Reunidas, pues, cuantas energías latentes actúan dispersas, lícito es esperar que se alcance en plazo no lejano el restablecimiento, en lo que tiene de legítima, de nuestra influencia sobre zonas cuyos pobladores se engranan por su ascendencia é historia con la nación española.

Forma parte este pensamiento de un plan general de organización que, simplificando los procedimientos administrativos, incorpore á la labor del Estado las fuerzas y energías que va acumulando en el espíritu de asociación el trabajo nacional. La razón de su prioridad estriba en el carácter de preparatoria de ulteriores reformas que habrá de tener la Junta que por este Real decreto se establece y en la necesidad apremiante de tener organizada con la madurez debida la transformación de servicios que habrá de vaciarse en el proyecto de presupuestos para 1908.

Fundado en estas consideraciones, el Ministro que suscribe tiene el honor de someter á la aprobación de Vuestra Majestad el adjunto Real decreto.

Madrid 22 de Marzo de 1907. — SEÑOR: A. L. R. P. de V. M. — AUGUSTO GONZÁLEZ BESADA.

REAL DECRETO

A propuesta del Ministro de Fomento, y de acuerdo con el Consejo de Ministros,

Vengo en decretar lo siguiente:

Artículo I. Se crea una Junta de Comercio Internacional, formada por el Director general de Agricultura, Industria y Comercio, el Subdirector de Aduanas, el Jefe de la Sección Comercial del Ministerio de Estado, cuatro representantes de las Cámaras de Comercio, dos de las Cámaras agrícolas, dos de las entidades industriales legalmente constituídas que soliciten este derecho, dos de la Asociación general de Ganaderos del Reino y el Director de la Escuela Superior de Comercio, que actuará de Secretario.

Art. II. Esta Junta entenderá en los siguientes asuntos:

1.º Estudio de las informaciones comerciales que se reciban por conducto del Ministerio de Estado.

2.º Examen de las Memorias que periódicamente remitan los agentes comerciales.

3.º Formación de estados diferenciales, especialmente con los artículos similares de nuestra producción, de los derechos arancelarios establecidos en los países europeos y americanos.

4.º Determinación de las causas que facilitan la expansión comercial de algunos Estados europeos en Marruecos y en las Repúblicas hispano-americanas.

5.º Organización de la propaganda comercial en los países en que se establezcan Agentes comerciales.

6.º Información sobre los medios adecuados para difundir nuestro comercio en los países en que la solidaridad de raza nos preste apoyo para luchar ventajosamente en la contienda mercantil.

7.º Estudio previo de las bases para celebrar tratados de comercio; y

8.º Organización de cuantas informaciones considere el Gobierno necesarias para la eficacia del propósito de extender las relaciones comerciales.

Art. III. Esta Junta se reunirá cuando menos una vez á la semana, y además siempre que lo considere necesario el Ministro de Fomento.

Art. IV. Para facilitar la labor encomendada á la Junta, y como medio indispensable á la vez para la eficacia de sus resoluciones, se crean cuatro Agentes comerciales, que residirán, respectivamente, en Méjico, Buenos Aires, Valparaíso y Tánger. La esfera de acción de cada uno de estos Agentes comprenderá:

Para el primero, las Repúblicas de Méjico, Guatemala, San Salvador, Honduras, Nicaragua, Costa Rica, Nueva Granada *(a)*, Venezuela, Cuba y Puerto Rico.

Para el segundo, las Repúblicas Argentina, del Uruguay, del Brasil y del Paraguay.

Para el tercero las Repúblicas de Chile, del Perú, de Bolivia y del Ecuador; y

Para el cuarto, el Imperio de Marruecos.

Art. V. El personal para desempeñar estos cargos será nombrado por el Ministro de Fomento entre las cuatro ternas que formularán las Cámaras de Comercio asociadas para este objeto. Para figurar en las ternas se requiere: haber residido dos años cuando menos en alguno de los países enumerados en las divisiones establecidas en el artículo precedente, conocer la práctica de los negocios en alguna de las ramas de nuestra producción y certificar las Cámaras de Comercio de su honorabilidad y condiciones sociales. No podrán, sin embargo, desempeñar su cometido sin la autorización del Ministerio de Estado, que habrá de facilitarles las instrucciones necesarias en orden á las relaciones con el Cuerpo diplomático y consular acreditado en las naciones de referencia, y del cual serán meros auxiliares.

Art. VI. El cometido de estos funcionarios será:

a) Redactar Memorias trimestrales relativas á cuestiones comerciales de los países á que abarque su gestión, prestando atención preferente á la materia arancelaria.

b) Prestar á los Representantes diplomáticos y Agentes consulares el concurso de su especial experiencia.

c) Ayudar con sus conocimientos á los comerciantes españoles para el desarrollo de sus negocios.

d) Favorecer las iniciativas de las empresas comerciales de origen español que tengan por objeto la propaganda de los artículos de producción nacional.

e) Cultivar relaciones amistosas con los Jefes de las Secciones comerciales de carácter oficial y con los representantes de las grandes empresas industriales y mercantiles.

f) Proponer las medidas más eficaces para extender nuestro comercio, observando los gustos de los países sujetos a su estudio, señalando las trabas que en la actualidad contiene el desarrollo de nuestras relaciones comerciales é indicando los procedimientos más adecuados para removerlas.

Art. VII. La Junta de Comercio Internacional, por su iniciativa ó por la razonada de las Cámaras de Comercio, y previos los informes que se estimen necesarios, propondrá al Ministro los nombres de aquellos españoles residentes en las Repúblicas americanas y en el Imperio de Marruecos que por su arraigo, representación social y probado patriotismo estime conveniente asociar á la obra de propaganda comercial, los cuales serán nombrados Miembros correspondientes del Instituto Superior de Agricultura, Industria y Comercio, ó del Centro que le sustituya, con la categoría de Jefes superiores de Administración, con arreglo al Real decreto de organización del referido Instituto.

Art. VIII. Una vez constituída, la Junta procederá á formular el presupuesto de gastos de sostenimiento de los Agentes comerciales, y en tanto no figure en los del Estado consignación especial para este servicio se invitará á las Cámaras de Comercio para que los satisfagan, sin perjuicio de los auxilios que el Gobierno pueda prestarles, con cargo á la partida destinada á subvenciones de esta índole, implantándose desde luego en aquella parte que no origine gasto.

Art. IX. El Ministro de Fomento, de acuerdo con el de Estado y á propuesta de la Junta, dictará el Reglamento que ha de regular sus funciones y la de los organismos que se asocien para coadyuvar á sus fines.

Dado en Palacio á veintidós de Marzo de mil novecientos siete.—ALFONSO. *El Ministro de Fomento,* AUGUSTO GONZÁLEZ BESADA.

(a) ¿Será Colombia?

6

ESPAÑA

Real orden prohibiendo la *importación de armas de fuego* **de calibre mayor de siete milímetros así como sus municiones sin permiso del Gobierno en las Posesiones españolas del** *Sahara Occidental.*

Fechada en **Madrid** *á 25 de Marzo de 1907.*

MINISTERIO DE ESTADO

REAL ORDEN

Con referencias á las instrucciones comunicadas á los predecesores de V. S. en ese Gobierno político militar de su digno cargo estableciendo las debidas limitaciones en la introducción y comercio de armas de fuego en toda la jurisdicción de esos territorios, y muy particularmente en adición á la Real orden expedida por este Ministerio con fecha 9 de Septiembre de 1903, concerniente al hecho de poseer algunas cabilas habitantes de esas regiones armamento moderno, cuya circunstancia pudiera envolver determinadas dificultades en lo sucesivo para el pacífico y próspero desarrollo del tráfico comercial en esos territorios;

S. M. el Rey (Q. D. G.) ha tenido á bien disponer que en toda la extensión de las posesiones españolas del Sahara occidental quede prohibida la importación de armas de guerra, proyectiles y sus municiones, ó sean pistolas, revólvers, fusiles y carabinas que pasen del calibre de siete milímetros, así como sus municiones, á no ser que preceda á la introducción el correspondiente permiso del Gobierno.

De Real orden lo participo á V. S. para su conocimiento é inmediato y exacto cumplimiento. Dios guarde á V. S. muchos años. Madrid 25 de Marzo de 1907.

ALLENDESALAZAR.

Sr. Gobernador político militar de Río de Oro.

Gaceta de Madrid de 14 de Abril de 1907.

I

Alemania, Austria-Hungría, Bélgica, China, Corea, Dinamarca, Estados Unidos de América, Estados Unidos Mejicanos, Francia, Grecia, Italia, Japón, Luxemburgo, Montenegro, Países Bajos, Perú, Persia, Portugal, Rumanía, Rusia, Servia, Siam y Suiza.

Convenio para facilitar la misión de los *buques hospitalarios*, reconocida por el *Convenio de El Haya* de 29 de Julio de 1899 (*) para la adaptación á la *guerra marítima* de los principios de la *Convención de Ginebra* de 22 de Agosto de 1864 (**).

Firmado en **El Haya** *el 21 de Diciembre de 1904.*
Depositadas las ratificaciones el 10 de Abril de 1907.

Sa Majesté le Roi d'Espagne; Sa Majesté l'Empereur d'Allemagne, Roi de Prusse; Sa Majesté l'Empereur d'Autriche, Roi de Bohême, etc., etc., et Roi Apostolique de Hongrie; Sa Majesté le Roi des Belges; Sa Majesté l'Empereur de Chine; Sa Majesté l'Empereur de Corée; Sa Majesté le Roi de Danemark; le Président des Etats-Unis d'Amérique; le Président des Etats-Unis mexicains; le Président de la République française; Sa Majesté le Roi des Hellènes; Sa Majesté le Roi d'Italie; Sa Majesté l'Empereur du Japon; Son Altesse Royale le Grand-Duc de Luxembourg, Duc de Nassau; Son Altesse le Prince de Monténégro; Sa Majesté la Reine des Pays-Bas; le Président de la République Péruvienne; Sa Majesté Imperiale le Schah de Perse; Sa Majesté le Roi de Portugal et des Algarves, etc.; Sa Majesté le Roi de Roumanie; Sa Majesté l'Empereur de toutes les Russies; Sa Majesté le Roi de Serbie; Sa Majesté le Roi de Siam et le Conseil fédéral suisse,

DEPÓSITO DE LAS RATIFICACIONES en El Haya el 10 de Abril de 1907. La Gran Bretaña, Guatemala, El Salvador, Suecia y Noruega, Turquía y Bulgaria, que habían firmado ó se habían adherido á este Convenio de 1899, no tomaron parte en éste. En cambio el Perú, adherido al mismo, aparece por vez primera como signatario.

Journal officiel del 21 de Mayo de 1907. No publicado en España.

(*) *Olivart*, núm. CDLII (tomo XII, pág. 625).
(**) *Idem*, núm. 210 (tomo IV, pág. 120).

Considérant que la Convention, conclue à La Haye, le 29 Juillet 1899, pour l'adaptation à la guerre maritime des principes de la Convention de Genève du 22 Août 1864, a consacré le principe de l'intervention de la Croix-Rouge dans les guerres navales par des dispositions en faveur des bâtiments hospitaliers;

Désirant conclure une Convention à l'effet de faciliter par des dispositions nouvelles la mission desdits bâtiments;

Ont nommé comme plénipotentiaires, savoir:

Sa Majesté le Roi d'Espagne, M. *Arthur de Baguer*, Son Envoyé Extraordinaire et Ministre Plénipotentiaire à La Haye;

Sa Majesté l'Empereur d'Allemagne, Roi de Prusse, M. *de Schlözer*, Son Envoyé Extraordinaire et Ministre Plénipotentiaire à La Haye;

Sa Majesté l'Empereur d'Autriche, Roi de Bohême, etc., etc., et Roi Apostolique de Hongrie, M. *Alexandre Okolicsanyi d'Okolicsna*, Son Envoyé Extraordinaire et Ministre Plénipotentiaire à La Haye;

Sa Majesté le Roi des Belges, M. *le Baron Guillaume*, Son Envoyé Extraordinaire et Ministre Plénipotentiaire à La Haye;

Sa Majesté l'Empereur de Chine, *Hoo Wei-Teh*, Son Envoyé Extraordinaire et Ministre Plénipotentiaire à Saint-Pétersbourg;

Sa Majesté l'Empereur de Corée, *Young Chan Min*, Son Envoyé Extraordinaire et Ministre Plénipotentiaire à Paris;

Sa Majesté le Roi de Danemark, M. *W. de Grevenkop Castenskiold*, Chargé d'affaires du Royaume à La Haye;

Le Président des Etats-Unis d'Amérique, M. *John-W. Garrett*, Chargé d'affaires intérimaire de la République à La Haye;

Le Président des Etats-Unis mexicains, M. *Zenil*, Envoyé Extraordinaire et Ministre Plénipotentiaire de la République à Vienne;

Le Président de la République française, M. *de Monbel*, Envoyé Extraordinaire et Ministre Plénipotentiaire de la République à La Haye;

Sa Majesté le Roi des Hellènes, M. *D.-G. Métaxas*, Son Envoyé Extraordinaire et Ministre Plénipotentiaire à La Haye;

Sa Majesté le Roi d'Italie, M. *Tugini*, Son Envoyé Extraordinaire et Ministre Plénipotentiaire à La Haye;

Sa Majesté l'Empereur du Japon, M. *Nobukata Mitsuhashi*, Son Envoyé Extraordinaire et Ministre Plénipotentiaire à La Haye;

Son Altesse Royale le Grand-Duc de Luxembourg, Duc de Nassau, M. *le Comte H. de Villers*, Chargé d'affaires du Grand-Duché à Berlin;

Son Altesse le Prince de Monténégro, M. *N. Tcharykow*, Envoyé Extraordinaire et Ministre Plénipotentiaire de Sa Majesté l'Empereur de toutes les Russies à La Haye;

Sa Majesté la Reine des Pays-Bas, M. *le Baron Menvil de Lynden*, Son Ministre des Affaires étrangères; M. *T.-M.-C. Asser*, Son Ministre d'Etat, Membre de Son Conseil d'Etat.

Le Président de la République Péruvienne, M. *C.-G. Candamo*, Envoyé Extraordinaire et Ministre Plénipotentiaire de la République à Paris et à Londres;

Sa Majesté Impériale le Schah de Perse, *Mirza Samad Khan, Momtazos Saltaneh,* Son Envoyé Extraordinaire et Ministre Plénipotentiaire à La Haye;

Sa Majesté le Roi de Portugal et des Algarves, etc., *M. le Comte de Selir,* Son Envoyé Extraordinaire et Ministre Plénipotentiaire à La Haye;

Sa Majesté le Roi de Roumanie, *M. Jean-N. Papiniu,* Son Envoyé Extraordinaire et Ministre Plénipotentiaire à La Haye;

Sa Majesté l'Empereur de toutes les Russies, *M. Martens,* Son Conseiller privé, Membre permanent du Conseil du Ministère impérial des Affaires étrangères;

Sa Majesté le Roi de Serbie, *M. M. Vesnitch,* Son Envoyé Extraordinaire et Ministre Plénipotentiaire à Paris;

Sa Majesté le Roi de Siam, *Phya Raja Nupraphanda,* Son Envoyé Extraordinaire et Ministre Plénipotentiaire à La Haye;

Le Conseil fédéral suisse, *M. G. Carlin,* Envoyé Extraordinaire et Ministre Plénipotentiaire de la Confédération à La Haye,

Lesquels, après s'être communiqué leurs pleins pouvoirs, trouvés en bonne et due forme, sont convenus des dispositions suivantes:

Article I. Les bâtiments hospitaliers, à l'égard desquels se trouvent remplies les conditions prescrites dans les articles I, II et III de la Convention conclue à La Haye le 29 Juillet 1899 pour l'adaptation à la guerre maritime des principes de la Convention de Genève du 22 Août 1864, seront exemptés, en temps de guerre, dans les ports des parties contractantes de tous droits et taxes, imposés aux navires au profit de l'Etat.

Art. II. La disposition de l'article précédent n'empêche pas l'application, au moyen de la visite et d'autres formalités, des lois fiscales ou autres lois en vigueur dans ces ports.

Art. III. La règle contenue dans l'art. I n'est obligatoire que pour les Puissances contractantes, en cas de guerre entre deux ou plusieurs d'entre elles.

Ladite règle cessera d'être obligatoire du moment où, dans une guerre entre des Puissances contractantes, une Puissance non contractante se joindrait à l'un des belligérants.

Art. IV. La présente Convention qui, portant la date de ce jour, pourra être signée jusqu'au 1er Octobre 1905 par les Puissances qui en auraient manifesté le désir sera ratifiée dans le plus bref délai possible.

Les ratifications seront déposées à La Haye. Il sera dressé du dépôt des ratifications un procès-verbal dont une copie, certifiée conforme, sera remise après chaque dépôt par la voie diplomatique à toutes les Puissances contractantes.

Art. V. Les Puissances non signataires sont admises à adhérer à la présente Convention après le 1er Octobre 1905.

Elles auront, à cet effet, à faire connaître leur adhésion aux Puissances contractantes au moyen d'une notification écrite, adressée au Gouvernement des Pays-Bas et communiquée par celui-ci à toutes les autres Puissances contractantes.

Art. VI. S'il arrivait qu'une des Hautes parties contractantes dénonçât la présente Convention, cette dénonciation ne produirait ses effets qu'un an après la notification faite par écrit au Gouvernement des Pays-Bas et communiquée immédiatement par celui-ci à toutes les autres Puissances contractantes. Cette dénonciation ne produira ses effets qu'à l'égard de la Puissance qui l'aura notifiée.

En foi de quoi, les plénipotentiaires ont signé la présente Convention et l'ont revêtue de leurs cachets.

Fait à La Haye, le 21 Décembre 1904, en un seul exemplaire, qui restera déposé dans les archives du Gouvernement des Pays-Bas, et dont les copies, certifiées conformes, seront remises par la voie diplomatique aux Puissances contractantes.

(L. S.) — A. DE BAGUER.

(L. S.) — VON SCHLOEZER (sous réserve de la déclaration faite dans la séance de la Conférence du 21 Décembre 1904).

(L. S.) — OKOLICSANYI D'OKCLICSNA.

(L. S.) — GUILLAUME.

(L. S.) — HOO-WEI-TEH.

(L. S.) — YOUNG CHAN MIN.

(L. S.) — W. GREVENKOP CASTENSKIOLD.

(L. S.) — JOHN-W. GARRETT.

(L. S.) — J. ZENIL.

(L. S.) — MONBEL.

(L. S.) — D. G. METAXAS.

(L. S.) — TUGINI.

(L. S.) — NOBUKATA MITSUHASHI.

(L. S.) — COMTE DE VILLERS.

(L. S.) — N. TCHARYKOW.

(L. S.) — BARON MELVIL DE LYNDEN.

(L. S.) — T.-M.-C. ASSER.

(L. S.) — C. G. CANDAMO.

(L. S.) — M. SAMAD.

(L. S.) — CONDE DE SELIR.

(L. S.) — J. N. PAPINIU (sous réserve de la réciprocité et des taxes de pilotage).

(L. S.) — MARTENS.

(L. S.) — MIL. R. VESNITCH.

(L. S.) — RAJA NUPRAPHANDA.

(L. S.) — CARLIN.

ALEMANIA, BÉLGICA, CONGO, FRANCIA, GRAN BRETAÑA, ITALIA, PAÍSES BAJOS, PORTUGAL, RUSIA Y SUECIA

Convenio para la revisión de los *derechos de entrada* de las *bebidas espirituosas* en ciertas regiones de *África*, en cumplimiento del art. I.° del Convenio de 8 de Junio de 1899 (*) y este á su vez del 92 del *Acta general de Bruselas* de 2 de Julio de 1890 (**).

Firmado en **Bruselas** *el 3 de Noviembre de 1906.*
Publicado en 1.° de Mayo de 1907.

Sa Majesté le Roi d'Espagne; Sa Majesté l'Empereur d'Allemagne, Roi de Prusse, au nom de l'Empire Allemand; Sa Majesté le Roi des Belges; Sa Majesté le Roi Souverain de l'Etat indépendant du Congo; le Président de la République française; Sa Majesté le Roi du Royaume-Uni de la Grande-Bretagne et d'Irlande, Empereur des Indes; Sa Majesté le Roi d'Italie; Sa Majesté la Reine des Pays-Bas; Sa Majesté le Roi de Portugal et des Algarves, etc.; Sa Majesté l'Empereur de toutes les Russies, et Sa Majesté le Roi de Suède,

Voulant pourvoir à l'exécution de la clause de l'art. I de la Convention du 8 Juin 1899, prise elle-même en exécution de l'art. XCII de l'Acte général de Bruxelles, et en vertu de laquelle le droit d'entrée des spiritueux dans certaines régions de l'Afrique devait être soumis à revision sur la base des résultats produits par la tarification précédente, ont résolu de réunir à cet effet une Conférence à Bruxelles et ont nommé pour leurs Plénipotentiaires, savoir:

Sa Majesté le Roi d'Espagne:

Le Sieur *Arturo de Baguer*, Son Envoyé Extraordinaire et Ministre Plénipotentiaire près Sa Majesté le Roi des Belges.

DEPÓSITO DE RATIFICACIONES en Bruselas el 8 de Noviembre de 1907. Damos esta fecha tomándola del Decreto de promulgación del Presidente de la República Francesa, inserto en el *Journal officiel.* En la *Gaceta de Madrid* de 1.° de Mayo se dice que las ratificaciones fueron depositadas en Bruselas el 4 *del corriente mes*, lo cual debe querer decir al menos que fué en Abril y referirse únicamente á las de S. M.

Gaceta de Madrid de 10 de Mayo de 1907. — *Journal officiel* de 10 de Noviembre de 1907.

(*) *Olivart*, núm. CDXL (tomo XII, pág. 519).
(**) *Idem*, núm. CCXI (tomo IX, pág. 401).

Sa Majesté l'Empereur d'Allemagne, Roi de Prusse, au nom de l'Empire Allemand:

Le Sieur Nicolas, *Comte de Wallwitz*, Son Conseiller intime actuel, Son Envoyé Extraordinaire et Ministre Plénipotentiaire près Sa Majesté le Roi des Belges, et le Sieur *Guillaume Göhring*, Son Conseiller intime actuel de Légation.

Sa Majesté le Roi des Belges:

Le Sieur *Léon Capelle*, Son Envoyé Extraordinaire et Ministre Plénipotentiaire, Directeur général du Commerce et des Consulats au Ministère des Affaires étrangéres, et le Sieur *J. Kebers*, Directeur général des Douanes et accises aux Ministéres des Finances et des travaux publics.

Sa Majesté le Roi Souverain de l'Etat indépendant du Congo:

Le Sieur *Hubert Droogmans*, Sécretaire général du Département des finances de l'Etat indépendant du Congo, et le Sieur *A. Mechelynck*, Avocat à la Cour d'appel de Gand, Membre de la Chambre des Représentants de Bélgique.

Le Président de la République française:

Le Sieur *A. Gérard*, Envoyé Extraordinaire et Ministre Plénipotentiaire de la République française près Sa Majesté le Roi des Belges.

Sa Majesté le Roi du Royaume-Uni de la Grande-Bretagne et d'Irlande, Empereur des Indes:

Sir *Arthur Hardinge*, Son Envoyé Extraordinaire et Ministre Plénipotentiaire près Sa Majesté le Roi des Belges, et le Sieur *A. Walrond Clarke*, Chef du Département d'Afrique au *Foreign Office;* le Sieur *H. J. Read*, Chef du Département de l'Afrique orientale au *Colonial Office.*

Sa Majesté le Roi d'Italie:

Le Sieur Lelio, *Comte Bonin Longare*, Son Envoyé Extraordinaire et Ministre Plénipotentiaire près Sa Majesté le Roi des Belges.

Sa Majesté la Reine des Pays-Bas:

Le Jonkheer O. D. *Van der Staal de Piershil*, Son Chambellan, Son Envoyé Extraordinaire et Ministre Plénipotentiaire près Sa Majesté le Roi des Belges.

Sa Majesté le Roi de Portugal et des Algarves:

Le Sieur Carlos-Cyrillo Machado, *Vicomte de Santo Thyrso*, Son Envoyé Extraordinaire et Ministre Plénipotentiaire près Sa Majesté le Roi des Belges, et le Sieur *Thomaz-Antonio Garcia Rosado*, Lieutenant-Colonel d'État-Major, Membre de son Conseil et son Officier d'Ordonnance honoraire.

Sa Majesté l'Empereur de toutes les Russies:

Le Sieur *N. de Giers*, Son Envoyé Extraordinaire et Ministre Plénipotentiaire près Sa Majesté le Roi des Belges.

Sa Majesté le Roi de Suède:

Le Sieur Gustave M. M. *Baron Falkenberg*, Son Envoyé Extraordinaire et Ministre Plénipotentiaire près Sa Majesté le Roi des Belges.

Lesquels, munis de pouvoirs en bonne et due forme, ont adopté les dispositions suivantes:

Art. I. A partir de la mise en vigueur de la présente Convention, le droit d'entrée sur les spiritueux sera porté, dans toute l'étendue de la zone où n'existerait pas le régime de la prohibition visé à l'art. XCI de l'Acte général de Bruxelles, au taux de 100 fr. par hectolitre à 50 degrés centésimaux.

Toutefois il est entendu, en ce qui concerne l'Erythrée, que ce droit pourra n'être que de 70 fr. l'hectolitre à 50 degrés centésimaux, le surplus étant représenté d'une manière générale et constante par l'ensemble des autres droits existant dans cette colonie.

Le droit d'entrée sera augmenté proportionnellement pour chaque degré au-dessus de 50 degrés centésimaux; il pourra être diminué proportionnellement pour chaque degré au-dessous de 50 degrés centésimaux.

Les Puissances conservent le droit de maintenir et d'élever la taxe au delà du minimum fixé par le présent article dans les regions où elles le possèdent actuellement.

Art. II. Ainsi qu'il résulte de l'art. XCIII de l'Acte général de Bruxelles, les boissons distillées qui seraient fabriquées dans les régions visées à l'art. XCII dudit Acte général et destinées à être livrées à la consommation, seront grevées d'un droit d'accise.

Ce droit d'accise, dont les puissances s'engagent à assurer la perception dans la limite du possible, ne sera pas inférieur au minimum du droit d'entrée fixé par l'art. I de la présente Convention.

Toutefois, il est entendu, en ce qui concerne l'Angola, que le Gouvernement portugais pourra, en vue d'assurer la transformation graduelle et complète des distilleries en fabriques de sucre, prélever sur le produit de ce droit de 100 fr. une somme de 30 fr., qui sera attribuée aux producteurs, à charger pour eux, et sous son contrôle *(a)*, de réaliser cette transformation.

Si le Gouvernement portugais faisait usage de cette faculté, le nombre des distilleries en activité et la capacité de production de chacune d'elles ne pourraient dépaser le nombre et la capacité constatés à la date du 31 Octobre 1906.

Art. III. Les dispositions de la présente Convention sont établies pour une période de dix ans.

A l'expiration de cette période, le droit d'entrée fixé à l'art. I sera soumis à revision en prenant pour base les résultats produits par la tarification précédente.

Toutefois, chacune des Puissances contractantes aura la faculté de provoquer la revision de ce droit à l'expiration de la huitième année.

Celle des Puissances qui ferait usage de cette faculté aurait à notifier son intention, six mois avant cette échéance, aux autres Puissances, par l'intermédiaire du Gouvernement belge, qui se chargerait de convoquer la Conférence dans le délai de six mois ci-dessus indiqué.

Art IV. Il est entendu que les Puissances qui ont signé l'Acte général de Bruxelles ou y ont adhéré, et qui ne sont pas représentées dans la Conférence actuelle, conservent le droit d'adhérer à la présente Convention.

Art. V. La présente Convention sera ratifiée et les ratifications en seront déposées au Ministère des Affaires étrangères à Bruxelles dans un délai qui sera
le plus court possible et qui, en aucun cas, ne pourra excéder un an.

Une copie certifiée du procès-verbal de dépôt sera adressée par les soins du
Gouvernement belge à toutes les Puissances intéressées.

Art. VI. La présente Convention entrera en vigueur dans toutes les possessions des Puissances contractantes situées dans la zone déterminée par l'art. XC
de l'Acte général de Bruxelles, le trentième jour à partir de celui où aura été
clos le procès-verbal de dépôt prévu à l'article précédent.

A partir de cette date, la Convention sur le régime des spiritueux en Afrique
signée à Bruxelles, le 8 Juin 1899, cessera ses effets.

En foi de quoi, les Plénipotentiaires respectifs ont signé la présente Convention et y ont apposé leur cachet.

Fait à Bruxelles, le 8 Novembre 1906.

(L. S.)—ARTURO DE BAGUER
(L. S.)—GRAF VON WALLWITZ.—GÖHRING.
(L. S.)—CAPELLE.—KEBERS.
(L. S.)—H. DROOGMANS.—A. MECHELYNCK.
(L. S.)—A. GÉRARD.
¡L. S.)—ARTHUR H. HARDINGE.—A.-W. CLARKE.—H. J. READ.
(L. S.)—BONIN.
(L. S.)—VAN DER STAAL DE PIERSHIL.
(L. S.)—SANTO THYRSO.—GARCIA ROSADO.
(I. S,)—N. DE GIERS.
(L. S.)—FALKENBERG.

(a) En la *Gaceta* se traduce: *bajo LA vigilancia* y había de ser *bajo su vigilancia*.

8

ESTADOS UNIDOS DE AMÉRICA

Sentencia de la Sala de lo Contencioso administrativo del *Tri-bunal Supremo* declarando, con arreglo al *art. VII* del *Tratado de Paz* de 19 de Diciembre de 1898, que *no tienen dere-cho á reclamar indemnizaciones* por *perjuicios* sufridos durante las *guerras* las *corporaciones y naturales* de los *territorios cedidos ó renunciados* que no conservaron la nacionalidad española y adquirieron la norteamericana.

Dada en 9 de Junio de 1906 y publicada en la Gaceta de Madrid *el 16 de Mayo de 1907.*

En la villa y Corte de Madrid á 9 de Junio de 1906, en el pleito que ante Nos pende, en única instancia entre la Compañía de los ferrocarriles de Puerto Rico, representada por el Licenciado D. Eduardo Dato, demandante, y la Administración general del Estado, demandada, y representada por el Fiscal, sobre revocación de la Real orden expedida por el Ministerio de Hacienda de 11 de Abril de 1904.

Resultando: que la Compañía de los ferrocarriles de Puerto Rico elevó instancia en 10 de Abril de 1899 al Ministro de Hacienda, encargado de la liquidación del Ministerio de Ultramar, reclamando el abono de 14.736 pesos con 75 centavos, á que ascendían los gastos hechos por la misma en el blindaje de trenes, los perjuicios ocasionados en su material móvil en la estación de Ponce, los gastos de conducción de patrullas en vagonetas y los de transporte y maniobras para retirar á la capital el material móvil, todo ello ocasionado por la guerra con los Estados Unidos;

Resultando: que se alegaba en la instancia que por orden del Capitán General de Puerto Rico, y de acuerdo con los Ingenieros militares, se habían construído seis *blokhauses* para defensa de las obras principales de la línea férrea, cuyo coste fué de 24,05 pesos, y habiéndose pasado la cuenta á dicha Autoridad, la devolvió por haberse verificado el gasto por cuenta de la Empresa, la cual aunque no conforme con este criterio, renunciaba á la reclamación de dicha suma;

Resultando: que se exponía separadamente que en 5 de Junio de 1898 el Capitán General dispuso la construcción de trenes blindados, que importaron 1.964 pesos, que en la noche del 27 de Junio un Capitán con tropas se presentó en la estación de Ponce, y con petróleo, que pidió al agente de la explotación, prendió fuego á tres coches de viajeros, cuyo incendio se propagó á dos vagones de la serie *F*, ascendiendo los perjuicios á 9.965 pesos; que de Mayo á Agosto de 1898 la Compañía, por órdenes del Capitán General, verificó la conducción de patrullas en vagonetas, haciendo un gasto extraordinario de 2.202 pesos; que por órdenes de las Autoridades militares de 4, 9 y 12 de Agosto se retiró de la vía el material móvil, trasladándolo á la capital, maniobras y transportes que produjeron 605 pesos de gastos, y que pasadas al Capitán General las cuentas por blindaje de trenes y desperfectos en el material por el incendio indicado las había reconocido como legítimas, pidiendo aclaraciones, que le fueron facilitadas por la Compañía, sin que después se resolvieran definitivamente sus reclamaciones, sin duda por la retirada de las Autoridades españolas de la isla. A la instancia acompañaban copias simples de diferentes comunicaciones de la Autoridad militar, relativas á la construcción de *blokhaus*, formación de trenes blindados y retirada á la capital del material móvil existente en la vía y cuentas de los gastos indicados, que suman un total, con inclusión de lo referente á *blokhaus*, de 14.736 pesos 75 centavos, siendo de notar que en la correspondiente á los gastos ocasionados por conducción de patrullas los conceptos se denominasen «vigilancia por causa de la guerra», «sobreprecio por causa de la guerra», «diferencia en el cambio de flete» etc.;

Resultando: que sometida la repetida instancia al Ministerio de Fomento, por estimar que correspondía al mismo su conocimiento, según el núm. 4.º del Real decreto de 25 de Abril de 1899, por Real orden de dicho Ministerio, dictada en 17 de Diciembre siguiente, se devolvió el expediente, indicando que el competente para entender en el asunto era el de Guerra. Así lo propuso también la Dirección de la Deuda, y pasado el asunto á informe del Consejo de Estado en pleno, fué su dictamen que la reclamación, conforme al art. 1.º de dicho Real decreto, debía ser resuelta por el Ministerio de Hacienda, y que, á tenor de lo establecido por el art. 7.º del Tratado de París, corresponde al Gobierno norteamericano atender dicha reclamación, debiendo el Gobierno español desestimarla por carecer de facultades para acordar la indemnización solicitada;

Resultando: que de conformidad con este dictamen, se expidió por el Ministerio de Hacienda la Real orden de 11 de Abril de 1904;

Resultando: que contra esta Real orden dedujo recurso contencioso, en nombre de la Compañía de los ferrocarriles de Puerto Rico, el Licenciado D. Francisco Silvela, quien formalizó la demanda, con la súplica de que sea aquélla revocada y se declare que procede el abono á la Compañía de los gastos reclamados y justificados en el expediente que ha motivado aquella resolución;

Resultando: que el Fiscal contestó la demanda, con la súplica de que se absuelva de ella á la administración general del Estado y se confirme la Real orden impugnada;

Resultando: que posteriormente fué tenido por parte, en nombre de la Sociedad demandante, el Licenciado D. Eduardo Dato;

Visto, siendo ponente el Magistrado D. Fermín Hernández Iglesias;

Visto el tratado de Paz ajustado entre España y los Estados Unidos de América el 10 de Diciembre de 1898 y ratificado en 11 de Abril de 1899, y sus artículos 7.º y 9.º que dicen: «Art. 7.º España y los Estados Unidos de América renuncian mutuamente por el presente Tratado á toda reclamación de indemnización nacional ó privada de cualquier género de un Gobierno contra el otro, ó de sus súbditos ó ciudadanos contra el otro Gobierno, que pueda haber surgido desde el comienzo de la última insurrección en Cuba y sea anterior al canje de ratificaciones del presente Tratado, así como á toda indemnización en concepto de gastos ocasionados por la guerra. — Los Estados Unidos juzgarán y resolverán las reclamaciones de sus ciudadanos contra España á que renuncia en este artículo. — Art. 9.º Los súbditos españoles naturales de la Península residentes en el territorio cuya soberanía España renuncia ó cede por el presente Tratado podrán permanecer en dicho territorio ó marcharse de él, conservando en uno ú otro caso todos sus derechos de propiedad, con inclusión del derecho de vender ó disponer de tal propiedad ó de sus productos, y además tendrán el derecho de ejercer su industria, comercio ó profesión, sujetándose á éste respecto á las leyes que sean aplicables á los demás extranjeros. — En el caso de que permanezcan en el territorio podrán conservar su nacionalidad española, haciendo ante una oficina de registro, dentro de un año después del cambio de ratificaciones de este Tratado, una declaración de su propósito de conservar dicha nacionalidad; á falta de esta declaración, se considerará que han renunciado dicha nacionalidad y adoptado la del territorio en el cual puedan residir. — Los derechos civiles y la condición política de los habitantes naturales de los territorios aquí cedidos á los Estados Unidos se determinarán por el Congreso»;

Considerando: que según consta de Real orden expedida por el Ministerio de Estado el 9 de Abril de 1906 y comunicada por el de Hacienda á la Presidencia de este Tribunal el 27 del mismo mes, la Legación de España en Wáshington certifica que la Compañía de los ferrocarriles de Puerto Rico no aparece inscrita en el Registro de la isla de Cuba, donde constan las Corporaciones y personas que cumplieron lo prevenido para conservar la nacionalidad española, y aun parece ser que dicha Compañía ha cesado como tal, pasando á *(ser)* la *American Railroad C.º of Porto-Rico;* que por esto, y supuesto que aun subsista con personalidad propia, ha renunciado á la nacionalidad española de que disfrutaba y ha adoptado la del territorio, en que, según las palabras del Tratado de Paz de 1898-99, permanece y reside, puesto que es concesionaria y explotadora de caminos de hierro que forman parte del mismo territorio; y que en todo caso, y supuesto que surgieran conflictos por cuestiones no previstas por las partes que discutieron, concertaron y suscribieron el Tratado aludido, habrían de resolverse por los principios del estatuto real, que descansa en las doctrinas de la soberanía territorial, y en casos de duda decide, y aun el estatuto personal se sobrepone;

Considerando: que privada voluntariamente de la nacionalidad española la Compañía recurrente, se ha incapacitado para reclamar de España y de sus Gobiernos, aun en concepto de gastos ocasionados por la guerra, indemnización de ningún género surgida como la de que se trata, desde el comienzo de la última insurrección de Cuba y anterior á las ratificaciones del Tratado de Paz; que las partes contratantes renunciaron á toda reclamación de indemnización nacional ó privada de Gobierno á Gobierno y aun de los súbditos ó ciudadanos del uno contra los del otro; que los Estados Unidos se reservaron el derecho de juzgar y resolver las reclamaciones de sus ciudadanos contra España á que renunció en aquella ocasión; y

Considerando: que planteada y resuelta en estos obligados términos la cuestión que se ventila, huelgan en absoluto las citas legales en que la demanda abunda de la Constitución del Estado, de los reglamentos de campaña y de las leyes y reglamentos de expropiación forzosa en casos de guerra, y daños y perjuicios por ésta ocasionados, y no hay necesidad legal de valorar la documentación presentada con el recurso sobre los hechos que la motivaron;

Fallamos: que debemos absolver, como absolvemos, á la Administración general del Estado de la demanda interpuesta por la Compañía de los ferrocarriles de Puerto Rico contra la Real orden de 11 de Abril de 1904, que la negó derecho á las indemnizaciones que reclama por gastos que se le ocasionaron en la última guerra con los Estados Unidos de América, y que declaramos firme y subsistente.

Así por esta nuestra sentencia, que se publicará en la *Gaceta de Madrid* é insertará en la *Colección legislativa*, lo pronunciamos, mandamos y firmamos. — RICARDO MOLINA. — FERMÍN H. IGLESIAS. — JOSÉ GONZÁLEZ BLANCO. — RICARDO MAYA. — SEBASTIÁN CARRASCO.

Publicación. — Leída y publicada fué la anterior sentencia por el Excelentísimo Sr. D. Fermín Hernández Iglesias, Magistrado del Tribunal Supremo, celebrando audiencia pública la Sala de lo Contencioso-administrativo en el día de hoy, de lo que, como Secretario, certifico.

Madrid 9 de Junio de 1906. — *Licenciado,* LUIS MARÍA LORENTE.

9

FRANCIA

Declaración aprobando el *Acta de amojonamiento* de la línea divisoria en la parte que se extiende entre las mugas 579 y 580 entre la provincia de *Gerona* y el Departamento de los *Pirineos Orientales*.

Firmada en **Bayona** *el 14 de Junio de 1906.*
Publicada en 8 de Junio de 1907.

El Presidente de la República Francesa y Su Majestad el Rey de España, persuadidos de la oportunidad y conveniencia de proceder al amojonamiento de la línea divisoria entre Francia y España en la parte que se extiende entre las mugas 579 y 580, al objeto de evitar la repetición de disputas que han ocurrido entre habitantes de aquella zona fronteriza de los Pirineos, han nombrado al efecto como Plenipotenciarios á saber:

El Presidente de la República Francesa, á *Mr. Edgard le Marchand*, Ministro Plenipotenciario, Presidente de la Delegación Francesa en la Comisión de los Pirineos, Oficial de la Legión de Honor, Gran Cruz de Francisco José de Austria, Comendador de la Real Orden de Isabel la Católica, Co-

Le Président de la République française et Sa Majesté le Roi d'Espagne, ayant reconnu qu'il y a lieu, pour éviter le retour des contestations qui se sont produites entre les habitants de la zone frontière des Pyrénées, de procéder à l'abornement de la ligne séparative de la France et de l'Espagne, sur la partie de la frontière située entre les bornes 579 et 580, ont nommé à cet effet pour leurs Plénipotentiaires, savoir:

Le Président de la République française, à *Mr. Edgard Le Marchand*, Ministre Plénipotentiaire, Président de la Délégation française à la Commission des Pyrénées, Officier de la Légion d'Honneur, Grand-Croix de François-Joseph d'Autriche, Commandeur de l'Ordre Royal d'Isabelle la Catholi-

CANJE DE RATIFICACIONES en Bayona el 27 de Abril de 1907. Aprobada en Francia por Decreto presidencial de 26 de Mayo de 1907. Contra la costumbre seguida en casi todos los tratados se da en el texto español publicado en la *Gaceta* la precedencia á Francia. Nosotros que no sabemos si se debe á haberse hecho la copia de la ratificación francesa ó á que está así redactado adrede y en sus dos ejemplares el documento, respetamos ese orden en ambas lenguas.

Gaceta de Madrid de 8 de Junio de 1907 — *Journal Officiel* de 3 de Junio de 1907.

mendador con Placa de la Concepción de Villaviciosa de Portugal, Caballero de tercera clase de la Corona de Hierro de Austria, de la Rosa del Brasil y de Takowo de Servia, etc., etc.

Su Majestad el Rey de España, al *Sr. D. Francisco de Reynoso*, Presidente de la Delegación Española en la Comisión de los Pirineos, Doctor en Derecho civil y canónico, Caballero de la Real y distinguida Orden de Carlos III, Comendador de número de la Orden de Isabel la Católica, Medalla de plata de Alfonso XIII, Gran Cruz de la Corona de Prusia, Comendador del Danebrog de Dinamarca, Caballero de San Mauricio y San Lázaro y de la Corona de Italia, de Leopoldo de Bélgica y del Sol Naciente del Japón, etc., etc., etc.

Quienes, después de haberse comunicado sus plenos poderes respectivos, y hallándolos en buena y debida forma, han redactado el Acta de amojonamiento siguiente, la cual se considerará como formando parte integrante del anejo primero al Acta final del arreglo de límites entre Francia y España, firmado en Bayona el 11 de Julio de 1868 entre Francia y España *(a)*.

ACTA DE AMOJONAMIENTO,

Los Plenipotenciarios de Francia y y España declaran que D. *Leopoldo de Fuentes Bustillo*, Teniente Coronel de Estado Mayor, por una parte, y Monsieur *Joseph Tixador*, Capitán Ingeniero, por otra, designados por sus Gobiernos respectivos para auxiliarlos en las operaciones de amojonamiento que se habían de llevar á cabo en la frontera de los Pirineos entre las mugas 579 y 580, han procedido á estas operaciones de amojonamiento en

que, Commandeur avec Plaque de la Conception de Villaviciosa de Portugal, Chevalier de 3ᵉ classe de la Couronne de Fer d'Autriche, de la Rose du Brésil et de Takowo de Serbie, etc.

Sa Majesté le Roi d'Espagne, à *Don Francisco de Reynoso*, Président de la Délégation espagnole à la Commission des Pyrénées, Docteur en Droit civil et Canonique, Chevalier de l'Ordre Royal de Charles III, Commandeur de numéro de l'Ordre d'Isabelle la Catholique, titulaire de la Médaille d'argent d'Alphonse XIII, Grand Croix de la Couronne de Prusse, Commandeur du Danebrog de Danemark, Chevalier de Saint-Maurice et Lazare et de la Couronne d'Italie, de Léopold de Bélgique et du Soleil Levant du Japon, etc., etc.

Lesquels, après s'être communiqué leurs pleins pouvoirs, trouvés en bonne et due forme, ont dressé le procès-verbal d'abornement suivant, qui sera considéré comme partie intégrante de l'annexe I de l'acte final de délimitation entre la France et l'Espagne, signé à Bayonne le 11 Juillet 1868, entre la France et l'Espagne *(a)*.

PROCÈS-VERBAL D'ABORNEMENT

Les Plénipotentiaires de France et d'Espagne déclarent que D. *Leopoldo de Fuentes Bustillo*, Lieutenant-Colonel d'État-Major, d'une part, et M. *Joseph Tixador*, Capitaine du Génie, d'autre part, désignés par leurs Gouvernements respectifs pour les assister dans les opérations d'abornement à effectuer à la frontière des Pyrénées entre les bornes 579 et 580, ont procédé à ces opérations d'abornement, en présence des Délégués des communes

presencia de los Delegados de los términos municipales interesados francés y español como á continuación se dice:

Según el Acta final de la demarcación de la frontera internacional de los Pirineos entre Francia y España, firmada en Bayona el 11 de Julio de 1868, la frontera debe seguir, después de la muga núm. 579, la cresta ó divisoria de la cordillera pirenaica. En esta cresta se halla la muga número 580, separada de la muga núm. 579 por una distancia de 940 metros, á partir de esta muga última, y en una longitud de cerca de 300 metros; la configuración del terreno no permite distinguir bien, á simple vista, con claridad, la línea divisoria sobre la cual debe correr la línea fronteriza.

Para indicarla con estabilidad y precisión se ha colocado un hito adicional intermedio en un punto en que la cresta se hace visible y evidente, sin que haya lugar á duda respecto á la parte comprendida entre este punto y la muga 580. Esta nueva muga lleva el núm. 579 bis, y el lugar que ocupa ha sido elegido de manera que la recta determinada por los dos hitos 579 y 579 bis siga la divisoria orográfica tan aproximadamente como es posible. Se puede precisar el punto donde se ha colocado este mojón de la manera siguiente:

Apoyándose en la línea determinada por los hitos 578 y 579, cuya longitud es de 198 metros, se forma en el punto 579 un ángulo de 165° 22' sexagesimales, con la punta ó vértice vuelto hacia el territorio francés; en la recta que sigue el otro lado del ángulo, y á la distancia de 213 metros de la muga 579, se encuentra una pirámide, semejante por su forma y sus dimen-

française et espagnole intéressées, ainsi qu'il est dit ci-après:

D'aprés l'Acte final de la délimitation de la frontière internationale des Pyrénées signé à Bayonne, le 11 Juillet 1868, entre la France et l'Espagne, la frontière doit suivre, aprés la borne n° 579, la crête ou ligne de faîte de la chaine pyrénéenne. C'est sur crête que se trouve la borne n° 580, séparée de la borne n° 579 par une distance de 940 mètres. A partir de cette dernière borne, sur une longueur de près de 300 mètres, la configuration du terrain ne permet guère distinguer d'une manière apparente, à simple vue, la ligne de faîte à laquelle doit se placer la ligne frontière.

Pour l'indiquer d'une manière sûre et précise, une borne additionnelle a été placée sur le point où la crête devient visible et évidente, sans qu'il puisse s'élever des doutes jusqu'à la borne n° 580. Cette nouvelle borne porte le n° 579 bis, et son emplacement a été choisi de manière que la droite définie par les deux bornes numéros 579 et 579 bis suive le plus approximativement possible la ligne de partage orographique. On peut préciser l'emplacement de cette borne de la manière suivante:

En s'appuyant sur la ligne déterminée par les bornes numéros 578 et 579, dont longueur est de 198 mètres, on forme au point 579 un angle de 165° 22' dont la pointe au sommet est tournée du côté de la France; sur la droite qui suit l'autre côté de l'angle et à la distance de 213 mètres de la borne n° 579, se trouve une pyramide semblable, par sa forme et par ses dimensions, à celles

siones á las que demarcan esta parte de la frontera, habiéndose señalado dos de las caras de este nuevo hito con el núm. 579 bis.

Haciendo en el punto 579 bis un ángulo de 139° 50′, de suerte que uno de los lados esté formado por la recta que determinan las mugas 579 y 579 bis, y cuyo vértice esté vuelto hacia el Norte, se viene á parar, á una distancia de 87 metros, al medio del camino ó sendero llamado Coll del Bach. A partir del Coll del Bach, y hasta la muga núm. 580, la línea divisoria de la cordillera, está muy manifiesta é indica de un modo claro la demarcación de la frontera.

La presente declaración será ratificada, canjeándose las ratificaciones en Bayona á la posible brevedad.

En fe de lo cual, los Plenipotenciarios respectivos la firman y autorizan con sus sellos.

Hecho en Bayona por duplicado á 14 de Junio de 1906.

(L. S.) — FRANCISCO DE REYNOSO.

(a) Núm. 227 (tomo IV, pág. 246.)

qui délimitent cette partie de la frontière, et on a marqué le n° 579 bis sur les deux faces de cette nouvelle borne.

En faisant au point 579 bis un angle de 139° 50′, dont l'un des côtés est formé par la droite définie par les bornes numéros 579 et 579 bis et dont le sommet est tourné vers le Nord, on tombe à une distance de 87 mètres sur le milieu du chemin ou sentier dit «Coll del Bach». A partir du Coll del Bach et jusqu'à la borne n° 580, la ligne de faîte de la chaîne est très accentuée et indique d'une manière précise la delimitation de la frontière.

La présente déclaration sera ratifiée et les ratifications en seront échangées à Bayonne aussitôt que faire se pourra.

En foi de quoi, les Plénipotentiaires respectifs l'ont signée et y ont apposé leur sceau.

Fait à Bayonne, en double expédition, le 14 Juin 1906.

(L. S.) — E. LE MARCHAND.

10

PORTUGAL

Canje de notas acerca del *balizamiento* y *alumbrado* del *Río Guadiana*.

Fechadas en **Madrid** *en 5 de Junio de 1907.*
Aprobando el Acta de la Comisión internacional hispano-portuguesa instituida al efecto,
Firmada en **Ayamonte** *á 30 de Enero de 1907.*

MINISTERIO DE ESTADO	MINISTERIO DOS NEGOCIOS ESTRANGEIROS
	Direcção Geral dos Negocios Politicos e Diplomaticos.
	1.ª Repartição.
El Sr. D. Manuel Allendesalazar al Sr. Conde de Tovar:	O Sr. Conde de Tovar, Enviado Extraordinario é Ministro Plenipotenciario de Sua Majestade junto de Sua Majestade Catholica ao Sr. D. Manoel Allendesalazar, Ministro de Estado de Sua Majestade Catholica:
Madrid 5 de Junio de 1907.	*Madrid 5 de Junho de 1907.*
Excmo. Sr.: Muy señor mío: He tenido la honra de recibir la atenta Nota que con esta fecha se ha servido V. E. dirigirme, con objeto de participarme por encargo de su Gobierno, en contestación á la mía de 30 de Abril próximo pasado, que aquél acepta el cambio de Notas propuesto como medio de dar fuerza de Convenio internacional	Ilmo. e Excmo. Sr.: Em nota de 30 de Abril proximo passado, foi V. E. servido communicar-me que o Governo de Sua Majestade Catholica approvava, como já o havia feito o Governo de Sua Majestade Fidelissima, a acta relativa á balisagem e alumiamento do rio Guadiana, lavrada e assinada em Ayamonte pelos respectivos com-

Gaceta de Madrid y Diario do Governo del 25 de Junio de 1907.

al Acta relativa al balizamiento y alumbrado del Guadiana, levantada y firmada en Ayamonte en 30 de Enero del presente año por la Comisión hispano-portuguesa nombrada al efecto.

En vista de esta aceptación y del compromiso que V. E. adquiere en la expresada Nota á nombre del Gobierno de Su Majestad Fidelísima, el de Su Majestad declara á su vez que se obliga al cumplimiento de lo dispuesto en la precitada Acta que V. E. se sirve remitir y que desea forme parte integrante de la Nota á que tengo la honra de contestar.

La publicación simultánea en los respectivos periódicos oficiales de la Nota de V. E. y de ésta, acompañadas del texto del Acta de Ayamonte, servirá de promulgación á este compromiso.

Aprovecho esta ocasión para reiterar á V. E. las seguridades de mi alta consideración.

MANUEL ALLENDESALAZAR.

Excmo. Sr. Conde de Tovar, Enviado Extraordinario y Ministro Plenipotenciario de Su Majestad Fidelísima.

missarios em data de 30 do Janeiro do corrente anno; e que essa acta se podia converter em instrumento definitivo por meio de uma troca de notas a realizar em Lisboa ou em Madrid, á escolha do Governo português.

Correspondendo a tão delicada proposta, ordenou-me o meu Governo que procedesse eu aqui a essa troca de notas, e por isso tenho a honra de declarar a V. E. que o Governo de Sua Majestate Fidelissima se obriga por esta Nota á cumprir tudo quanto se estabelece e consigna na citada Acta de Ayamonte, que por esse motivo e para esse fim vae annexa á presente Nota e d'ella ficará fazendo parte integrante.

Aproveito a occasião para reiterar a V. E. as seguranças da minha mais alta consideração.

CONDE DE TOVAR.

Ilmo. e Excmo. Sr. D. Manuel Allende Salazar, Ministro de Estado de Sua Majestade Catholica.

Acta de la Comisión internacional hispano-portuguesa de balizamiento y alumbrado del río Guadiana. — 1907.

Acta de las sesiones celebradas por la Comisión portuguesa y española, nombrada por los respectivos Gobiernos, para estudiar las bases generales del alumbrado y balizamiento del río Guadiana.

Reunidos en Ayamonte los días 22 al 30 del mes de Enero de 1907 los se-

Acta da Commissão internacional portuguesa e espanhola de balisagem e alumiamento do rio Guadiana. — 1907.

Acta das sessões celebradas pela Commissão internacional portuguesa e espanhola, nomeada pelos respectivos Governos, para estudar as bases geraes do alumiamento e balisagem do rio Guadiana.

Reunidos em Ayamonte desde o dia 22 a 30 do mês de Janeiro de 1907,

ñores D. *Francisco Rivera y López*, Capitán de navío de la Armada, Comandante de Marina de la provincia de Huelva; D. *Francisco Terán y Morales*, Ingeniero Jefe de segunda clase del Cuerpo de Ingenieros de Caminos, Canales y Puertos, como representantes de la Nación Española; y los señores D. *Julio Ceferino Schultz Xavier*, Capitán de mar y guerra, hidrógrafo; D. *José Ribeiro de Almeida*, Ingeniero de la Sección de Obras públicas, Comercio é Industrias, ambos delegados de la Nación Portuguesa, procedieron, en cumplimiento de la honrosa misión que por sus respectivos Gobiernos se les había confiado, á examinar y discutir las diferentes cuestiones que entraña el balizamiento y alumbrado del río Guadiana, pasando á exponer en la presente Acta las deducciones obtenidas por la Comisión en sus conferencias y la propuesta que como resultado de ellas se permite someter á la superior sanción de los Gobiernos por aquélla representados;

Procuró la Comisión en primer término formarse una idea aproximada de la importancia actual de la navegación por el río Guadiana, y al efecto recopiló y ordenó los datos que le fueron suministrados por los Capitanes de los puertos de Villarreal de San Antonio y Ayamonte, referentes al próximo pasado año de 1906; datos que se consignan en el siguiente estado y que demuestran la previsión y el acierto de ambos Gobiernos al pretender asegurar y garantir un tráfico marítimo, ya merecedor de protección, y que seguramente tomará rápido incremento cuando se realicen las reformas y mejoras que se proyectan;

D. *Julio Ceferino Schultz Xavier*, Capitão de mar e guerra, hydrographo, e D. *José Ribeiro de Almeida*, Engenheiro da Secção de Obras publicas do Corpo de Engenharia civil do Ministerio das Obras publicas, Commercio e Industria, ambos delegados da Nação Portuguesa; e D. *Francisco Rivera y Lopes*, Capitão de navio de Armada, Commandante de Marinha da provincia de Huelva, e D. *Francisco Téran y Morales*, Engenheiro Chefe de 2.ª classe do Corpo de Engenheiros de Caminhos, Canaes e Portos, como representantes da Nação Espanhola, procederam, em cumprimento da honrosa missão que pelos seus respectivos Governos lhes foi confiada, ao exame e discussão das differentes questões que dizem respeito á balisagem e alumiamento do rio Guadiana, passando a expor na presente Acta as conclusões a que a commissão chegou nas suas conferencias e a proposta que, como resultado d'ellas, se permitte submetter á superior sancção dos Governos por ella representados;

Procurou a Commissão, em primeiro logar, formar uma ideia aproximada da importancia actual da navegação do rio Guadiana, e para tal fim compilou e ordenou os dados que lhe foram fornecidos pelos Capitães dos portos de Villa Real de Santo Antonio e Ayamonte, relativos ao anno proximo findo de 1906, dados que estão consignados no seguinte quadro, e que demonstram a previsão e o acerto de ambos os Governos pretendendo assegurar e garantir um trafico maritimo já muito merecedor de protecção e que, por certo, tomará rapido incremento quando se realizarem as reformas e melhoramentos que se projectam;

Resumen del movimiento marítimo de los puertos de Villarreal de San Antonio y Ayamonte durante el año de 1906.

PUERTOS DE	NÚMERO DE BUQUES DE VELA		NÚMERO DE BUQUES DE VAPOR		TONELAJE DE LOS BUQUES DE VELA		TONELAJE DE LOS BUQUES DE VAPOR	
	Entradas.	Salidos.	Entrados.	Salidos.	De arqueo.	De carga.	De arqueo.	De carga.
Villarreal de San Antonio...	115 »	» 106	» 265	» 284	8.017 7.282	5.208 6.881	197.178 200.476	27.514 362.854
Ayamonte...	461 »	» 490	94 »	» 91	7.645 7.599	7.485 7.266	19.145 19.008	18.272 17.895
TOTALES...	576	596	359	355	30.543	26.785	435.807	426.535

Resumo do movimento marítimo dos portos de Villa Real de Santo Antonio e Ayamonte no anno de 1906.

PORTOS DE	NÚMERO DE NAVIOS DE VELA		NÚMERO DE NAVIOS DE VAPOR		TONELAGEM DOS NAVIOS DE VELA		TONELAGEM DOS NAVIOS DE VAPOR	
	Entrados.	Saidos.	Entrados.	Saidos.	De arqueação.	De carga.	De arqueação.	De carga.
Villa Real de Santo Antonio...	115 »	» 106	» 265	» 284	8.017 7.282	5.208 6.881	197.178 200.476	27.514 362.854
Ayamonte...	461 »	» 490	94 »	» 91	7.645 7.599	7.485 7.266	19.145 19.008	18.272 17.895
TOTALES...	576	596	359	355	30.543	26.785	435.807	426.535

Estas cifras sólo se refieren á la navegación de cabotaje, no comprendiéndose en ellas, por consiguiente, las relativas á los barcos de guerra y de pesca que frecuentan ambos puertos, y que son bastante importantes, sobre todo por lo que respecta á los últimos, á causa del gran desarrollo que en estos pasados años han adquirido las industrias pesquera y salazonera en toda la región Sudoeste de la Península.

Entró á seguida la Comisión en el tema primordial y justificativo de las funciones en ellas delegadas, y como resultado de su estudio dedujo que habiendo de existir siempre, y cualquiera que fuese el estado de la marea y del río, un canal principal, mantetenido por la acción constante y combinada del mar y de la corriente fluvial, por dicho canal tendría que verificarse necesaria y preferentemente la navegación de ambas naciones, y, por lo tanto, que ambas deberían proceder siempre de común acuerdo y repartirse equitativamente los gastos inherentes al balizamiento y alumbrado de dicho canal principal en su región inferior, como comprendida entre la barra y Ayamonte, ya que, á juicio de los conferenciantes, la adopción de tales mejoras en la gran longitud de la región, todavía navegable aguas arriba de aquel punto, y la especial topografía é hidrografía de dicha región, exigirían grandes dispendios que, hoy por hoy y á juicio de aquéllos, pueden economizarse, considerando que toda embarcación que logre arribar á Villarreal ó á Ayamonte puede suponérsela libre de todo riesgo y en condiciones de esperar tiempos bonancibles, horas apropiadas y fase adecuada de marea para proseguir su

Estes numeros referem-se unicamente á navegação de cabotagem, não se comprehendendo, por conseguinte, nelles os navios de guerra e barcos de pesca que frequentam ambos os portos, principalmente no que diz respeito aos segundos, pelo motivo do grande desenvolvimento que nestes ultimos annos teem adquirido as industrias de pesca e de conservas de peixe em toda a região SO. da Peninsula.

Em seguida a Commissão passou a occupar-se do assunto primordial e justificativo das funcções nella delegados e, em resultado do seu estudo, concluiu que, tendo de existir forçosamente em qualquer epoca, seja qual for o nivel das aguas do mar e do rio, um canal principal mantido pela acção constante e combinada do mar e da corrente fluvial, pelo referido canal terá, necessaria e preferentemente de fazer-se a navegação de ambas as nações e que, portanto, ambas deveriam proceder sempre de commum acordo, e dividir entre si equitativamente as despesas inherentes á balizagem e alumiamento do referido canal principal, na sua região inferior, comprehendida entre a barra e Ayamonte, visto que, segundo o parecer da Commissão, a adopção de taes melhoramentos na grande extensão da parte navegavel do rio, a montante d'aquelle ponto, e a especial topographia e hydrographia d'essa região exigiriam grandes despesas, que, por emquanto, e em seu entender, podem dispensar se, considerando que qualquer embarcação que consiga chegar a Villa Real ou a Ayamonte, pode julgar-se livre de perigo e em condições de esperar tempo bonançoso, hora propria e phase de maré adequada para proseguir a sua derro-

derrota río arriba en demanda de otros puertos menos importantes.

Dilucidado este primer punto, pasó la Comisión á tratar de los diferentes medios que podían ponerse en práctica para balizar y alumbrar la región ya dicha del río Guadiana, fijando su atención principalmente en el sistema de enfilaciones sucesivas de tierra, unido al de boyas ordinarias, aceptado por la Comisión internacional de 1884; en el de boyas luminosas, patente Pintsch, y en el que resultaría de combinar los dos sistemas precedentemente expuestos en toda la región que se trata de balizar y alumbrar.

Para decidirse por la solución que mejor respondiera al actual estado de cosas se analizaron las razones que en pro y en contra de los diferentes sistemas podían aducirse, tratándose, como es el caso sometido á estudio de la Comisión, de un canal esencialmente variable en posición y dirección, sin que sus variaciones respondan á una ley conocida, de una canal con bastantes sinuosidades, abriéndose paso en un lecho de arena y á través de una costa rasa(a) y de nivel, sobre todo del lado de España; y atendiendo á todas estas circunstancias, algunas de las cuales sería muy de desear que desapareciesen ó se modificasen mediante la ejecución de obras, que la Comisión no vaciló en recomendar á la muy alta y competente iniciativa de sus respectivos Gobiernos, los conferenciantes convinieron en que el sistema de enfilaciones sucesivas de tierra, con su complemento de boyas ordinarias, resultaría en este caso relativamente caro, de difícil y complicada instalación, por la necesidad de establecer cada dos luces con desnive-

ta rio acima em demanda de outros portos menos importantes.

Esclarecido este primeiro ponto, passou a Commissão a occupar-se dos differentes meios que se poderiam pôr em pratica para balisar e alumiar a já mencionada região do rio Guadiana, fixando principalmente a sua attenção no systema de enfiamentos successivos em terra, conjugado com o de boias ordinarias acceite pela Commissão internacional do anno de 1884; no de boias luminosas, patente Pintsch e no que resulta da combinação dos dois systemas precedentemente expostos, em toda a região que se trata de balizar e alumiar.

Para se decidir pela solução que melhor correspondesse ao actual estado de cousas, ponderou as razões que se poderia adduzir pró ou contra os differentes systemas, tratando se, como no caso presente, de um canal essencialmente variavel de posição e direcção, sem que as suas variações obedeçam a uma lei conhecida; de um canal com bastantes sinuosidades, aberto em leito de areia e através de uma costa baixa e de nivel, especialmente do lado de Espanha. Attendendo a todas estas circunstancias, algumas das quaes muito seria para desejar que desapparecessem ou se modificassem, recorrendo á execução de obras que a Commissão não vacila em recommendar á mui alta e competente iniciativa dos seus respectivos Governos, os commissionados concordaram em que o systema de enfiamentos successivos em terra, com o seu complemento de boias ordinarias, seria neste caso relativamente caro, de difficil e complicada installação pela necessidade de estabelecer cada grupo de duas luzes, com o desnivel apro-

les apropiados; confuso y algo complicado en su sostenimiento si, como es lógico, los gastos habían de repartirse equitativamente entre ambas naciones, pues en la actualidad, por ejemplo, el alumbrado del trozo de río que se estudia exigiría quizás una enfilación en territorio español y tres en territorio portugués; y en atención á todas estas consideraciones, la Comisión se pronunció por el sistema de boyas luminosas, á pesar de sus inconvenientes, que es de suponer se aminoren, dados el celo é interés con que por ambas Naciones ha de atenderse á tan importante servicio, y merced á lo cual se evitarán de seguro, ó por lo menos se reducirán considerablemente, los escapes, corrimientos, extinciones y demás accidentes que pueden presentarse en este sistema; y como, por otra parte, el calificado de mixto y enumerado en tercer lugar, participa de todos los inconvenientes de los dos anteriores, sin reunir muchas de sus ventajas, la Comisión lo desechó, confirmando, por exclusión, su criterio favorable al establecimiento de boyas luminosas.

Esto no obstante, y reconociéndose por aquélla la conveniencia de demarcar la entrada del canal con luces de mayor alcance de quinto ó sexto orden que sirvan también como de recalada, convínose en que el primer tramo de la canal se señalará con una enfilación en tierra que se establecería en la costa portuguesa por exigirlo así la actual orientación de la boca; pero con la salvedad de que si el día de mañana se hiciera práctica y económicamente difícil la instalación de estas luces por no disponerse de terreno apropiado donde colocarlas ó no presentar éste el desnivel conveniente, cual ha ocurri-

priado; confuso e bastante complicado na sua manutenção, visto que, como é logico, as despesas teriam de repartir-se equitativamente entre ambas as nações, na actualidade, por exemplo, o alumiamento do troço de que se trata exigiria talvez um enfiamento em territorio espanhol e tres em territorio portuguēs. Attendendo a todas estas considerações, a Commissão pronunciou-se pelo systema de boias luminosas, apesar dos seus inconvenientes, que é de suppor se attenuem, dado o zelo e interesse com que por ambas as Naçōes se ha de attender a tão importante serviço, mercê do qual decerto se evitarão, ou, pelo menos, se reduzirão consideravelmente as fugas (escapes) e deslocamentos de boias, extinçōes de luzes e outros accidentes que podem dar-se neste systema. E, como, por outro lado, o systema classificado misto, e enumerado em terceiro logar, participa dos inconve nientes dos dois anteriores, sem reunir muitas das suas vantagens, a Commissão, confirmando por exclusão o seu criterio, preferiu o systema de boias luminosas.

Apesar do que fica dito, reconhecendo-se a conveniencia de assinalar a entrada do canal da barra com luzes de maior alcance, de 5.ª ou 6.ª ordem, que de longe sirvam tambem de orientaçao (recalada) os commissionados concordaram em que o primeiro troço do canal se definisse por meio de um enfiamento em terra, estabelecido na costa portuguesa, por assim o exigir a actual direcção da entrada, mas com a condição de que, se de futuro se tornasse pratica e economicamente difficil a installação d'estas luzes, por não haver terreno onde as collocar ou este não apresentar o desnivel convenien-

do en estos últimos años para el establecimiento de estas luces enfilaciones dentro de la costa española, se apagarían las luces de que se trata, señalando la entrada de la canal con dos nuevas boyas luminosas, supuesto que las primeras que hoy han de colocarse podrían, á juicio de la Comisión, arrancar del punto en que cambia la dirección del primer tramo de la canal y empieza el que pudiera llamarse segundo tramo de la misma.

En cuanto al número definitivo de boyas, su coloración y el de las luces que sustentan y distancia máxima que deberá separar á unas de otras, creyó la Comisión que debían ser puntos á estudiar y resolver mediante un proyecto definitivo que posteriormente se redactase por los funcionarios de la Nación á quienes creyesen conveniente ambos Gobiernos encargar de este trabajo, el cual debería ser previamente sometido á las informaciones exigidas por las leyes de ambos países; pero en su deseo de avanzar y concretar algo en dicho estudio, practicaron un reconocimiento del río, consultaron planos y antecedentes, y como resultado de todo ello dedujeron que el número de boyas necesario podría ser aproximadamente de nueve ó diez, y que la distancia máxima á que podrían colocarse debería ser de cinco y medio kilómetros ó de tres y medio, según que se tratase de luces blancas ó rojas. Respecto al color, y siguiendo una práctica universalmente sancionada, estimaron que podrían pintarse de negro las de babor entrando en el río, de rojo las de estribor y de franjas alternadas horizontales blancas y negras ó blancas y rojas las de bifurcación ó confluencia que se conceptuara

te; como se tem dado nestes ultimos annos para o estabelecimento d'estes enfiamentos na costa de Espanha, se apagariam as luzes referidas, assinalando-se a entrada do canal por meio de duas novas boias luminosas. Segundo a opinião da Commissão, emquanto se não der a hypothese acima referida, as primeiras boias a collocar devem ficar no ponto em que muda a direcção do primeiro e começa a do que poderemos chamar segundo troço do canal.

Quanto ao numero definitivo de boias, pintura, côr das luzes que sustentam e distancia maxima admissivel entre ellas, julgou a Commissão que devia ser assunto a estudar e resolver no projecto definitivo, que posteriormente fosse elaborado pelos funccionarios da Nação, a quem os dois Governos concordarem em confiar este trabalho, o qual deve ser previamente submetido ás informações exigidas pelas leis de ambos os paises. Desejando, porem, avançar e concretizar alguma cousa sobre este estudo, a Commissão procedeu a um reconhecimento do rio, consultou planos e documentos antecedentes, concluindo de tudo que o numero de boias necessarias poderá aproximadamente ser de nove ou dez. A distancia maxima admissivel deverá ser de 5 kilometros e meio, ou 3 e meio, respectivamente, para as luzes brancas e vermelhas. A pintura, segundo a pratica universalmente sanccionada, convirá ser, nas boias a deixar a bombordo, entrando no rio, preta, nas de estibordo vermelha, e em faixas horizontaes, alternadamente brancas e pretas, e brancas e vermelhas respectivamente nas de bifurcação e confluencia que for preciso estabelecer nos bancos interio-

preciso establecer en los bancos interiores hoy existentes ó en los que en lo sucesivo pudieran formarse, siguiéndose análogo criterio en los dos brazos que corresponden á estos altos fondos, ó sólo en uno de ellos si el otro no presentaba tan buenas condiciones de navegabilidad.

Por último, y por lo que se refiere al color de las luces sustentadas por las boyas, opinaron los conferenciantes que podría sin inconveniente adoptarse el blanco para las boyas de babor, el rojo para las de estribor y el verde para las de bifurcación ó confluencia, suprimiendo, como es natural, las señales de tope, que no se adaptan fácilmente á este tipo de boyas.

Comprobó después la Comisión que el procedimiento de balizamiento y alumbrado por ella elegido se prestaba bien á la distribución precisa y equitativa de los gastos que habría de exigir la implantación de la mejora objeto de su estudio; pues como el número de boyas situadas á cada lado del *thalweg* del río ó eje del canal navegable habrá de ser sensiblemente el mismo, nada parecía más lógico ni más indicado que Portugal se encargase de la adquisición, fondeo, conservación y alimentación de las boyas luminosas situadas del lado Oeste ó de babor de aquella línea, y España de análogos gastos y operaciones para las boyas colocadas del lado Este ó de estribor de la misma citada línea, ya sea ésta única ó doble, como se explicó al tratar de la colocación de las luces; dividiéndose también por igual el coste de adquisición, instalación y sostenimiento de las boyas de bifurcación y confluencia que, necesariamente y por su carácter, habrán siempre de

res hoje existentes ou nos que de futuro vierem a formar-se; seguindo-se criterio analogo nos dois braços que córresponderem a estes bancos, ou só num d'elles, se o outro não apresentar tão boas condições de navigabilidade.

Finalmente, no que se refere á côr das luzes sustentadas pelas boias, a Commissão é de parecer que pode, sem inconveniente, adoptar-se a branca para as boias de bombordo, a vermelha para as de estibordo e a verde para as de bifurcação ou confluencia, supprimindo-se, como é natural, os alvos superiores, que se não adaptam facilmente a este tipo de boias.

Verificou em seguida a Commissão que o processo de balisagem e alumiamento escolhido se presta bem á distribuição precisa e equitativa das despesas que exige a implantação do melhoramento que constituiu o objecto do seu estudo, por isso que, como o numero de boias situadas de cada lado de *thalweg* do rio, ou eixo do canal navegavel, terá de ser sensivelmente o mesmo, nada lhe pareceu mais logico, nem mais indicado, do que Portugal encarregar-se da acquisição, lançamento *(fondeo)*, conservação e alimentação das boias luminosas situadas do lado Oeste ou de bombordo d'aquella linha, e Espanha, de analogas despesas e operações para as boias collocadas do lado Este ou de estibordo da mesma citada linha, quer esta seja unica ou dupla, como se explicou ao tratar da côr das luzes. Da mesma forma julgou que se deverá repartir por igual o custo da acquisição, instalação e manutenção das boias de bifurção e confluencia que, necessaria-

contarse en número par. En cuanto á la enfilación de tierra, es natural que ésta sea instalada y mantenida por la nación en cuyo territorio tuviera aquélla necesidad de establecerse.

Ajustándose á estos principios, no puede temerse, á juicio de la Comisión, que el balizamiento y alumbrado del río dé lugar en su funcionamiento á dudas ó dilaciones perjudiciales á su completa eficacia, toda vez que en caso de escape de una boya ó extinción de una luz, la Nación á cuya custodia esté confiada dicha señal procederá á su inmediato restablecimiento ó á la sustitución por otra boya de repuesto; únicamente en casos en que fuera preciso cambiar la posición de una boya, suprimir ó aumentar el número de éstas y trasladar la enfilación de tierra convendría esperar á la acción cumún, aunque rápida, de ambos Gobiernos, á cuyo efecto, y puestos de acuerdo los Capitanes de puerto de Villarreal de San Antonio y Ayamonte, gestionarán de quien corresponda la realización ó ejecución de las modificaciones que en el alumbrado y balizamiento preexistentes fuera necesario introducir.

No adelantó más la Comisión en su estudio por no invadir terrenos en cierto modo extraño á su competencia; mas en su empeño de responder al honor y á la confianza que en ella habían depositado los respectivos Gobiernos, se analizaron minuciosamente por los delegados todas las operaciones y detalles que había de exigir el funcionamiento del nuevo sistema de balizamiento y alumbrado, reconociéndose como solución posible y práctica que al construirse por Portu-

mente e pelo seu caracter, terão sempre de se contar em numero par. Quanto ás luzes de enfiamento em terra, é natural que sejam instaladas e mantidas pela naçao em cujo territorio houver necessidade de as estabelecer.

Acceites estes principios, não pode, segundo o parecer da Commissão, recear-se que a balisagem e alumiamento do rio dê logar, no seu funccionamento, a duvidas ou dilações prejudiciaes á sua absoluta efficacia, toda a vez que, em caso de desaparecimento de qualquer boia ou extincção de uma luz, a Nação a cuja guarda estiver confiado esse sinal proceda ao seu immediato restabelecimento, ou á substituição por outra boia de sobresalente; somente, nos casos em que for preciso mudar a posição de uma boia, supprimir ou aumentar o numero d'estas, e deslocar o enfiamento de terra, convirá esperar pela acção commum, posto que rapida, de ambos os Governos, para cujo fim, postos de acordo os Capitães dos portos de Villa Real de Santo Antonio e Ayamonte, pedirão áquelle a quem cumpra a realização ou execução da modificação que no alumiamento e balisagem preexistentes for necessario introduzir.

Não avançou mais a Commissão no seu estudo, para não exceder attribuições, de certo modo alheias á sua competencia, mas, no seu empenho de corresponder á honra e confiança que nella depositaram os respectivos Governos, analysou minuciosamente todas as operações e detalhes que deverá exigir o funccionamento do novo systema de balisagem e alumiamento, reconhecendo, como solução possivel e pratica, que, construindo Portugal uma fabrica de gaz para a alimenta-

gai una fábrica de gas para la alimentación de las boyas confiadas á su cargo pudiera España, si así convenía á ambas Naciones, surtirse de dicho flúido en la misma fábrica, ó Portugal de la que posee en Huelva la Junta de obras de su puerto; habiendo creído conveniente la Comisión indicar ligeramente este aspecto del asunto, no sólo por las razones hace un momento expuestas, sino también por dar mayor tiempo á los Gobiernos, sus representados, para que preparen y tanteen las soluciones que mejor armonicen las conveniencias de ambas Naciones y los intereses que por las mismas se tratan mutuamente de amparar y de servir.

Ultimamente, y como resultado de todos sus estudios, ligeramente bosquejados en el presente documento, la Comisión acordó someter á la muy sabia y reconocida ilustración de sus respectivos Gobiernos las siguientes propuestas ó condiciones:

1.ª La canal principal del Guadiana, desde la barra hasta Ayamonte, deberá siempre balizarse y alumbrarse de común acuerdo entre los Gobiernos de Portugal y España.

2.ª El procedimiento más indicado para conseguir este objeto, dentro del actual estado de cosas, es el de demarcación del primer tramo de la canal por medio de dos luces de enfilación de quinto ó sexto orden situadas en tierra, combinadas con el empleo de boyas luminosas, desde el punto en que cambia la dirección de este primer tramo hasta el fondeadero natural de la ría, limitado por los puertos de Villarreal y de Ayamonte.

3.ª El número, situación y colocación de estas señales se fijará posteriormente mediante un proyecto que

ção das boias que ficarem a seu cargo, poderá a Espanha, se assim convier a ambas as Nações abastecer-se do referido fluido na mesma fabrica, ou Portugal da que a Junta das obras do porto de Huelva ali possue, tendo a Commissão julgado conveniente indicar ligeiramente este aspecto do assunto, não só pelas razões ha pouco expostas, mas tambem para dar mais tempo aos Governos, que representam, para prepararem e combinarem as soluções que melhor harmonizem as conveniencias de ambas as Nações e os interesses que por ellas se trata mutuamente de assegurar e servir.

Finalmente, e como resultado de todos os seus estudos ligeiramente bosquejados no presente documento, a Commissão concordou em submetter á mui sabia e reconhecida illustração dos seus respectivos Governos as seguintes propostas ou conclusões:

1.ª O canal principal do Guadiana, desde a barra até Ayamonte, deverá sempre ser balisado e alumiado de commum acordo entre os Governos de Portugal e Espanha.

2.ª O processo mais indicado para conseguir este fim no actual estado de cousas, é o de assinalamento do primeiro troço do canal por meio de duas luzes de direcção de 5.ª ou 6.ª ordem, situadas em terra, combinado com o emprego de boias luminosas, desde o ponto em que muda de direcção este primeiro troço, até ao fundeadouro da ria limitado pelos portos de Villa Real e Ayamonte.

3.ª O numero, situação e côr d'estes sinaes fixar se hão posteriormente num projecto, que será elaborado pelo

se redacte por el funcionario ó funcionarios que por ambos Gobiernos se designen, el cual proyecto deberá ser sometido á las informaciones y trámites que exijan las leyes de ambos países.

4.ª De las boyas situadas al lado Oeste ó á babor del eje de la canal navegable ó *thalweg* de la ría se encargará Portugal, costeando, en consecuencia, los gastos inherentes á la adquisición, instalación, sostenimiento y alimentación de dichas señales; corriendo á cargo de España los gastos análogos que exija la adquisición, instalación y buen funcionamiento de las boyas situadas al Este ó lado de estribor de aquella línea. De la adquisición, fondeo, sostenimiento de las boyas de bifurcación se encargará España, y Portugal de las de confluencia, costeándose asimismo el par de luces de enfilación de |la entrada de la canal por la Nación en cuyo territorio dichas luces hubieran de establecerse.

Terminaron los comisionados su labor dando gracias á sus respectivos Gobiernos por la delicada misión que se habían dignado conferirles y haciendo votos por que sea pronto un hecho el establecimiento de una mejora tan importante, que tan íntimamente afecta al buen nombre y humanitarios sentimientos de ambas Naciones y á la prosperidad de sus intereses comerciales é industriales, hoy totalmente armónicos, y que es de esperar y muy de desear lo sean igualmente en lo sucesivo.

Y para que conste y surta sus oportunos efectos, firman la presente Acta en Ayamonte á 30 de Enero de 1907 los delegados arriba dichos. — *El Comandante de Marina de la provincia de Huelva*, FRANCISCO RIVERA. —

funccionario ou funccionarios designados por ambos os Governos, projecto que deverá ser submettido ás informações e tramites exigidos pelas leis dos dois paises.

4.ª As boias situadas do lado Oeste, ou a bombordo do eixo do canal navegavel ou *thalweg* da ria, ficarão a cargo de Portugal, occorrendo esta nação, por consequencia, ás despezas inherentes á acquisição, installação, manutenção e alimentação dos referidos sinaes; ficando a cargo de Espanha as despezas analogas que exijam a acquisição, installação e bom funccionamento das boias situadas a Este, ou lado de estibordo, d'aquella linha. A acquisição, estabelecimento e manutenção das boias de bifurcação ficará a cargo de Portugal, a das de confluencia a cargo de Espanha, ficando o grupo de luzes de enfiamento da entrada do canal á responsabilidade da Nação em cujo territorio essas luzes tiverem de ser estabelecidas.

Concluiram os commissionados os seus trabalhos agradecendo aos seus respectivos Governos a delicada missão que se dignaram conferir-lhes e fazendo votos para que, em breve, seja um facto a realização de um melhoramento tão importante, que tão intimamente affecta o bom nome e humanitarios sentimentos de ambas as Nações e a prosperidade dos seus interesses commerciaes e industriaes, hoje absolutamente harmonicos, e que é de esperar e muito para desejar o sejam igualmente no futuro.

E para que conste e surta os seus opportunos effeitos, assinam a presente Acta em Ayamonte aos 30 do Janeiro de 1907, os delegados acima referidos. — *O Commandante de Marinha da provincia de Huelva*, FRAN-

El Ingeniero Jefe de Obras públicas de la provincia de Huelva, FRANCISCO TERÁN. — El Capitán de mar y guerra, hidrógrafo, JULIO ZEFERINO SCHULTZ XAVIER. — El Ingeniero de la Sección de Obras públicas del Cuerpo de Ingenieros civiles, JOSÉ RIVEIRO DE ALMEIDA.

(a) *Gaceta* por errata, rara.

CISCO RIVÉRA. — *O Engenheiro Chefe de Obras publicas da provincia de Huelva, FRANCISCO TÉRAN. — O Capitão de mar e guerra, hydrographo, JULIO CEFERINO SCHULTZ XAVIER. — O Engenheiro da Secção de Obras publicas do Corpo de Engenharia civil, JOSÉ RIBEIRO DE ALMEIDA.*

11

ALEMANIA, AUSTRIA, BÉLGICA, FRANCIA, GRECIA, LICHTENSTEIN, LUXEMBURGO, MÓNACO, PORTUGAL, SUECIA Y SUIZA

Convenio para la conservación de los *pájaros útiles á la agricultura*.

Firmado en **París** *el 19 de Marzo de 1902*
y canjeadas las ratificaciones en 6 de Diciembre de 1905
y publicado en 29 de Junio de 1907.

Sa Majesté le Roi d'Espagne et, en son nom, Sa Majesté la Reine Régente du Royaume; Sa Majesté l'Empereur d'Allemagne, Roi de Prusse, au nom de l'Empire allemand; Sa Majesté l'Empereur d'Autriche, Roi de Bohême, etc., et Roi Apostolique de Hongrie, agissant également au nom de Son Altesse le Prince de Lichtenstein; Sa Majesté le Roi des Belges; Le Président de la République française; Sa Majesté le Roi des Hellènes; Son Altesse Royale le Gran-Duc de Luxembourg; Son Altesse Serenissime le Prince de Monaco; Sa Majesté le Roi de Portugal et des Algarves; Sa Majesté le Roi de Suède et de Norvège, au nom de la Suède, et le Conseil fédéral suisse, reconnaissant l'opportunité d'une action commune dans les différents pays pour la conservation des oiseaux utiles à l'agriculture, ont résolu de conclure une Convention à cet effet et ont nommé pour leurs Plénipotentiaires, savoir:

Sa Majesté le Roi d'Espagne et, en son nom, Sa Majesté la Reine Régente du Royaume:

Son Excellence *M. de León y Castillo*, Marquis del Muni, Son Ambassadeur Extraordinaire et Plénipotentiaire près le Président de la République française;

Sa Majesté l'Empereur d'Allemagne, Roi de Prusse:

Son Altesse Serenissime le Prince *Radolin*, Son Ambassadeur Extraordinaire et Plénipotentiaire près le Président de la République française;

Sa Majesté l'Empereur d'Autriche, Roi de Bohême, etc., et Roi Apostolique de Hongrie:

Son Excellence le *Comte de Wolkenstein-Trostburg*, Son Ambassadeur Extraordinaire et Plénipotentiaire près le Président de la République française;

De Clercq, XXIV-96. *Gaceta de Madrid* de 29 de Junio y 4 de Julio (rectificado) de 1907.
CANJE DE RATIFICACIONES en París el 6 de Diciembre de 1905.

Sa Majesté le Roi des Belges:

M. le Baron d'Anethan, Son Envoyé Extraordinaire et Ministre Plénipotentiaire près le Président de la République française;

Le Président de la République française:

Son Excellence *M. Théophile Delcassé,* Député, Ministre des Affaires Étrangères.

Sa Majesté le Roi des Hellènes:

M. N. Delyanni, Son Envoyé Extraordinaire et Ministre Plénipotentiaire près le Président de la République française;

Son Altesse Royale le Gran-Duc de Luxembourg:

M. Vannerus, Chargé d'affaires du Luxembourg à Paris;

Son Altesse Serenissime le Prince de Monaco:

M. J.-B. Depelley, Chargé d'Affaires de Monaco à Paris.

Sa Majesté le Roi de Portugal et des Algarves:

M. T. de Souza Roza, Son Envoyé Extraordinaire et Ministre Plénipotentiaire près le Président de la République française.

Sa Majesté le Roi de Suède et de Norvège, au nom de la Suède:

M. H. Akerman, Son Envoyé Extraordinaire et Ministre Plénipotentiaire près le Président de la République française; et

Le Conseil fédéral suisse;

M. Charles Lardy, Envoyé Extraordinaire et Ministre Plénipotentiaire de la Confédération suisse près le Président de la République française,

Lesquels, après s'être communiqué leurs pleins pouvoirs trouvés en bonne et due forme, sont convenus des articles suivants:

Article I. Les oiseaux utiles à l'agriculture, spécialement les insectivores et notamment les oiseaux énumérés dans la liste num. 1, annexée à la présente Convention, laquelle sera susceptible d'additions par la législation de chaque pays, jouiront d'une protection absolue, de façon qu'il soit interdit de les tuer en tout temps et de quelque manière que ce soit, d'en détruire les nids, œufs et couvées.

En attendant que ce résultat soit atteint partout, dans son ensemble, les Hautes Parties contractantes s'engagent à prendre ou à proposer à leurs législatures *(a)* respectives les dispositions nécessaires pour assurer l'exécution des mesures comprises dans les articles ci-après.

Art. II. Il sera défendu d'enlever les nids, de prendre les œufs, de capturer et de détruire les couvées en tout temps et par des moyens quelconques.

L'importation et le transit, le transport, le colportage, la mise en vente, la vente et l'achat de ces nids, œuf et couvées, seront interdits.

Cette interdiction ne s'étendra pas à la destruction, par le propriétaire *(b),* usufruitier ou leur mandataire des nids que des oiseaux auront construits dans ou contre les maisons d'habitation ou les bâtiments en général et dans l'intérieur des cours. Il pourra de plus être dérogé, à titre exceptionnel, aux dispositions du présent article, en ce qui concerne les œufs de vanneau et de mouette.

Art. III. Seront prohibés la pose et l'emploi des pièges, cages, filets, lacets, gluaux, et de tous autres moyens quelconques ayant pour objet de faciliter la capture ou la destruction en masse des oiseaux *(c).*

Art. IV. Dans le cas où les Hautes Parties contractantes ne se trouveraient pas en mesure d'appliquer immédiatement et dans leur intégralité les dispositions prohibitives de l'article qui précède, elles pourront apporter des atténuat tions jugées nécessaires auxdites prohibitions, mais elles s'engagent à restreindre l'emploi des méthodes, engins et moyens de capture et de destruction, de façon à parvenir à réaliser peu à peu les mesures de protection mentionnées dans l'art. III.

Art. V. Outre les défenses générales formulées à l'art. III, il est interdit de prendre ou de tuer, du 1ᵉʳ Mars au 15 Septembre de chaque année, les oiseaux utiles énumérés dans la liste num. 1, annexée à la Convention.

La vente et la mise en vente en seront interdites également pendant la même période.

Les Hautes Parties contractantes s'engagent, dans la mesure ou leur législation le permet, à prohiber l'entrée et le transit desdits oiseaux et leur transport du 1ᵉʳ Mars au 15 Septembre.

La durée de l'interdiction prévue dans le présent article pourra toutefois être modifiée dans les pays septentrionaux.

Art. VI. Les autorités compétentes pourront accorder exceptionnellement aux propriétaires ou exploitants *(d)* de vignobles, vergers et jardins, de pépinières, de champs plantés ou ensemencés, ainsi qu'aux agents préposés à leur surveillance, le droit temporaire de tirer à l'arme à feu sur les oiseaux dont la présence serait nuisible et causerait un réel dommage.

Il restera toutefois interdit de mettre en vente et de vendre les oiseaux tués dans ces conditions.

Art. VII. Des exceptions aux dispositions de cette Convention pourront être accordées dans un intérêt scientifique ou de repeuplement par les autorités compétentes, suivant les cas et en prenant toutes les précautions nécessaires pour éviter les abus.

. Pourront encore être permises, avec les mêmes conditions de précaution, la capture, la vente et la détention des oiseaux destinés a être tenus en cage. Les permissions devront être accordées par les autorités compétentes.

Art. VIII. Les dispositions de la présente Convention ne seront pas applicables aux oiseaux de basse-cour, ainsi qu'aux oiseaux-gibier existant dans les chasses réservées et désignés comme tels par la législation du pays.

Partout ailleurs la destruction des oiseaux-gibier ne sera autorisée qu'au moyen des armes à feu et à des époques déterminées par la loi.

Les Etats contractants sont invités à interdire la vente, le transport et le transit des oiseaux-gibier dont la chasse est défendue sur leur territoire, durant la période de cette interdiction.

Art. IX. Chacune des parties contractantes pourra faire des exceptions aux disposition de la présente convention:

1º Pour les oiseaux que la législation du pays permet de tirer ou de tuer comme étant nuisibles à la chasse ou à la pêche;

2º Pour les oiseaux que la législation du pays aura désignés comme nuisibles à l'agriculture locale.

A défaut d'une liste officielle dressée par la législation du pays, le 2º du présent article sera apliqué aux oiseaux désignés dans la liste num. 2, annexée à la présente Convention.

Art. X. Les Hautes Parties contractantes prendront les mesures propres à mettre leur législation en accord avec les dispositions de la présente Convention dans un délai de trois ans à partir du iour de la signature de la Convention.

Art. XI. Les Hautes Parties contractantes se communiqueront, par l'intermédiare du Gouvernemeut français, les lois et les décisions administratives qui auraient déjà été rendues ou qui viendraient à l'être dans leurs Etats, relativement à l'objet de la présente Convention.

Art. XII. Lorsque cela sera jugé nécessaire, les Hautes Parties contractantes se feront représenter à une réunion internationale chargée d'examiner les questions que soulève l'exécution de la Convention et de proposer les modifications dont l'expérience aura démontré l'utilité.

Art. XIII. Les Etats qui n'ont pas pris part à la présente Convention sont admis à y adhérer sur leur demande. Cette adhésion sera notifiée par la voie diplomatique au Gouvernement de la République française et par celui-ci aux autres Gouvernements signataires.

Art. XIV. La présente Convention sera mise en vigueur dans un délai maximum d'un an, à dater du jour de l'échange des ratifications.

Elle restera en vigueur indéfiniment entre toutes les puissances signataires. Dans le cas où l'une d'elles dénoncerait la Convention, cette dénonciation n'aurait d'effet qu'à son égard et seulement une année après le jour où cette dénonciation aura été notifiée aux autres Etats contractants.

Art. XV. La présente Convention sera ratifiée, et les ratifications seront échangées à Paris dans le plus bref délai possible.

Art. XVI. La disposition du deuxième alinéa de l'art. VIII de la présente Convention pourra, exceptionnellement, ne pas être appliquée dans les provinces septentrionales de la Suède, en raison des conditions climatologiques toutes spéciales où elles se trouvent.

En foi de quoi, les Plénipotentiaires respectifs l'ont signée et y ont apposé leurs cachets.

Fait à Paris, le 19 Mars 1902.

(L. S.) — DELCASSÉ.
(L. S.) — RADOLIN.
   Pour l'Autriche et pour la Hongrie:
   L'Ambassadeur d'Autriche-Hongrie,
(L. S.) — A. WOLCKENSTEIN.
(L. S.) — BARON D'ANETHAN.
(L. S.) — F. DE LEÓN Y CASTILLO.
(L. S.) — N. S. DELYANNI.
(L. S.) — VANNERUS.
(L. S.) — J. DEPELLET.
(L. S.) — T. DE SOUZA ROZA.
(L. S.) — AKERMAN.
(L. S.) — LARDY.

LISTE NUM. 1. — OISEAUX UTILES.

Rapaces nocturnes. — Chevêches *(Athene)* et chevêchettes *(Glaucidium).* Chouettes *(Surnia).* Hulottes ou chats-huants *(Syrnium).* Effraie commune *(Strix flammea* L.). Hiboux brachyotte et moyen-duc *(Otus).* Scops d'Aldrovanpe ou petit-duc *(Scops giu* Scop).

Grimpeurs. — Pics *(Picus, Gecinus,* etc.); toutes les espèces.

Syndactyles. — Rollier ordinaire *(Coracias garrula* L.). Guêpiers *(Merops).*

Passereaux ordinaires. — Huppe vulgaire *(Upupa epops).* Grimpereaux, tichodromes et sitelles *(Certhia, Tichodroma, Sitta).* Martinets *(Cypselus).* Engoulevents *(Caprimulgus).* Rossignols *(Luscinia).* Gorges-Bleues *(Cyanecula).* Rouges-Queues *(Ruticilla).* Rouges-Gorges *(Rubecula).* Traquets *(Pratincola* et *Saxicola).* Accenteurs *(Accentor).* Fauvettes de toutes sortes, telles que: fauvettes ordinnaires *(Sylvia);* fauvettes babillardes *(Curruca);* fauvettes ictérines *(Hypolais);* fauvettes aquatiques, rousserolles, phragmites, locustelles *(Acrocphalus, Calamodyta, Locustella,* etc.), fauvettes cisticoles *(Cisticola).* Pouillots *(Phylloscopus).* Roitelets *(Regulus)* et troglodytes *(Troglodytes).* Mésanges de toutes sortes *(Panus, Panurus, Orites,* etc.). Gobe-Mouches *(Muscicapa).* Hirondelles de toutes sortes *(Hirundo, Chelidon, Cotyle).* Lavandières et bergeronnettes *(Motacilla, Budytes).* Pipits *(Anthus, Corydala).* Becscroisés *(Loxia).* Venturons et serins *(Citrinella* et *Serinus).* Chardonnerets et tarins *(Carduelis* et *Chrysomitris).* Étourneaux ordinaires et martins *(Sturnus Pastor,* etc.).

Échassiers. — Cigognes blanche et noire *(Ciconia).*

LISTE NUM. 2. — OISEAUX NUISIBLES.

Rapaces diurnes. — Gypaète barbu *(Gypaetus barbatus* L.). Aigles *(Aquila nisaetus);* toutes les espèces. Pigargues *(Haliaetus);* toutes les espèces. Balbuzard fluviatile *(Pandion haliaetus).* Milans, elianions et nauclers *(Milvus, Elanus, Nauclurus);* toutes les espèces. Faucons: gerfauts, pèlerins, hobereaux, émerillons *(Falco);* toutes les espèces, à l'exception des faucons kobez, cresserelle et cresserine. Autour ordinaire *(Astur palumbarius* L.). Éperviers *(Accipiter).* Busards *(Circus).*

Rapaces nocturnes. — Grand-duc vulgaire *(Bubo maximus* Flem).

Passereaux ordinaires. — Grand corbeau *(Corvus corax* L.). Pie voleuse *(Pica rustica* Scop). Geai glandivore *(Garrulus glandarius* L.).

Échassiers. — Héron cendré et pourpré *(Ardea).* Butors et bihoreaux *(Bautorus et Nycticorax).*

Palmipèdes.—Pélicans *(Pelecanus).* Cormorans *(Phalacrocorax* ou *Graculos).* Harles *(Mergus).* Plongeons *(Colymbus).*

(a) En la *Gaceta* se traduce *législatures* (poderes legislativos) por *legislaciones.*

(b) Por la supresión de la coma entre propietario y usufructuario en la traducción de la *Gaceta,* parece que se trata de una misma persona y que los nudos propietarios incurren por lo tanto en la prohibición.

(c) El traductor de la *Gaceta* cambia aquí totalmente el sentido dando «*destrucción* en cantidades grandes» por *destruction* en *masse* (en masa).

(d) En la *Gaceta* se vierte *exploitants* por *arrendatarios.* Quedan así los usufructuarios, parceros, etcétera, excluidos del beneficio de este artículo y tienen que sufrir los daños causados por los pájaros que les molesten.

12

SUIZA

Convenio de *Arbitraje.*

Firmado en **Berna** *el 14 de Mayo de 1907.*
Publicado el 20 de Julio de 1907.

El Gobierno de Su Majestad el Rey de España y el Consejo Federal de la Confederación Suiza, deseando celebrar un Convenio de arbitraje en virtud del art. XIX del Convenio para la solución pacífica de los conflictos internacionales, firmado en El Haya el 29 de Julio de 1899 *(a)*,

Han autorizado á los infrascritos para dictar las disposiciones siguientes:

Artículo I. Las cuestiones de orden jurídico ó relativas á la interpretación de los Tratados existentes entre las Altas partes contratantes que surgieren entre éstas y que no hubieren podido ser resueltas por la vía diplomática serán sometidas al Tribunal permanente de arbitraje establecido por el Convenio de 29 de Julio de 1899 de El Haya, siempre que no pongan en litigio los intereses vitales ni la independencia ó el honor de los Estados contratantes y que no afecten á los intereses de terceras Potencias.

Le Conseil fédéral de la Confédération suisse et le Gouvernement de Sa Majesté le Roi d'Espagne, désirant, en application de l'art. XIX de la Convention pour le règlement pacifique des conflits internationaux, signée à La Haye en date du 29 Juillet 1899 *(a)*, conclure une Convention d'arbitrage,

Ont autorisé les soussignés à arrêter les dispositions suivantes:

Article I. Les différends d'ordre juridique ou relatifs à l'interprétation des Traités existant entre les Hautes parties contractantes qui viendraient à se produire entre elles et qui n'auraient pu être réglés par la voie diplomatique, seront soumis à la Cour permanente d'arbitrage établie par la Convention du 29 Juillet 1899 à La Haye, à la condition toutefois qu'ils ne mettent en cause ni les intérêts vitaux, ni l'indépendance ou l'honneur des Etats contractants et qu'ils ne touchent pas aux intérêts des tierces Puissances.

CANJE DE RATIFICACIONES en Berna el 9 de Julio de 1907.
Gaceta de Madrid del 20 de Julio de 1907.

Art. II. En cada caso particular, las Altas partes contratantes, antes de dirigirse al Tribunal permanente de arbitraje, firmarán un compromiso especial que determine claramente el objeto del litigio, la extensión de los poderes de los árbitros y los plazos que hayan de observarse por lo que respecta á la constitución del Tribunal arbitral y á los procedimientos.

Art. III. El presente Convenio estará en vigor durante cinco años, á partir del día del canje de las ratificaciones, que tendrá lugar en Berna, tan pronto como fuera posible.

Hecho por duplicado en Berna á 14 de Mayo de 1907.

El Ministro de España:
(L. S.) — EL MARQUÉS DE PRAT DE NANTOUILLET.

Art. II. Dans chaque cas particulier, les Hautes parties contractantes, avant de s'adresser à la Cour permanente d'arbitrage, signeront un compromis spécial déterminant nettement l'objet du litige, l'étendue des pouvoirs des arbitres et les délais à observer en ce qui concerne la constitution du tribunal arbitral et la procédure.

Art. III. La présente Convention est conclue pour une durée de cinq années, à partir du jour de l'échange des ratifications, qui aura lieu, à Berne, aussitôt que faire se pourra.

Fait à Berne, en double exemplaire, le 14 Mai 1907.

Le Président de la Confédération suisse:
(L. S.) — MÜLLER.

(u) *Olivart,* núm. CDL (pág. 567 del tomo XII.)

13

ALEMANIA y alemanes (Protectorados), AMÉRICA (Estados Unidos de) y sus posesiones insulares, ARGENTINA (República), AUSTRIA, BELGICA, BOLIVIA, BOSNIA - HERZEGOVINA, BRASIL, BULGARIA, COLOMBIA (República de), CONGO (Estado independiente del), COREA (Imperio de), COSTA RICA (República de), CRETA, CUBA (República de), CHILE, *China* (Imperio de), DINAMARCA y colonias danesas, *Dominicana* (República), ECUADOR, EGIPTO, *Etiopía*, FRANCIA y Argelia, colonias, Protectorados franceses de la Indo China y el conjunto de las demás colonias francesas, GRAN BRETAÑA y diversas colonias británicas, India Británica, Confederación australiana, Canadá, Nueva Zelanda, colonias británicas del Africa del Sur, GRECIA, GUATEMALA, HAITI (República de), HONDURAS (República de), HUNGRIA, ITALIA y las colonias italianas, JAPON, LIBERIA (República de), LUXEMBURGO, MÉJICO, MONTENEGRO, *Nicaragua*, NORUEGA, PANAMÁ (República de), PAISES BAJOS y colonias holandesas, PARAGUAY, PERSIA, *Perú*, PORTUGAL y colonias portuguesas, RUMANIA, RUSIA, *Salvador*, *Servia*, SIAM (Reino de), SUECIA, SUIZA, TÚNEZ, TURQUIA, URUGUAY y VENEZUELA (Estados Unidos de).

Convenio postal universal, con un protocolo final, Reglamento de ejecución y anejos al último.

Firmados en **Roma** *el 26 de Mayo de 1906*
y publicados en España el 10 de Noviembre de 1907.

Convention postale universelle conclue entre l'Allemagne et les protectorats allemands, les États-Unis d'Amérique et les possessions insulaires des États-Unis d'Amérique, la République Argentine, l'Autriche, la Belgique, la Bolivie, la Bosnie-Herzégovine, le Brésil, la Bulgarie, le Chili, l'Empire de Chine, la République de Colombie, l'État indépendant du Congo, l'Empire de Corée, la République de Costa-Rica, la Crète, la République de Cuba, le Danemark et les Colonies danoises, la République Dominicaine, l'Égypte, l'Équateur, l'Espagne et les Colonies espagnoles, l'Empire d'Éthiopie, la France, l'Algérie, les Colonies et Protectorats français de l'Indo-Chine, l'ensemble des autres Colonies françaises, la Grande-Bretagne et diverses Colonies britanniques, l'Inde Britannique, la *Commonwealth* de l'Aus-

DEPÓSITO DE RATIFICACIONES en Roma el 1.º de Octubre de 1907. — Sustituye al Convenio de Washington de 15 de Junio de 1897, inserto en *Olivart*, núm. CCCLXXXVIII (tomo XII, pág. 143). — Ponemos de cursiva en la cabecera los países cuyos delegados, por una ú otra causa (véase el párrafo 7.º del Protocolo final) no firmaron el Convenio en el día de su fecha.

Gaceta de Madrid del 10 de Noviembre de 1907 (traducción del Convenio y del Reglamento sin la de los anejos). — *Colección legislativa*, tomo 3.º de 1907, pág. 1. — *Congrès Postal de Rome*, II, 683-785.

tralie, le Canada, la Nouvelle-Zélande, les Colonies britanniques de l'Afrique du
Sud, la Grèce, le Guatemala, la République d'Haïti, la République du Honduras, la
Hongrie, l'Italie et les Colonies italiennes, le Japon, la République de Libéria, le
Luxembourg, le Mexique, le Monténégro, le Nicaragua, la Norvège, la République de
Panama, le Paraguay, les Pays-Bas, les Colonies néerlandaises, le Pérou, la Per-
se, le Portugal et les Colonies portugaises, la Roumanie, la Russie, le Salvador, la
Serbie, le Royaume de Siam, la Suède, la Suisse, la Tunisie, la Turquie, l'Uruguay
et les États-Unis de Venezuela.

Les soussignés, Plénipotentiaires des Gouvernements des pays ci-dessus énumérés, s'étant réunis en Congrès à Rome, en vertu de l'art. XXV de la Convention postale universelle conclue à Washington le 15 Juin 1897, ont, d'un
commun accord et sous réserve de ratification, revisé ladite Convention conformément aux dispositions suivantes:

Article I. Définition de l'Union postale. — Les pays entre lesquels est conclue
la présente Convention, ainsi que ceux qui y adhèreront ultérieurement, forment *(a)*, sous la dénomination d'*Union postale universelle,* un seul territoire
postal pour l'échange réciproque des correspondances entre leurs bureaux de
poste.

Art. II. Envois auxquels s'applique la Convention. — Les dispositions de cette
Convention s'étendent aux lettres, aux cartes postales simples et avec réponse
payée, aux imprimés de toute nature, aux papiers d'affaires et aux échantillons de marchandises originaires de l'un des pays de l'Union et à destination
d'un autre de ces pays. Elles s'appliquent également à l'échange postal de
objets ci-dessus entre les pays de l'Union et les pays étrangers à l'Union, toutes les fois que cet échange emprunte les services de deux des Parties contractantes au moins.

Art. III. Transports des dépêches entre pays limitrophes; services tiers. — 1. Les
Administrations des postes des pays limitrophes ou aptes à correspondre directement entre eux sans emprunter l'intermédiaire des services d'une tierce
Administration, déterminent, d'un commun accord, les conditions du transport de leurs dépêches réciproques à travers la frontière ou d'une frontière à
l'autre.

2. A moins d'arrangement contraire, on considère comme services tiers les
transports maritimes effectués directement entre deux pays, au moyen de paquebots ou bâtiments dépendant de l'un d'eux, et ces transports, de même que
ceux effectués entre deux bureaux d'un même pays, par l'intermédiaire de
services maritimes ou territoriaux dépendant d'un autre pays, sont régis par
les dispositions de l'article suivant.

Art. IV. Frais de transit. — 1. La liberté du transit est garantie dans le territoire entier de l'Union.

2. En conséquence, les diverses Administrations postales de l'Union peuvent s'expédier réciproquement, par l'intermédiaire d'une ou de plusieurs d'entre elles, tant des dépêches closes que des correspondances à découvert, suivant les besoins du trafic et les convenances du service postal.

3. Les correspondances échangées en dépêches closes entre deux Administrations de l'Union au moyen des services d'une ou de plusieurs autres Administrations de l'Union, sont soumises, au profit de chacun des pays traversés ou dont les services participent au transport, aux frais de transit suivants, savoir:

1° Pour les parcours territoriaux:

a) A 1 franc 50 centimes par kilogramme de lettres et de cartes postales et à 20 centimes par kilogramme d'autres objets, si la distance parcourue n'excède pas 3.000 kilomètres;

b) A 3 francs par kilogramme de lettres et de cartes postales et à 40 centimes par kilogramme d'autres objets, si la distance parcourue est supérieure à 3.000 kilomètres, mais n'excède pas 6.000 kilomètres;

c) A 4 francs 50 centimes par kilogramme de lettres et de cartes postales et à 60 centimes par kilogramme d'autres objets, si la distance parcourue est supérieure à 6.000 kilomètres, mais n'excède pas 9.000 kilomètres;

d) A 6 francs par kilogramme de lettres et de cartes postales et à 80 centimes par kilogramme d'autres objets, si la distance parcourue excède 9.000 kilomètres.

2° Pour les parcours maritimes:

a) A 1 franc 50 centimes par kilogramme de lettres et de cartes postales et à 20 centimes par kilogramme d'autres objets, si le trajet n'excède pas 300 milles marins. Toutefois, le transport maritime sur un trajet n'excédant pas 300 milles marins est gratuit si l'Administration intéressée reçoit déjà, du chef des dépêches transportées, la rémunération afférente au transit territorial;

b) A 4 francs par kilogramme de lettres et de cartes postales et à 50 centimes par kilogramme d'autres objets, pour les échanges effectués sur un parcours excédant 300 milles marins, entre pays d'Europe, entre l'Europe et les ports d'Afrique et d'Asie sur la Méditerranée et la mer Noire ou de l'un à l'autre de ces ports, et entre l'Europe et l'Amérique du Nord. Les mêmes prix sont applicables aux transports assurés *(b)* dans tout le ressort de l'Union entre deux ports d'un même État, ainsi qu'entre les ports de deux États desservis par la même ligne de paquebots lorsque le trajet maritime n'excède pas 1.500 milles marins;

c) A 8 francs par kilogramme de lettres et de cartes postales et à 1 franc par kilogramme d'autres objets, pour tous les transports ne rentrant pas dans les catégories énoncées aux alinéas *a* et *b* ci-dessus.

En cas de transport maritime effectué par deux ou plusieurs Administrations, les frais du parcours total ne peuvent pas dépasser 8 francs par kilogramme de lettres et de cartes postales et 1 franc par kilogramme d'autres objets; ces frais sont, le cas échéant, répartis entre les Administrations participant au transport, au prorata des distances parcourues, sans préjudice des arrangements différents qui peuvent intervenir entre les parties intéressées.

4. Les correspondances échangées à découvert entre deux Administrations de l'Union sont soumises, par article et sans égard au poids ou à la destination, aux frais de transit suivants, savoir:

Lettres   6   centimes pièce;
Cartes postales.   2 $^1/_2$ centimes pièce;
Autres objets ..   2 $^1/_2$ centimes pièce.

5. Les prix de transit spécifiés au présent article ne s'appliquent pas aux transports dans l'Union au moyen de services extraordinaires spécialement créés ou entretenus par une Administration sur la demande d'une ou de plusieurs autres Administrations. Les conditions de cette catégorie de transports sont réglées de gré à gré entre les Administrations intéressées.

En outre, partout où le transit, tant territorial que maritime, est actuellement gratuit ou soumis à des conditions plus avantageuses, ce régime est maintenu.

Toutefois, les services de transit territorial dépassant 3.000 kilomètres peuvent bénéficier des dispositions du § 3 du présent article.

6. Les frais de transit sont à la charge de l'Administration du pays d'origine.

7. Le décompte général de ces frais a lieu sur la base de relevés établis une fois tous les six ans, pendant une période de 28 jours à déterminer dans le Règlement d'exécution prévu par l'art. XX ci-après.

Pour la période entre la date de la mise à exécution de la Convention de Rome et le jour de l'entrée en vigueur des statistiques de transit, dont fait mention le Règlement d'exécution prévu à l'art. XX, les frais de transit seront payés d'après les prescriptions de la Convention de Washington.

8. Sont exempts de tous frais de transit territorial ou maritime, les correspondances mentionnées aux §§ 3 et 4 de l'art. XI ci-après; les cartes postales-réponse renvoyées au pays d'origine; les objets réexpédiés ou mal dirigés; les rebuts; les avis de réception; les mandats de poste et tous autres documents relatifs au service postal.

9. Lorsque le solde annuel des décomptes des frais de transit entre deux Administrations ne dépasse pas 1.000 francs, l'Administration débitrice est exonérée de tout payement de ce chef.

Art. V. **Taxes et conditions générales applicables aux envois.** — 1. Les taxes pour le transport des envois postaux dans toute l'étendue de l'Union, y compris leur remise au domicile des destinataires dans les pays de l'Union où le service de distribution est ou sera organisé, sont fixées comme suit:

1° Pour les lettres, à 25 centimes en cas d'affranchissement, et au double dans le cas contraire, par chaque lettre ne dépassant pas le poids de 20 grammes, et à 15 centimes en cas d'affranchissement, et au double dans le cas contraire, par chaque poids de 20 grammes ou fraction de 20 grammes au-dessus du premier poids de 20 grammes;

2° Pour les cartes postales, en cas d'affranchissement, à 10 centimes pour la carte simple ou pour chacune des deux parties de la carte avec réponse payée, et au double dans le cas contraire;

3° Pour les imprimés de toute nature, les papiers d'affaires et les échantillons de marchandises, à 5 centimes par chaque objet ou paquet portant une adresse particulière et par chaque poids de 50 grammes ou fraction de 50 grammes, pourvu que cet objet ou paquet ne contienne aucune lettre ou note manuscrite ayant le caractère de correspondance actuelle et personnelle, et soit conditionné de manière à pouvoir être facilement vérifié.

La taxe des papiers d'affaires ne peut être inférieure à 25 centimes par envoi, et la taxe des échantillons ne peut être inférieure à 10 centimes par envoi.

2. Il peut être perçu, en sus des taxes fixées par le paragraphe précédent:

1° Pour tout envoi soumit aux frais de transit maritime prévus au § 8, 2.°, c, de l'art. IV et dans toutes les relations auxquelles ces frais de transit sont applicables, une surtaxe uniforme qui ne peut pas dépasser 25 centimes par port simple pour les lettres, 5 centimes par carte postale et 5 centimes par 50 grammes ou fraction de 50 grammes pour les autres objets;

2° Pour tout objet transporté par des services dépendant d'Administrations étrangères à l'Union, ou par des services extraordinaires dans l'Union donnant lieu à des frais spéciaux, une surtaxe en rapport avec ces frais.

Lorsque le tarif d'affranchissement de la carte postale simple comprend d'une ou l'autre des surtaxes autorisées par les deux alinéas précédents, ce même tarif est applicable à chacune des parties de la carte postale avec réponse payée.

3. En cas d'insuffisance d'affranchissement, les objets de correspondance de toute nature sont passibles, à la charge des destinataires, d'une taxe double du montant de l'insuffisance, sans que cette taxe puisse dépasser celle qui est perçue dans le pays de destination sur les correspondances non affranchies (c) de mêmes nature, poids et origine.

4. Les objets autres que les lettres et les cartes postales doivent être affranchis au moins partiellement.

5. Les paquets d'échantillons de marchandises ne peuvent renfermer aucun objet ayant une valeur marchande; ils ne doivent pas dépasser le poids de 350 grammes, ni présenter des dimensions supérieures à 30 centimètres en longueur, 20 centimètres en largeur et 10 centimètres en épaisseur ou, s'ils ont la forme de rouleau, à 30 centimètres de longueur et 15 centimètres de diamètre.

6. Les paquets de papiers d'affaires et d'imprimés ne peuvent pas dépasser le poids de 2 kilogrammes, ni présenter, sur aucun de leurs côtés, une dimension supérieure à 45 centimètres. On peut, toutefois, admettre au transport par la poste les paquets en forme de rouleau dont le diamètre ne dépasse pas 10 centimètres et dont la longueur n'excède pas 75 centimètres.

7. Sont exclus de la modération de taxe les timbres ou formules d'affranchissement, oblitérés ou non, ainsi que tous imprimés constituant le signe représentatif d'une valeur, sauf les exceptions autorisées par le Règlement d'exécution prévu à l'art. XX de la présente Convention.

Art. VI. **Objetos recomendados; avis de réception; demandes de renseignements.—**
1. Les objets désignés dans l'art. V peuvent être expédiés sous recommandation.

Toutefois, les parties «Réponse» adhérentes aux cartes postales ne peuvent être recommandées par les expéditeurs primitifs de ces envois.

2. Tout envoi recommandé est passible, à la charge de l'expéditeur:

1º Du prix d'affranchissement ordinaire de l'envoi, selon sa nature;

2º D'un droit fixe de recommandation de 25 centimes au maximum, y compris la délivrance d'un bulletin de dépôt à l'expéditeur.

3. L'expéditeur d'un objet recommandé peut obtenir un avis de réception de cet objet, en payant, au moment où il demande cet avis, un droit fixe de 25 centimes au maximum. Le même droit peut être perçu pour les demandes de renseignements relatives aux objets recommandés, si l'expéditeur n'a pas déjà acquitté la taxe spéciale pour obtenir un avis de réception.

Art. VII. **Envois contre remboursement. —** 1. Les correspondances recommandées peuvent être expédiées grevées de remboursement dans les relations entre les pays dont les Administrations conviennent d'assurer ce service.

Les objets contre remboursement sont soumis aux formalités et aux taxes des envois recommandés.

Le maximum du remboursement est fixé, par envoi, à 1.000 francs ou à l'équivalent de cette somme.

2. A moins d'arrangement contraire entre les Administrations des pays intéressés, le montant encaissé du destinataire doit être transmis à l'expéditeur au moyen d'un mandat de poste, après déduction d'un droit d'encaissement de 10 centimes et de la taxe ordinaire des mandats calculée sur le montant du reliquat.

Le montant d'un mandat de remboursement tombé en rebut reste à la disposition de l'Administration du pays d'origine *(d)* de l'envoi grevé de remboursement.

3. La perte d'une correspondance recommandée grevée de remboursement engage la responsabilité du service postal dans les conditions déterminées par l'art. VIII ci-après pour les envois recommandés non suivis de remboursement.

Après la livraison de l'objet, l'Administration du pays de destination est responsable du montant du remboursement, à moins qu'elle ne puisse prouver que les dispositions prescrites en ce qui concerne les remboursements, par le Règlement prévu à l'art. XX de la présente Convention, n'ont pas été observées. Toutefois, l'omission éventuelle dans la feuille d'avis de la mention «Remb.» et du montant du remboursement n'altère pas la responsabilité de l'Administration du pays de destination pour le non-encaissement du montant.

Art. VIII. **Responsabilité en matière d'envois recommandés. —** 1. En cas de perte d'un envoi recommandé et sauf le cas de force majeure, l'expéditeur, ou, sur sa demande, le destinataire a droit à une indemnité de 50 francs.

2. Les pays disposés à se charger des risques pouvant dériver du cas de for-

ce majeure sont autorisés à percevoir de ce chef sur l'expéditeur une surtaxe de 25 centimes au maximum pour chaque envoi recommandé.

3. L'obligation de payer l'indemnité incombe à l'Administration dont relève le bureau expéditeur. Est réservé à cette Administration le recours contre l'Administration responsable, c'est-à dire contre l'Administration sur le territoire ou dans le service de laquelle la perte a eu lieu.

En cas de perte, dans des circonstances de force majeure, sur le territoire ou dans le service d'un pays se chargeant des risques mentionnés au paragraphe précédent, d'un objet recommandé provenant d'un autre pays, le pays où la perte a eu lieu en est responsable devant l'Office expéditeur, si ce dernier se charge, de son côté, des risques en cas de force majeure à l'égard de ses expéditeurs.

4. Jusqu'à preuve du contraire, la responsabilité incombe à l'Administration qui, ayant reçu l'objet sans faire d'observation (e), ne peut établir ni la délivrance au destinataire, ni, s'il y a lieu (f), la transmission regulière à l'Administration suivante. Pour les envois adressés poste restante, ou conservés en instance à la disposition des destinataires, la responsabilité cesse par la délivrance à une personne qui a justifié de son identité suivant les règles en vigueur dans le pays de destination, et dont les noms et qualité sont conformes aux indications de l'adresse.

5. Le payement de l'indemnité par l'Office expéditeur doit avoir lieu le plus tôt possible et, au plus tard, dans le délai d'un an à partir du jour de la réclamation. L'Office responsable est tenu de rembourser sans retard, à l'Office expéditeur, le montant de l'indemnité payée par celui-ci.

L'Office d'origine est autorisé à désintéresser l'expéditeur pour le compte de l'Office intermédiaire ou destinataire qui, régulièrement saisi, a laissé une année s'écouler sans donner suite à l'affaire. En outre, dans le cas où un Office dont la responsabilité est dûment établie, a tout d'abord décliné le payement de l'indemnité, il doit prendre à sa charge, en plus de l'indemnité, les frais accessoires résultant du retard non justifié apporté au payement.

6. Il est entendu que la réclamation n'est admise que dans le délai d'un an, à partir du dépôt à la poste de l'envoi recommandé; passé ce terme, le réclamant n'a droit à aucune indemnité.

7. Si la perte a eu lieu en cours de transport sans qu'il soit possible d'établir sur le territoire ou dans le service de quel pays le fait s'est accompli, les Administrations en cause supportent le dommage par parts égales.

8. Les Administrations cessent d'être responsables des envois recommandés dont les ayants droit ont donné reçu et pris livraison.

Art. IX. **Retrait** *(g)* **de correspondances; modification d'adresse ou des conditions d'envoi.**—1. L'expéditeur d'un objet de correspondance peut le faire retirer du service ou en faire modifier l'adresse, tant que cet objet n'a pas été livré au destinataire.

2. La demande à formuler à cet effet est transmise par voie postale ou par voie télégraphique aux frais de l'expéditeur, qui doit payer, savoir:

1º Pour toute demande par voie postale, la taxe applicable à une lettre simple recommandée;

2º Pour toute demande par voie télégraphique, la taxe du télégramme d'après le tarif ordinaire.

3. L'expéditeur d'un envoi recommandé grevé de remboursement peut, aux conditions fixées pour les demandes de modification de l'adresse, demander le dégrèvement total ou partiel du montant du remboursement

4. Les dispositions du présent article ne sont pas obligatoires pour les pays dont la législation ne permet pas à l'expéditeur de disposer d'un envoi en cours de transport.

Art. X. **Fixation des taxes en monnaie autre que le franc.**—Ceux des pays de l'Union qui n'ont pas le franc pour unité monétaire fixent leurs taxes à l'équivalent, dans leur monnaie respective, des taux déterminés par les divers articles de la présente Convention. Ces pays ont la faculté d'arrondir les fractions conformément au tableau inséré au Règlement d'exécution mentionné à l'article XX de la présente Convention.

Les Administrations qui entretiennent des bureaux de poste relevant de l'Union dans des pays étrangers à l'Union fixent leurs taxes dans la monnaie locale, de la même manière. Lorsque deux ou plusieurs Administrations entretiennent de ces bureaux dans un même pays étranger à l'Union, les équivalents locaux à adopter par tous ces bureaux sont fixés de gré à gré entre les Administrations intéressées.

Art. XI. **Affranchissement des envois; coupons-réponse; franchise de port.**— 1. L'affranchissement de tout envoi quelconque ne peut être opéré qu'au moyen de timbres poste valables dans le pays d'origine pour la correspondance des particuliers. Toutefois, il n'est pas permis de faire usage, dans le service international, de timbres-poste créés dans un but spécial et particulier au pays d'émission, tels que les timbres-poste dits commémoratifs d'une validité transitoire.

Sont considérés comme dûment affranchis les cartes-réponse portant des timbres-poste du pays d'émission de ces cartes et les journaux ou paquets de journaux non munis de timbres-poste, mais dont la suscription porte la mention «Abonnements-poste» et qui sont expédiés en vertu de l'Arrangement particulier sur les abonnements aux journaux, prévu à l'art. XIX de la présente Convention.

2. Des coupons-réponse peuvent être échangés entre les pays dont les Administrations ont accepté de participer à cet échange. Le prix de vente minimum du coupon-réponse est de 28 centimes ou de l'équivalent de cette somme dans la monnaie du pays qui le débite.

Ce coupon est échangeable dans tout pays participant contre un timbre de 25 centimes ou de l'équivalent de cette somme dans la monnaie du pays où l'échange est demandé. Le Règlement d'exécution prévu à l'art. XX de la Convention détermine les autres conditions de cet échange et notamment l'intervention du Bureau international dans la confection, l'approvisionnement et la comptabilité desdits coupons.

3. Les correspondances officielles relatives au service postal, échangées entre les Administrations postales, entre ces Administrations et le Bureau international et entre les bureaux de poste des pays de l'Union, sont exemptées de l'affranchissement en timbres-poste ordinaires et sont admises à la franchise.

4. Il en est de même des correspondances concernant les prisonniers de guerre, expédiées ou reçues, soit directement, soit à titre d'intermédiaire, par les bureaux de renseignements qui seraient établis éventuellement pour ces personnes, dans des pays belligérants ou dans des pays neutres ayant recueilli des belligérants sur leur territoire.

Les correspondances destinées aux prisonniers de guerre ou expédiées par eux sont également affranchies de toutes taxes postales, aussi bien dans les pays d'origine et de destination que dans les pays intermédiaires.

Les belligérants recueillis et internés dans un pays neutre sont assimilés aux prisonniers de guerre proprement dits, en ce qui concerne l'application des dispositions ci-dessus.

5. Les correspondances déposées en pleine mer à la boite d'un paquebot ou entre les mains des agents des postes embarqués ou des commandants de navires peuvent être affranchies au moyen des timbres-poste et d'après le tarif du pays auquel appartient ou dont dépend ledit paquebot. Si le dépôt à bord a lieu pendant le stationnement aux deux points extrêmes du parcours ou dans l'une des escales intermédiaires, l'affranchissement n'est valable qu'autant qu'il est effectué au moyen de timbres-poste et d'après le tarif du pays dans les eaux duquel se trouve le paquebot.

Art. XII. **Attribution des taxes.** — 1. Chaque Administration garde en entier les sommes qu'elle a perçues en exécution des articles V, VI, VII, X et XI précédents, sauf la bonification due pour les mandats prévus au § 2 de l'art. VII et exception faite en ce qui concerne les coupons-réponse (art. XI).

2. En conséquence, il n'y a pas lieu, de ce chef, à un décompte entre les diverses Administrations de l'Union, sous les réserves prévues au § 1 du présent article.

3. Les lettres et autres onvois postaux ne peuvent, dans le pays d'origine, comme dans celui de destination, être frappés à la charge des expéditeurs ou des destinataires, d'aucune taxe ni d'aucun droit postal autres que ceux prévus par les articles susmentionnés.

Art. XIII. **Envois-exprès.** — 1. Les objets de correspondance de toute nature sont, à la demande des expéditeurs, remis à domicile par un porteur spécial immédiatement après l'arrivée, dans les pays de l'Union qui consentent à se charger de ce service dans leurs relations réciproques.

2. Ces envois, qui sont qualifiés «exprès», sont soumis à une taxe spéciale de remise à domicile; cette taxe est fixée à 30 centimes et doit être acquittée com-

plètement et à l'avance, par l'expéditeur, en sus du port ordinaire. Elle est acquise à l'Administration du pays d'origine.

3. Lorsque l'objet est destiné à une localité où il n'existe pas de bureau de poste chargé de la remise à domicile des exprès, l'Administration des postes destinataire peut percevoir une taxe complémentaire, jusqu'à concurrence du prix fixé pour la remise par exprès dans son service interne, déduction faite de la taxe fixe payée par l'expéditeur, ou de son équivalent dans la monnaie du pays qui perçoit ce complément.

La taxe complémentaire prévue ci-dessus, reste exigible en cas de réexpédition ou de mise en rebut de l'objet; elle est acquise à l'Administration qui l'a perçue.

4. Les objets exprès non complètement affranchis pour le montant total des taxes payables à l'avance sont distribués par les moyens ordinaires, à moins qu'ils n'aient été traités comme exprès par le bureau d'origine.

Art. XIV. **Réexpédition; rebuts.**—1. Il n'est perçu aucun supplément de taxe pour la réexpédition d'envois postaux dans l'intérieur de l'Union.

2. Les correspondances tombées en rebut ne donnent pas lieu à restitution des droits de transit revenant aux Administrations intermédiaires, pour le transport antérieur desdites correspondances.

3. Les lettres et les cartes postales non affranchies *(h)* et les correspondances de toute nature insuffisamment affranchies, qui font retour au pays d'origine par suite de réexpédition ou de mise en rebut, sont passibles, à la charge des destinataires ou des expéditeurs, des mêmes taxes que les objets similaires directement adressés du pays de la première destination au pays d'origine.

Art. XV. **Échange de dépêches closes avec les bâtiments de guerre.**—1. Des dépêches closes peuvent être échangées entre les bureaux de poste de l'un des pays contractants et les commandants de divisions navales ou bâtiments de guerre de ce même pays en station à l'étranger ou entre le commandant d'une de ces divisions navales ou bâtiments de guerre et le commandant d'une autre division ou bâtiment du même pays, par l'intermédiaire des services territoriaux ou maritimes dépendant d'autres pays.

2. Les correspondances de toute nature comprises dans ces dépêches doivent être exclusivement à l'adresse ou en provenance des états-majors et des équipages des bâtiments destinataires ou expéditeurs des dépêches; les tarifs et conditions d'envoi qui leur sont applicables sont déterminés, d'après ses règlements intérieurs, par l'Administration des postes du pays auquel appartiennent les bâtiments.

3. Sauf arrangement contraire entre les Offices intéressés, l'Office postal expéditeur ou destinataire des dépêches dont il s'agit est redevable, envers les Offices intermédiaires, de frais de transit calculés conformément aux dispositions de l'art. IV.

Art. XVI. **Interdictions.**—1. Il n'est pas donné cours aux papiers d'affaires, échantillons et imprimés qui ne remplissent pas les conditions requises, pour ces catégories d'envois, par l'art V de la présente Convention et par le Règlement d'exécution prévu à l'art. XX.

2. Les cas échéant, ces objets sont renvoyés au timbre d'origine et remis, s'il est possible, à l'expéditeur, sauf le cas, s'il s'agit d'objets affranchis au moins partiellement, où l'Administration du pays de destination serait autorisée, par sa législation ou par ses règlements intérieurs, à les mettre en distribution.

3. Il est interdit:

1º D'expédier par la poste:

a) Des échantillons et autres objets qui, par leur nature, peuvent présenter du danger pour les agents postaux, salir ou détériorer les correspondances;

b) Des matières explosibles, inflammables ou dangereuses; des animaux et insectes, vivants ou morts, sauf les exceptions mentionnées au Règlement d'exécution prévu à l'art. XX de la Convention;

2º D'insérer dans les correspondances ordinaires ou recommandées consignées à la poste:

a) Des pièces de monnaie;

b) Des objets passibles de droits de douane;

c) Des matières d'or ou d'argent, des pierreries, des bijoux et autres objets précieux, mais seulement dans le cas où leur insertion ou expédition serait défendue d'après la législation des pays intéressés;

d) Des objets quelconques dont l'entrée ou la circulation sont interdites dans le pays de destination.

4. Les envois tombant sous les prohibitions du paragraphe 3 qui précède et qui auraient été à tort admis à l'expédition doivent être renvoyés au timbre d'origine, sauf le cas où l'Administration du pays de destination serait autorisée, par sa législation ou par ses règlements intérieurs, à en disposer autrement.

Toutefois, les matières explosibles, inflammables ou dangereuses ne sont pas renvoyées au timbre d'origine; elles sont détruites sur place par les soins de l'Administrat'on qui en constate la présence.

5. Est d'ailleurs réservé le droit du Gouvernement de tout pays de l'Union de ne pas effectuer, sur son territoire, le transport ou la distribution, tant des objets jouissant de la modération de taxe à l'égard desquels il n'a pas été satisfait aux lois, ordonnances ou décrets qui règlent les conditions de leur publication ou de leur circulation dans ce pays, que des correspondances de toute nature qui portent ostensiblement des inscriptions, dessins, etc., interdits par les dispositions légales ou réglementaires en vigueur dans le même pays.

Art. XVII. **Relations avec les pays étrangers à l'Union.**—1. Les Offices de l'Union, qui ont des relations avec des pays en dehors de l'Union, doivent prêter leur concours à tous les autres Offices de l'Union:

1º Pour la transmission, par leur intermédiaire, soit à découvert, soit en dépêches closes, si ce mode de transmission est admis d'un commun accord par les Offices d'origine et de destination des dépêches, des correspondances à destination ou provenant des pays en dehors de l'Union;

2° Pour l'échange des correspondances, soit à découvert, soit en dépêches closes, à travers les territoires ou par l'intermédiaire de services dépendant desdits pays en dehors de l'Union;

3° Pour que les correspondances soient soumises en dehors de l'Union, comme dans le ressort de l'Union, aux frais de transit déterminés par l'art. IV.

2. Les frais totaux de transit maritime dans l'Union et en dehors de l'Union ne peuvent pas excéder 15 francs par kilogramme de lettres et de cartes postales et 1 franc par kilogramme d'autres objets. Le cas échéant, ces frais sont répartis au prorata des distances, entre les Offices intervenant dans le transport.

3. Les frais de transit, territorial ou maritime, en dehors des limites de l'Union comme dans le ressort de l'Union, des correspondances auxquelles s'applique le présent article, sont constatés dans la même forme que les frais de transit afférents aux correspondances échangées entre pays de l'Union au moyen des services d'autres pays de l'Union.

4. Les frais de transit des correspondances à destination des pays en dehors de l'Union postale sont à la charge de l'Office du pays d'origine, qui fixe les taxes d'affranchissement dans son service desdites correspondances, sans que ces taxes puissent être inférieures au tarif normal de l'Union.

5. Les frais de transit des correspondances originaires des pays en dehors de l'Union ne sont pas à la charge de l'Office du pays de destination. Cet Office distribue sans taxe les correspondances qui lui sont livrées comme complètement affranchies; il taxe les correspondances non affranchies (i) au double du tarif d'affranchissement applicable dans son propre service aux envois similaires à destination du pays d'où proviennent lesdites correspondances, et les correspondances insuffisamment affranchies au doble de l'insuffisance, sans que la taxe puisse dépasser celle qui est perçue sur les correspondances non affranchies de mêmes nature, poids et origine.

6. À l'égard de la responsabilité en matière d'objets recommandés, les correspondances sont traitées:

Pour le transport dans le ressort de l'Union, d'après les stipulations de la présente Convention;

Pour le transport en dehors des limites de l'Union, d'après les conditions notifiées par l'Office de l'Union qui sert d'intermédiaire.

Art. XVIII. **Timbres-poste contrefaits.** — Les hautes parties contractantes s'engagent à prendre, ou à proposer à leurs législatures (j) respectives, les mesures nécessaires pour punir l'emploi frauduleux, pour l'affranchissement de correspondances, de timbres-poste contrefaits ou ayant déjà servi (k). Elles s'engagent également à prendre, ou à proposer à leurs législatures respectives, les mesures nécessaires pour interdire et réprimer les opérations frauduleuses de fabrication, vente, colportage ou distribution de vignettes et timbres en usage dans les service des postes, contrefaits ou imités de telle manière qu'ils pourraient être confondus avec les vignettes et timbres émis par l'Administration d'un des pays adhérents.

Art. XIX. **Servicios faisant l'objet d'arrangements particuliers.** — Le service des lettres et boîtes avec valeur déclarée, et ceux des mandats de poste, des colis postaux, des valeurs à recouvrer, des livrets d'identité, des abonnements aux journaux, etc. *(l)*, font l'objet d'arrangements particuliers entre les divers pays ou groupes de pays de l'Union.

Art. XX. **Règlement d'exécution; arrangements spéciaux entre Administrations.** —
1. Les Administrations postales des divers pays qui composent l'Union sont compétentes pour arrêter d'un commun accord, dans un Règlement d'exécution, toutes les mesures d'ordre et de détail qui sont jugées nécessaires.
2. Les différentes Administrations peuvent, en outre, prendre entre elles les arrangements nécessaires au sujet des questions qui ne concernent pas l'ensemble de l'Union, pourvu que ces arrangements ne dérogent pas à la présente Convention.
3. Il est toutefois permis aux Administrations intéressées de s'entendre mutuellement pour l'adoption de taxes réduites dans un rayon de 30 kilomètres.

Art. XXI. **Législation interne; unions restreintes** *(ll)*. — 1. La présente Convention ne porte point altération à la législation de chaque pays dans tout ce qui n'est pas prévu par les stipulations contenues dans cette Convention.
2. Elle ne restreint pas le droit des parties contractantes de maintenir et de conclure des traités, ainsi que de maintenir et d'établir des unions plus restreintes, en vue de la réduction des taxes ou de toute autre amélioration des relations postales.

Art. XXII. **Bureau international.** — 1. Est maintenue l'institution, sous le nom de Bureau international de l'Union postale universelle, d'un Office central qui fonctionne sous la haute surveillance de l'Administration des postes suisses, et dont les frais sont supportés par toutes les Administrations de l'Union.
2. Ce Bureau demeure *(m)* chargé de réunir, de coordonner, de publier et de distribuer les renseignements de toute nature qui intéressent le service international des postes; d'émettre, à la demande des parties en cause, un avis sur les questions litigieuses; d'instruire les demandes en modification des Actes *(n)* du Congrès; de notifier les changements adoptés, et, en général, de procéder aux études et aux travaux dont il serait saisi dans l'intérêt de l'Union postale.

Art. XXIII. **Litiges à régler par arbitrage.** — 1. En cas de dissentiment entre deux ou plusieurs membres de l'Union, relativement à l'interprétation de la présente Convention ou à la responsabilité dérivant, pour une Administration, de l'application de ladite Convention, la question en litige est réglée par jugement arbitral. À cet effet, chacune des Administrations en cause choisit un autre membre de l'Union qui n'est pas directement intéressé dans l'affaire.
2. La décision des arbitres est donnée à la majorité absolue des voix.
3. En cas de partage des voix, les arbitres choisissent, pour trancher le différend, une autre Administration également désintéressée dans le litige.

4. Les dispositions du présent article s'appliquent également à tous les Arrangements conclus en vertu de l'art. XIX précédent.

Art. XXIV. **Adhésions à la Convention.** — 1. Les pays qui n'ont point pris part à la présente Convention sont admis à y adhérer sur leur demande.

2. Cette adhésion est notifiée, par la voie diplomatique, au Gouvernement de la Confédération suisse et, par ce Gouvernement, à tous les pays de l'Union.

3. Elle emporte, de plein droit, accession à toutes les clauses et admission à tous les avantages stipulés par la présente Convention.

4. Il appartient au Gouvernement de la Confédération suisse de déterminer, d'un commun accord avec le Gouvernement du pays intéressé, la part contributive de l'Administration de ce dernier pays dans les frais du Bureau international, et, s'il y a lieu, les taxes à percevoir par cette Administration en conformité de l'art. X précédent.

Art. XXV. **Congrès et conférences.** — 1. Des Congrès de plénipotentiaires des pays contractants ou de simples Conférences administratives, selon l'importance des questions à résoudre, sont réunis lorsque la demande en est faite ou approuvée par les deux tiers, au moins, des Gouvernements ou Administrations, suivant le cas.

2. Toutefois, un Congrès doit avoir lieu au plus tard cinq ans après la date de la mise à exécution des Actes *(n)* conclus au dernier Congrès.

3. Chaque pays peut se faire représenter, soit par un ou plusieurs délégués, soit par la délégation d'un autre pays. Mais il est entendu que le délégué ou les délégués d'un pays ne peuvent être chargés que de la représentation de deux pays, y compris celui qu'ils représentent.

4. Dans les délibérations, chaque pays dispose d'une seule voix.

5. Chaque Congrès fixe le lieu de la réunion du prochain Congrès.

6. Pour les Conférences, les Administrations fixent les lieux de réunion sur la proposition du Bureau international.

Art. XXVI. **Propositions dans l'intervalle des réunions.** — 1. Dans l'intervalle qui s'écoule entre les réunions, toute Administration des postes d'un pays de l'Union a le droit d'adresser aux autres Administrations participantes, par l'intermédiaire du Bureau international, des propositions concernant le régime de l'Union.

Pour être mise en délibération, chaque proposition doit être appuyée par au moins 2 Administrations, sans compter celle dont la proposition émane. Lorsque le Bureau international ne reçoit pas, en même temps que la proposition, le nombre nécessaire de déclarations d'appui, la proposition reste sans aucune suite.

2. Toute proposition est soumise au procédé suivant:

Un délai de six mois est laissé aux Administrations de l'Union pour examiner les propositions et pour faire parvenir au Bureau international, le cas échéant, leurs observations. Les amendements ne sont pas admis. Les réponses sont réunies *(ñ)* par les soins du Bureau international et communiquées aux Administrations avec l'invitation de se prononcer pour ou contre. Celles qui n'ont point fait parvenir leur vote dans un délai de six mois, à compter de la date de la seconde circulaire du Bureau international leur notifiant les observations apportées, sont considérées comme s'abstenant.

3. Pour devenir exécutoires, les propositions doivent réunir, savoir:

1º L'unanimité des suffrages, s'il s'agit de l'addition de nouvelles dispositions ou de la modification des dispositions du présent article et des articles II, III, IV, V, VI, VII, VIII, IX, XII, XIII, XV, XVIII, XXVII, XXVIII et XXIX;

2º Les deux tiers des suffrages, s'il s'agit de la modification des dispositions de la Convention autres que celles des articles II, III, IV, V, VI, VII, VIII, IX, XII, XIII, XV, XVIII, XXVI, XXVII, XXVIII et XXIX;

3º La simple majorité absolue, s'il s'agit de l'interprétation des dispositions de la Convention, hors le cas de litige prévu à l'art. XXIII précédent.

4. Les résolutions valables sont consacrées, dans les deux premiers cas, par une déclaration diplomatique que le Gouvernement de la Confédération suisse est chargé d'établir et de transmettre à tous les Gouvernements des pays contractants, et, dans le troisième cas, par une simple notification du Bureau international à toutes les Administrations de l'Union.

5. Toute modification ou résolution adoptée n'est exécutoire que trois mois, au moins, après sa notification.

Art. XXVII. **Protectorats et colonies dans l'Union.** —Sont considérés comme formant, pour l'application des articles XXII, XXV et XXVI précédents, un seul pays ou une seule Administration, suivant le cas:

1º Les protectorats allemands de l'Afrique;

2º Les protectorats allemands de l'Asie et de l'Australasie;

3º L'Empire de l'Inde britannique;

4º Le Dominion du Canada;

5º La Confédération australienne *(Commonwealth of Australia)* avec la Nouvelle-Guinée britannique;

6º L'ensemble des colonies et protectorats britanniques de l'Afrique du Sud;

7º L'ensemble de toutes les autres colonies britanniques;

8º L'ensemble des possessions insulaires des États-Unis d'Amérique comprenant actuellement les îles Hawaï, les îles Philippines et les îles de Porto-Rico et de Guam;

9º L'ensemble des colonies danoises;

10º L'ensemble des colonies espagnoles;

11º L'Algérie;

12º Les colonies et protectorats françaises de l'Indo-Chine;

13º L'ensemble des autres colonies françaises;

14º L'ensemble des colonies italiennes;

15º L'ensemble des colonies néerlandaises;

16° Les colonies portugaises de l'Afrique;
17° L'ensemble des autres colonies portugaises.

Art. XXVIII. **Durée de la Convention.** —La présente Convention sera mise à exécution le 1ᵉʳ Octobre 1907 et demeurera en vigueur pendant un temps indéterminé; mais cheque partie contractante a le droit de se retirer de l'Union, moyennant un avertissement donné une année à l'avance par son Gouvernement au Gouvernement de la Confédération suisse.

Art. XXIX. **Abrogation des traités antérieurs; ratification.** —1. Sont abrogées, à partir du jour de la mise à exécution de la présente Convention, toutes les dispositions des Traités, Conventions, Arrangements ou autres Actes conclus antérieurement entre les divers pays ou Administrations, pour autant que ces dispositions ne seraient pas conciliables avec les termes de la présente Convention, et sans préjudice des droits réservés par l'art. XXI ci-dessus.

2. La présente Convention sera ratifiée aussitôt que faire se pourra. Les actes de ratification seront échangés à Rome.

8. En foi de quoi, les Plénipotentiaires des pays ci-dessus énumérés ont signé la présente Convention à Rome, le vingt six Mai mil neuf cent six.

(L. S.) — Pour l'Espagne et les colonies espagnoles: CARLOS FLOREZ.

(L. S.) — Pour l'Allemagne et les protectorats allemands: GIESEKE. — KNOF.

(L. S.) — Pour les États-Unis d'Amérique et les possessions insulaires des États Unis d'Amérique: N. M. BROOKS.—EDWARD ROSEWATER.

(L. S.) — Pour la République Argentine: ALBERTO BLANCAS.

(L. S.) — Pour l'Autriche: STIBRAL. — EBERAN.

(L. S.) — Pour la Belgique: J. STERPIN. — L. WODON. — A. LAMBIN.

(L. S.) — Pour la Bolivie: J. DE LEMOINE.

(L. S.) — Pour la Bosnie-Herzégovine: SCHLEYER. — KOWARSCHIK.

(L. S.) — Pour le Brésil: JOAQUIM CARNEIRO DE MIRANDA E HORTA.

(L. S.) — Pour la Bulgarie: IV. STOYANOVITCH. — T. TZONTCHEFF.

(L. S.) — Pour le Chili: CARLOS LARRAIN CLARO. — M. LUIS SANTOS RODRIGUEZ.

(L. S.) — Pour l'Empire de Chine:

(L. S.) — Pour la République de Colombie: G. MICHELSEN.

(L. S.) — Pour l'État indépendant du Congo: J. STERPIN.—L. WODON.— A. LAMBIN.

(L. S.) — Pour l'Empire de Corée: KANICHIRO MATSUKI.—TAKEJI KAWAMURA.

(L. S.) — Pour la République de Costa-Rica: RAFAEL MONTEALEGRE.— ALF. ESQUIVEL.

(L. S.) — Pour la Crète: ELIO MORPURGO. — CARLO GAMOND. — PIRRONE. — GIUSEPPE GREBORIO. — E. DELMATI.

(L. S.) — Pour la République de Cuba: DR. CARLOS DE PEDROSO.

(L. S.) — Pour le Danemark et les colonies danoises: KIORBOE.

(L. S.) — Pour la République Dominicaine:

(L. S.) — Pour l'Égypte: Y. SABA.

(L. S.) — Pour l'Équateur: HECTOR R. GÓMEZ.

(L. S.) — Pour l'Empire d'Éthiopie:

(L. S.) — Pour la France et l'Algérie: JACOTEY. — LUCIEN SAINT. — HERMAN.

(L. S.) — Pour les colonies et protectorats français de l'Indo-Chine: G. SCHMIDT.

(L. S.) — Pour l'ensemble des autres colonies françaises: MORGAT.

(L. S.) — Pour la Grande-Bretagne et diverses colonies britanniques: H. BABINGTON SMITH. — A. B. WALKLEY. — H. DAVIES.

(L. S.) — Pour l'Inde britannique: H. M. KISCH. — E. A. DORAN.

(L. S.) — Pour la *Commonwealth* de l'Australie: AUSTIN CHAPMAN.

(L. S.) — Pour le Canada: R. M. COULTER.

(L. S.) — Pour la Nouvelle-Zélande: J. G. WARD par AUSTIN CHAPMAN.

(L. S.) — Pour les colonies britanniques de l'Afrique du Sud: SOMERSET R. FRENCH. — SPENCER TODD. — J. FRANK BROWN. — A. FALCK.

(L. S.) — Pour la Grèce: CHRIST. MIZZOPOULOS. — C. N. MARINOS.

(L. S.) — Pour le Guatemala: THOMÁS SEGARINI.

(L. S.) — Pour la République de Haïti: RUFFY.

(L. S.) — Pour la République de Honduras: JEAN GIORDANO, DUC D'ORATINO.

(L. S.) — Pour la Hongrie: PIERRE DE SZALAY. — Dr. DE HENNYEY.

(L. S.) — Pour l'Italie et lescolonies italiennes: ELIO MORPURGO. — CARLO GAMOND. — PIRRONE. — GIUSEPPE GREBORIO. — E. DELMATI.

(L. S.) — Pour le Japon: KANICHIRO MATSUKI. — TAKEJI KAWAMURA.

(L. S.) — Pour la République de Libéria: R. DE LUCHI.

(L. S.) — Pour le Luxembourg: Pour M. MONGENAST, — A. W. KYMMELL.

(L. S.) — Pour le Mexique: G. A. ESTEVA. — N. DOMINGUEZ.

(L. S.) — Pour le Monténégro: EUG. POPOVITCH.

(L. S.) — Pour le Nicaragua:

(L. S.) — Pour la Norvège: THB. HEYERDAHL.

(L. S.) — Pour la République de Panama: MANUEL E. AMADOR.

(L. S.) — Pour le Paraguay: F. S. BENUCCI.

(L. S.) — Pour les Pays-Bas: Pour M. G. J. C. A. POP; A. W. KYMMELL. — A. W. KYMMELL.

(L. S.) — Pour les colonies néerlandaises: PERK.

(L. S.) — Pour le Pérou:

(L. S.) — Pour la Perse: HADJI MIRZA ALI KHAN. — MOEZ ES SULTAN. — C. MOLITOR.

(L. S.) — Pour le Portugal et les colonies portugaises: ALFREDO PEREIRA.

(L. S.) — Pour la Roumanie: GR. CERKEZ. — G. GABRIELESCU.

(L. S.) — Pour la Russie: VICTOR BILIBINE.

(L. S.) — Pour le Salvador:

(L. S.) — Pour la Serbie:

(L. S.) — Pour la Royaume de Siam: H. KEUCHENIUS.

(L. S.) — Pour la Suède: FREDR. GRÖNWALL.

(L. S.) — Pour la Suisse: J. B. PIODA. — A. STÄGER. — C. DELESSERT.

(L. S.) — Pour la Tunisie: ALBERT LEGRAND. — E. MAZOYER.

(L. S.) — Pour la Turquie: AH. FAHRY. — A. FUAD HIKMET.

(L. S.) — Pour l'Uruguay: HECTOR R. GÓMEZ.

(L. S.) — Pour les États-Unis de Venezuela: CARLOS E. HAHN. — DO-
MINGO B. CASTILLO.

PROTOCOLE FINAL

Au moment de procéder à la signature des Conventions arrêtées par le Congrès postal universel de Rome, les Plénipotentiaires soussignés sont convenus
de ce qui suit:

I. Il est pris acte de la déclaration faite par la délégation britannique au
nom de son Gouvernement et portant qu'il a cédé à la Nouvelle-Zélande avec
les îles Cook et autres îles dépendantes, la voix que l'art. XXVII, 7°, de la
Convention attribue à «l'ensemble de toutes les autres colonies britanniques».

II. En dérogation (o) à l'art. XXVII de la Convention principale, une deuxième voix est accordée aux colonies néerlandaises en faveur des Indes néer
landaises.

III. En dérogation (o) aux dispositions du § 1 de l'art. V, il est entendu
que, par mesure de transition, les Administrations postales qui, en raison de
l'organisation de leur service intérieur, ou pour d'autres causes, ne pourraient
adopter le principe de l'élévation du poids unitaire des lettres de 15 à 20 grammes et celui de l'abaissement de la taxe au-dessus de la première unité de poids
à 15 centimes par port supplémentaire au lieu de 25 centimes, sont autorisées à
ajourner l'application de ces deux dispositions ou de l'une ou l'autre, en ce
qui concerne les lettres originaires de leur service, jusqu'au jour où elles seront en mesure de le faire, et à se conformer entre temps aux prescriptions
établies à ce sujet par le Congrès de Washington.

IV. En dérogation (o) à l'art. VI de la Convention, qui fixe à 25 centimes au
maximum le droit de recommandation, il est convenu que les États hors d'Europe sont autorisés à maintenir ce maximum à 50 centimes, y compris la délivrance d'un bulletin de dépôt à l'expéditeur.

V. Par exception aux dispositions du § 3 de l'art. XII de la Convention, la
Perse a la faculté de percevoir sur les destinataires des imprimés de toute
sorte arrivant de l'étranger une taxe de 5 centimes par envoi distribué.

Cette faculté lui est accordée à titre provisoire.

La même faculté est accordée à la Chine pour le cas où elle adhérerait à la
Convention principale.

VI. Par exception aux dispositions de l'art. IV de la Convention principale
et des paragraphes correspondants du Règlement relatif à cette Convention,

il est convenu ce qui suit en ce qui concerne les frais de transit à payer à l'Administration russe du chef des correspondances échangées par la voie du chemin de fer sibérien:

1º Le décompte des frais de transit concernant les correspondances susmentionnées aura lieu, à partir de la date de l'ouverture du chemin de fer précité, sur la base de relevés spéciaux établis tous les trois ans pendant les vingt-huit premiers jours du mois de mai ou du mois de Novembre (alternativement) de la deuxième année de chaque période triennale, pour sortir leurs effets rétroactivement à partir de la première année.

2º La statistique de Mai 1908 règlera les payements à faire depuis la date du commencement éventuel du trafic dont il s'agit jusqu'à la fin de l'année 1909. La statistique de Novembre 1911 s'appliquera aux années 1910, 1911 et 1912, et ainsi de suite.

8º Si un pays de l'Union commence l'expédition de ses correspondances en transit par le chemin de fer sibérien, pendant l'application de la statistique susmentionnée, la Russie a la faculté de réclamer une statistique à part se rapportant exclusivement à cette correspondance.

4º Les payements des frais de transit dus à la Russie pour la première et, au besoin, pour la seconde année de chaque période triennale, s'effectuent provisoirement, à la fin de l'année, sur les bases de la statistique précédente, sauf règlement ultérieur des comptes d'après les résultats de la statistique nouvelle.

5º Le transit à découvert n'est pas admis par le chemin de fer précité.

Le Japon a la faculté d'appliquer les dispositions de chaque paragraphe du présent article en ce qui concerne le décompte des frais de transit dus au Japon pour le transit territorial ou maritime des correspondances échangées par la voie du chemin de fer japonais en Chine (Mandchourie) et en ce qui concerne la non-admission du transit à découvert.

VII. Le Salvador, qui fait partie de l'Union postale, ne s'étant pas fait représenter au Congrès, le Protocole lui reste ouvert pour adhérer aux Conventions qui y ont été conclues, ou seulement à l'une ou à l'autre d'entre elles.

Il reste aussi ouvert dans le même but:

a) Au Nicaragua et au Perou, dont les délégués au Congrès n'étaient pas munis de pleins pouvoirs;

b) A la République Dominicaine, dont le délégué a dû s'absenter au moment de la signature des Actes.

Le Protocole reste également ouvert en faveur de l'Empire de Chine et de l'Empire de l'Éthiopie, dont les délégués au Congrès ont déclaré l'intention de ces pays d'entrer dans l'Union postale universelle à partir d'une date à fixer ultérieurement.

VIII. Le Protocole demeure ouvert en faveur des pays dont les représentants n'ont signé aujourd'hui que la Convention principale, ou un certain nombre seulement des Conventions arrêtées par le Congrès, à l'effet de leur permettre d'adhérer aux autres Conventions signées ce jour, ou à l'une ou l'autre d'entre elles.

IX. Les adhésions prévues à l'art. VII ci-dessus devront être notifiées au Gouvernement de l'Italie par les Gouvernements respectifs, en la forme diplomatique. Le délai qui leur est accordé pour cette notification expirera le 1ᵉʳ Juillet 1907.

X. Dans le cas où une ou plusieurs des Parties contractantes aux Conventions postales signées aujourd'hui à Rome ne ratifieraient pas l'une ou l'autre de ces Conventions, cette Convention n'en sera pas moins valable pour les États qui l'auront ratifiée.

En foi de quoi, les Plénipotentiaires ci-dessous ont dressé le présent Protocole final, qui aura la même force et la même valeur que si ses dispositions étaient insérées dans le texte même des Conventions auxquelles il se rapporte, et ils l'ont signé en un exemplaire qui restera déposé aux Archives du Gouvernement de l'Italie et dont une copie sera remise à chaque partie.

Fait à Rome, le vingt-six mai mil neuf cent six.

(L. S.) — Pour l'Espagne et les colonies espagnoles: CARLOS FLOREZ.

(L. S.) — Pour l'Allemagne et les protectorats allemands: GIESEKE. — KNOF.

(L. S.) — Pour les États-Unis d'Amérique et les possessions insulaires des États-Unis d'Amérique: N. M. BROOKS. — EDWARD ROSEWATER.

(L. S.) — Pour la République Argentine: ALBERTO BLANCAS.

(L. S.) — Pour l'Autriche: STIBRAL. — EBERAN.

(L. S.) — Pour la Belgique: J. STERPIN. — L. WODON. — A. LAMBIN.

(L. S.) — Pour la Bolivie: J. DE LEMOINE.

(L. S.) — Pour la Bosnie-Herzégovine: SCHLEYER. — KOWARSCHIK.

(L. S.) — Pour le Brésil: JOAQUIM CARNEIRO DE MIRANDA E HORTA.

(L. S.) — Pour la Bulgarie: IV. STOYANOVITCH. — T. TZONTCHEFF.

(L. S.) — Pour le Chili: CARLOS LARRAIN CLARO. — M. LUIS SANTOS RODRIGUEZ.

(L. S.) — Pour l'Empire de Chine:

(L. S.) — Pour la République de Colombie: G. MICHELSEN.

(L. S.) — Pour l'Éta tindépendant du Congo: J. STERPIN. — L. WODON. — A. LAMBIN.

(L. S.) — Pour l'Empire de Corée: KANICHIRO MATSUKI. — TAKEJI KA- WAMURA.

(L. S.) —, Pour la République de Costa Rica: RAFAEL MONTEALEGRE. — ALF. ESQUIVEL.

(L. S.) — Pour la Crète: ELIO MORPURGO. — CARLO GAMOND. — PI- RRONE. — GIUSEPPE GREBORIO. — E. DELMATI.

(L. S.) — Pour la République de Cuba: Dʀ. CARLOS DE PEDROSO.

(L. S.) — Pour le Danemark et les colonies danoises: KIORBOE.

(L. S.) — Pour la République Dominicaine:

(L. S.) — Pour l'Égypte: Y. SABA.

(L. S.) — Pour l'Équateur: HECTOR R. GÓMEZ.

(L S.) — Pour l'Empire d'Éthiopie:

(L. S.) — Pour la France et l'Algérie: JACOTEY. — LUCIEN SAINT. — HERMAN.

(L. S.) — Pour les colonies et protectorats français de l'Indo-Chine: G. SCHMIDT.

(L. S.) — Pour l'ensemble des autres colonies françaises: MORGAT.

(L. S.) — Pour la Grande-Bretagne et diverses colonies britanniques: H. BABINGTON SMITH. — A. B. WALKLEY. — H. DAVIES.

(L. S.) — Pour l'Inde britannique: H. M. KISCH. — E. A. DORAN.

(L. S.) — Pour la *Commonwealth* de l'Australie: AUSTIN CHAPMAN.

(L. S.) — Pour le Canada: R. M. COULTER.

(L. S.) — Pour la Nouvelle-Zélande: J.-G. WARD par AUSTIN CHAPMAN.

(L. S.) — Pour les colonies britanniques de l'Afrique du Sud: SOMERSET R. FRENCH. — SPENCER TODD. — J. FRANK BROWN. — A. FALCK.

(L. S.) — Pour la Grèce: CHRIST. MIZZOPOULOS. — C. N. MARINOS.

(L. S.) — Pour le Guatemala: THOMÁS SEGARINI.

(L. S.) — Pour la République d'Haïti: RUFFY.

(L. S.) — Pour la République de Honduras: JEAN GIORDANO, DUC D'ORATINO.

(L. S.) — Pour la Hongrie: PIERRE DE SZALAY. — DR. DE HENNYEY.

(L. S.) — Pour l'Italie et les colonies italiennes: ELIO MORPURGO. — CARLO GAMOND. — PIRRONE. — GIUSEPPE GREBORIO. — E. DELMATI.

(L. S.) — Pour le Japon: KANICHIRO MATSUKI. — TAKEJI KAWAMURA.

(L. S.) — Pour la République de Libéria: R. DE LUCHI.

(L. S.) — Pour le Luxembourg: Pour M. MONGENAST; A. W. KYMMELL.

(L. S.) — Pour le Mexique: G. A. ESTEVA. — N. DOMINGUEZ.

(L. S.) — Pour le Monténégro: EUG. POPOVITCH.

(L. S.) — Pour le Nicaragua:

(L. S.) — Pour la Norvège: THB. HEYERDAHL.

(L. S.) — Pour la République de Panama: MANUEL E. AMADOR.

(L. S.) — Pour le Paraguay: F. S. BENUCCI.

(L. S.) — Pour les Pays-Bas: Pour M. G. J. C. A. POP; A. W. KYMMELL. — A. W. KYMMELL.

(L. S.) — Pour les colonies néerlandaises: PERK.

(L. S.) — Pour le Pérou:

(L. S.) — Pour la Perse: HADJI MIRZA ALI KHAN. — MOEZ ES SULTAN. — C. MOLITOR.

(L. S.) — Pour le Portugal et les colonies portugaises: ALFREDO PEREIRA.

(L. S.) — Pour la Roumanie: GR. CERKEZ. — G. GABRIELESCU.

(L. S.) — Pour la Russie: VICTOR BILIBINE.

(L. S.) — Pour le Salvador:

(L. S.) — Pour le Serbie:

(L. S.) — Pour la Royaume de Siam: H. KEUCHENIUS.

(L. S.) — Pour la Suède: FREDR. GRÖNWALL.

(L. S.) — Pour la Suisse: J. B. PIODA. — A. STÄGER. — C. DELESSERT.

(L. S.) — Pour la Tunisie: ALBERT LEGRAND. — E. MAZOYER.

(L. S.) — Pour la Turquie: AH. FAHRY. — A. FUAD HIKMET.

(L. S.) — Pour l'Uruguay: HECTOR R. GÓMEZ.

(L. S.) — Pour les États-Unis de Venezuela: CARLOS E. HAHN. — DOMIN-GO B. CASTILLO.

RÈGLEMENT D'EXÉCUTION DE LA CONVENTION

Les soussignés, vu l'art. XX de la Convention postale universelle, conclue à Rome le 26 Mai 1906, ont, au nom de leurs Administrations respectives, arrêté d'un commun accord les mesures suivantes, pour assurer l'exécution de ladite Convention.

I. Direction des correspondances. — 1. Chaque Administration est obligée d'expédier, par les voies les plus rapides dont elle peut disposer pour ses propres envois, les dépêches closes et les correspondances à découvert qui lui sont livrées par une autre Administration.

Dans le cas où une Administration, par des circonstances extraordinaires, se voit obligée de suspendre temporairement l'expédition des dépêches closes et des correspondances à découvert qui lui sont livrées par une autre Administration, elle est tenue d'en donner immédiatement avis, au besoin par télégraphe, à l'Administration ou aux Admi, nistrations intéressées.

2. Les Administrations qui usent de la faculté de percevoir des taxes supplémentaires en représentation des frais extraordinaires afférents à certaines voies, sont libres de ne pas diriger par ce voies, lorsqu'il existe d'autres moyens de communication, celles des correspondances insuffisamment affranchies pour lesquelles l'emploi desdites voies n'a pas été réclamé expressément par les envoyeurs.

II. Échange en dépêches closes. — 1. L'échange des correspondances en dépêches closes, entre les Administrations de l'Union, est réglé d'un commun accord et selon les nécessités du service entre les Administrations en cause.

2. S'il s'agit d'un échange à faire par l'entremise d'un ou de plusieurs pays tiers, les Administrations de ces pays doivent en être prévenues en temps opportun.

3. Il est, d'ailleurs, obligatoire, dans ce dernier cas, de former des dépêches closes toutes les fois qu'une des Administrations intermédiaires en fait la demande, se basant sur le fait que le nombre des correspondances à découvert est de nature à entraver ses opérations.

4. En cas de changement dans un service d'échange en dépêches closes établi entre deux Administrations par l'entremise d'un ou de plusieurs pays tiers, l'Administration qui a provoqué le changement en donne connaissance aux Administrations des pays par l'entremise desquels cet échange s'effectue.

III. Services extraordinaires. — Les services extraordinaires de l'Union donnant lieu à des arrangements entre les Administrations intéressées, sont exclusivement:

1° Ceux qui sont entretenus pour le transport territorial accéléré de la Malle dite des Indes.

2° Celui qui est établi pour le transport des dépêches par chemin de fer entre Colon et Panama.

IV. Fixation des taxes. — 1. En exécution de l'art. X de la Convention, les Administrations des pays de l'Union qui n'ont pas le franc pour unité monétaire ou qui entretiennent des agences postales en dehors de l'Union perçoivent leurs taxes d'après les équivalents ci-dessous:

A. PAYS DE L'UNION	25 centimes.	15 centimes.	10 centimes.	5 centimes.
Allemagne...............	20 pfennig...	10 pfennig...	10 pfennig...	5 pfennig.
Protectorats allemands:				
Afrique orientale allemande (territoire de l')..	15 heller.....	7⁴/₂ heller...	7⁴/₂ heller...	4 heller.
Afrique du sud-ouest allemande (territoire de l')..	20 pfennig..	10 pfennig...	10 pfennig...	5 pfennig.
Cameroun...............	20 pfennig...	10 pfennig...	10 pfennig...	5 pfennig.
Carolines et Palaos (îles)..	20 pfennig...	10 pfennig...	10 pfennig...	5 pfennig
Kiautschou.	10 cents.....	—	4 cents......	2 cents.
Mariannes (îles), moins l'île de Guam.......	20 pfennig...	10 pfennig...	10 pfennig...	5 pfennig.
Marshall (îles)...........	20 pfennig...	10 pfennig...	10 pfennig...	5 pfennig.
Nouvelle Guinée allemande................	20 pfennig...	10 pfennig...	10 pfennig...	5 pfennig.
Samoa.	20 pfennig...	10 pfennig...	10 pfennig...	5 pfennig.
Togo (territoire de)......	20 pfennig...	10 pfennig...	10 pfennig...	5 pfennig.
Amérique (États-Unis d')...	5 cents......	3 cents......	2 cents.. ..	1 cent.
Possessions insulaires des États-Unis d'Amérique:				
Guam (île de)...........	5 centavos...	3 centavos...	2 centavos..	1 centavo.
Philippines (îles).........	5 centavos...	—	2 centavos...	1 centavo.
Porto-Rico.............	5 centavos...	3 centavos...	2 centavos...	1 centavo.
Argentine (République)....	12 centavos..	—	6 centavos...	3 centavos.
Autriche.................	25 deniers de cour......	15 deniers de cour.....	10 deniers de cour......	5 deniers de cour.
Bolivie..................	10 centavos..	—	4 centavos...	2 centavos.
Bosnie-Herzégovine.......	25 deniers de cour..	15 deniers de cour	10 deniers de cour.......	5 deniers de cour.
Brésil..................	200 reis......	150 reis......	100 reis......	50 reis.
Chili...................	5 centavos...	—	2 centavos...	1 centavo.
Colombie...............	5 centavos oᵣ	3 centavos or	2 centavos or	1 centavo or.
Corée.:.................	10 sen......	6 sen.	4 sen........	2 sen.
Costa-Rica...............	10 centimos de colon...	7 centimos de colon.....	4 centimos de colon......	2 centimos de colon.
Cuba..................	5 centavos...	3 centavos...	2 centavos...	1 centavo
Danemark..............	20 öre.....	10 öre.......	10 öre.......	5 öre.
Colonie danoise:				
Groenland............	20 öre......	10 öre.......	10 öre.......	5 öre.
Dominicaine (République).	5 centavos...	3 centavos...	2 centavos...	1 centavo.
Égypte................	10 millièmes de livre....	6 millièmes de livre...	4 millièmes de livre...	2 millièmes de livre.
Équateur...............	5 centavos...	3 centavos..	2 centavos..	1 centavo.
Grande Bretagne..........	2⁴/₂ pence...	1¹/₂ pence...	1 penny.....	¹/₂ penny.

A. PAYS DE L'UNION	25 centimes.	15 centimes.	10 centimes.	5 centimes.
Colonies et possessions britanniques:				
Afrique du Sud:				
Bechuanaland (protectorat)..................				
Cap de Bonne-Espérance				
Natal et Zoulouland......	2 $^1/_2$ pence...	1 $^1/_2$ pence...	1 penny. ...	$^1/_2$ penny.
Orange River Colony....				
Rhodesia du Sud.........				
Transvaal...............				
Australie (avec la Nouvelle-Guinée britannique).	2 $^1/_2$ pence...	1 $^1/_2$ pence...	1 penny	$^1/_2$ penny.
Canada...	5 cents......	3 cents......	2 cents......	1 cent.
Inde britannique.........	2 $^1/_2$ annas...	1 $^1/_2$ annas...	1 anna......	$^1/_2$ anna.
Nouvelle - Zélande (avec les îles Cook)...........	2 $^1/_2$ pence...	1 $^1/_2$ pence...	1 penny.....	$^1/_2$ penny.
Autres colonies et possessions britanniques:				
Afrique orientale et Uganda....	2 $^1/_2$ annas...	1 $^1/_2$ annas...	1 anna......	$^1/_2$ anna.
Antigoa.............. ...	2 $^1/_2$ pence..	1 $^1/_2$ pence...	1 penny.....	$^1/_2$ penny.
Ascension...............	2 $^1/_2$ pence...	1 $^1/_2$ pence...	1 penny.....	$^1/_2$ penny.
Bahama (îles)...........	2 $^1/_2$ pence...	1 $^1/_2$ pence...	1 penny... .	$^1/_2$ penny.
Barbades..............	2 $^1/_2$ pence. .	1 $^1/_2$ pence. .	1 penny.....	$^1/_2$ penny.
Bermudes...............	2 $^1/_2$ pence...	1 $^1/_2$ pence...	1 penny.....	$^1/_2$ penny.
Bornéo du nord britannique...........	10 cents de dollar.....	6 cents de dollar.......	4 cents de dollar.......	2 cents de dollar.
Cayman (îles)...........	2 $^1/_2$ pence..	1 $^1/_2$ pence...	1 penny.....	$^1/_2$ penny.
Ceylan....	15 centièmes de roupie..	9 centièmes de roupie..	6 centièmes de roupie..	3 centièmes de roupie.
Chypre................	2 piastres ou 80 paras...	1 $^1/_2$ piastres ou 60 paras	1 piastre ou 40 paras...	$^1/_2$ piastra ou 20 paras.
Côte-d'or.	2 $^1/_2$ pence...	1 $^1/_2$ pence...	1 penny.....	$^1/_2$ penny.
Dominique.............	2 $^1/_2$ pence...	1 $^1/_2$ pence...	1 penny.....	$^1/_2$ penny.
Falkland (îles)..........	2 $^1/_2$ pence...	1 $^1/_2$ pence...	1 penny.....	$^1/_2$ penny.
Fidji (îles)......	2 $^1/_2$ pence...	1 $^1/_2$ pence...	1 penny.....	$^1/_2$ penny.
Gambie................	2 $^1/_2$ pence...	1 $^1/_2$ pence...	1 penny....	$^1/_2$ penny.
Gibraltar...............	2 $^1/_2$ pence...	1 $^1/_2$ pence...	1 penny... .	$^1/_2$ penny.
Grenade et Grenadines...	2 $^1/_2$ pence...	1 $^1/_2$ pence...	1 penny.....	$^1/_2$ penny.
Guyane britannique......	5 cents......	3 cents......	2 cents......	1 cent.
Honduras britannique....	5 cents......	3 cents......	2 cents......	1 cent.
Hong-Kong......... ...	10 cents de dollar.....	6 cents de dollar.......	4 cents de dollar.......	2 cents de dollar.
Jamaïque...............	2 $^1/_2$ pence. .	1 $^1/_2$ pence..	1 penny.....	$^1/_2$ penny.
Laboan................	10 cents de dollar.....	6 cents de dollar...	4 cents de dollar.......	2 cents de dollar. .....

A. PAYS DE L'UNION	25 centimes.	15 centimes.	10 centimes.	5 centimes.
Malte.........	2½ pence...	1½ pence..	1 penny.....	½ penny.
Maurice et dépendances..	15 centièmes de roupie.	9 centièmes de roupie..	6 centièmes de roupie.	3 centièmes de roupie.
Montserrat............ ..	2½ pence...	1½ pence...	1 penny.. .	½ penny.
Nevis..........	2½ pence...	1½ pence:..	1 penny.....	½ penny.
Nigéria du Sud	2½ pence...	1½ pence...	1 penny.....	½ penny.
St.-Christophe...........	2½ pence...	1½ pence...	1 penny.....	½ penny.
Ste-Hélène........	2½ pence...	1½ pence...	1 penny.....	½ penny.
Ste-Lucie............ ..	2½ pence...	1½ pence...	1 penny.....	½ penny.
St.-Vincent ·············	2½ pence...	1½ pence...	1 penny.....	½ penny.
Sarawak.. ....,	10 cents de dollar.....\	6 cents de dollar.......	4 cents de dollar.......	2 cents de dollar.
Sierra-Leone............	2½ pence...	1½ pence ..	1 penny....	½ penny.
Somaliland	2½ annas...	1½ anna. ..	1 anna.	½ anna.
Straits-Settlements.......	8 cents de dollar.....	5 cents de dollar.......	3 cents de dollar.......	1 cent de dollar.
Tabago.................	2½ pence...	1½ pence...	1 penny....	½ penny.
Terre-Neuve............	5 cents... ..	3 cents......	2 cents......	1 cent.
Trinité	2½ pence...	1½ pence...	1 penny.....	½ penny.
Turques (îles)..........	2½ pence...	1½ pence...	1 penny.....	½ penny.
Vierges (îles).......... ..	2½ pence...	1½ pence.	1 penny..	½ penny.
Zanzibar..............	2½ annas. .	1½ annas...	1 anna......	½ anna.
Guatemala..............	25 centavos..	—	10 centavos..	5 centavos.
Haïti...................	5 centavos de piastre....	3 centavos de piastre....	2 centavos de piastre....	1 centavo de piastre.
Honduras (République).....	10 centavos.	6 centavos..	4 centavos...	2 centavos.
Hongrie	25 deniers de couronne..	15 deniers de couronne..	10 deniers de couronne..	5 deniers de couronne.
Colonie italienne:				
Benadir...............	2½ anna....	1½ annas...	1 anna......	2 besas.
Japon................. ..	10 sen.......	6 sen...... .	4 sen.......	2 sen.
Libéria.................	5 cents......	3 cents.....	2 cents......	1 cent.
Mexique	10 centavos..	6 centavos...	4 centavos...	2 centavos.
Monténégro..............	25 paras.....	15 paras.....	10 paras....	5 paras.
Nicaragua	25 centavos..	—	10 centavos..	5 centavos.
Norvège	20 öre.......	10 öre.......	10 öre..	5 öre.
Panama	5 centesimos de balboa.	3 centesimos de balboa.	2 centesimos de balboa.	1 centesimo de balboa.
Paraguay...............	50 centavos de peso....	30 centavos de peso....	20 centavos de peso....	10 centavos de peso.
Pays-Bas............	12½ cents..	7½ cents ...	5 cents......	2½ cents.
Colonies néerlandaises:				
Antilles néerlandaises....	12½ cents .	7½ cents....	5 cents......	2½ cents.
Guyane néerlandaise.....	12½ cents..	7½ cents....	5 cents......	2½ cents.
Indes néerlandaises.......	12½ cents..	7½ cents....	5 cents......	2½ cents.
Pérou..................	10 centavos.-	6 centavos...	4 centavos...	2 centavos.

A. PAYS DE L'UNION	25 centimes.	15 centimes.	10 centimes.	5 centimes.
Perse..........................	18 chahis....	8 chahis.....	6 chahis.... .	3 chahis.
Portugal (y compris Açores et Madère)...............	50 reis......	30 reis.......	20 reis......	10 reis.
Colonies portugaises:				
Colonies portugaises de l'Afrique..............	50 reis......	30 reis.......	20 reis......	10 reis.
Inde portugaise..........	2 tangas....	15 reis.......	10 reis......	5 reis.
Macao et Timor portugais	10 avos.....	6 avos.......	4 avos.......	2 avos.
Russie.....................	10 kopeks...	—	4 kopeks....	2 kopeks.
Salvador	5 centavos...	3 centavos...	2 centavos..	1 centavo.
Siam......................	12 atts......	8 atts.......	5 atts.......	3 atts.
Suède	20 öre......	10 öre.......	10 öre.......	5 öre.
Turquie	40 paras.....	30 paras.....	20 paras....	10 paras.
Uruguay.....	5 centesimos de peso..	3 centesimos de peso....	2 centesimos de peso....	1 centesimo de peso.

B. PAYS ÉTRANGERS à l'Union (p).	25. centimes.	15. centimes.	10. centimes.	5. centimes.
Chine. Bureaux allemands.... anglais....... français...... japonais...... russes........				
Maroc. Bureaux allemands..... anglais....... espagnols.... français......				

2. En cas de changement du système monétaire dans l'un des pays susmentionnés ou de modification importante dans la valeur de sa monnaie, l'Administration de ce pays doit s'entendre avec l'Administration des postes suisses pour modifier les équivalents ci-dessus; il appartient à cette dernière Administration de faire notifier la modification à tous les autres Offices de l'Union par l'intermédiaire du Bureau international.

3. Les fractions monétaires résultant, soit du complément de taxe applicable aux correspondances insuffisamment affranchies, soit de la fixation des taxes des correspondances échangées avec les pays étrangers à l'Union ou de la combinaison des taxes de l'Union avec les surtaxes prévues par l'art. V de la Convention, peuvent être arrondies par les Administrations qui en effectuent la perception. Mais la somme à ajouter de ce chef ne peut, dans aucun cas, excéder la valeur d'un vingtième de franc (cinq centimes).

V. *Exceptions en matière de poids.* —Il est admis, par mesure d'exception, que les États qui, à cause de leur régime intérieur, ne peuvent adopter le type de poids décimal métrique, on la faculté d'y substituer l'once avoirdupois (28,mes grammes) en assi-

milant une once à 20 grammes pour les lettres et deux onces à 50 grammes pour les autres objets, et d'élever, au besoin, la limite du port simple des journaux à quatre onces,
mais sous la condition expresse que, dans ce dernier cas, le port des journaux ne soit
pas inférieur à 10 centimes et qu'il soit perçu un port entier par numéro de journal,
alors même que plusieurs journaux se trouveraient groupés dans un même envoi.

VI. Timbres-poste.—1. Les timbres-poste représentant les taxes-types de l'Union ou
leur équivalent dans la monnaie de chaque pays sont confectionnés dans les couleurs
suivantes:
    Les timbres de 25 centimes en bleu foncé.
    Les timbres de 10 centimes en rouge.
    Les timbres de 5 centimes en vert.
    2. Les timbres-poste doivent porter sur leur face l'inscription de la valeur qu'ils re-
présentent effectivement pour l'affranchissement des correspondances d'après le tableau
des équivalents inséré à l'art. IV précédent.
    L'indication du nombre d'unités ou de fractions de l'unité monétaire, servant à expri-
mer cette valeur, est faite en chiffres arabes.
    3. Les timbres-poste peuvent être marqués à l'emporte-pièce de perforations distinc-
tives (initiales ou autres) dans les conditions fixées par l'Administration qui les a émis.
    4. Il est recommandé de coller les timbres-poste à l'angle droit supérieur du côté de
la suscription. L'application de ces estampilles, soit en un autre endroit du recto, soit
au verso, n'est toutefois pas interdite.

VII. Coupons-réponse.—1. Les coupons-réponse, dont l'emploi facultatif est prévu à
l'art. XI de la Convention, sont conformes au modèle *A* annexé au présent Règlement
et imprimés par les soins du Bureau international sur papier portant en filigrane les
mots:

25 c. Union postale universelle. 25 c.

    2. Ce Bureau fournit les coupons au prix d'impression, etc., aux Administrations qui
en font la demande.
    3. Chaque Administration débite les coupons au prix qu'elle détermine, sans que ce
prix puisse toutefois être inférieur au minimum de 28 centimes (or) fixé par l'art. XI de
la Convention.
    4. Les coupons présentés par le public sont échangés contre un timbre-poste ou des
timbres-poste d'une valeur nominale de 25 centimes dans les pays qui adhèrent à ce
service.
    5. Les coupons ainsi échangés sont envoyés trimestriellement ou annuellement au
Bureau international, après avoir été classés par pays d'origine; ils sont accompagnés
d'un bordereau indiquant leur nombre pour chacun de ces pays.
    6. À l'expiration de l'année, le Bureau international envoie à chaque Administration
en cause un compte en double expédition indiquant:
    a) Au débit. La valeur en francs et centimes des coupons émis par cette Administra-
tion et échangés contre des timbres-poste d'autres Administrations dans le courant de
l'année. Les coupons sont joints comme pièces justificatives.
    b) Au crédit. La valeur en francs et centimes des coupons émis par d'autres Offices
et échangés contre des timbres-poste par ladite Administration pendant la même période.
    c) Le solde créditeur ou débiteur.

Pour l'établissement de ce compte, la valeur du coupon est calculée à 28 centimes par unité.

7. Après vérification, un des doubles du compte est renvoyé dûment accepté au Bureau international. Tout compte non renvoyé à ce Bureau au moment fixé pour la liquidation est considéré comme régulier.

8. Six mois après l'envoi des comptes, le Bureau international en règle la liquidation de manière à réduire autant que possible le nombre des payements à effectuer.

VIII. Correspondance avec les pays étrangers à l'Union. — Les Offices de l'Union qui ont des relations avec des pays étrangers à l'Union fournissent aux autres Offices de l'Union la liste de ces pays avec les indications suivantes:

1° Frais de transit maritime ou territorial applicables au transport en dehors des limites de l'Union.

2° Désignation des correspondances admises.

3° Affranchissement obligatoire ou facultatif.

4° Limite, pour chaque catégorie de correspondances, de la validité de l'affranchissement perçu (jusqu'à destination, jusqu'au port de débarquement, etc.).

5° Étendue de la responsabilité pécuniaire en matière d'envois recommandés.

6° Possibilité d'admettre les avis de réception, et

7° Autant que possible, tarif d'affranchissement en vigueur dans le pays en dehors de l'Union par rapport aux pays de l'Union.

IX. Application des timbres. — 1. Les correspondances originaires des pays de l'Union sont frappées d'un timbre indiquant autant que possible en caractères latins le lieu d'origine et la date du dépôt à la poste.

En outre, tous les timbres-poste valables doivent être oblitérés.

2. Á l'arrivée, le bureau de destination applique son timbre à date au verso des lettres et au recto des cartes postales.

Le bureau de la première destination peut, en outre, marquer une empreinte de son timbre à date au recto de la seconde partie des cartes postales avec réponse payée.

3. Les objets de correspondance mal dirigés doivent être frappés de l'empreinte du timbre à date du bureau auquel ils sont parvenus par erreur. Cette obligation incombe non seulement aux bureaux sédentaires, mais aussi aux bureaux ambulants autant que possible.

4. Le timbrage des correspondances déposées sur les paquebots dans les boîtes mobiles ou entre les mains des agents des postes embarqués ou des commandants incombe, dans les cas prévus par le paragraphe 5 de l'art. XI de la Convention, à l'agent des postes embarqué ou, s'il n'y en a pas, au bureau de poste auquel ces correspondances sont livrées en main. Le cas échéant, celui-ci les frappe de son timbre à date ordinaire et y appose la mention «Paquebot» soit à la main, soit au moyen d'une griffe ou d'un timbre.

5. Les correspondances originaires des pays étrangers à l'Union sont frappées, par l'Office de l'Union qui les a recueillies, d'un timbre indiquant le point et la date d'entrée dans le service de cet Office.

6. Les correspondances non affranchies ou insuffisamment affranchies sont, en outre, frappées du timbre T (taxe à payer), dont l'application incombe à l'Office du pays d'origine s'il s'agit de correspondances originaires de l'Union et à l'Office du pays d'entrée s'il s'agit de correspondances originaires de pays étrangers à l'Union.

7. Les envois à remettre par exprès sont frappés d'un timbre portant en gros caractères le mot «Exprès». Les Administrations sont toutefois autorisées à remplacer ce tim-

bre par une étiquette imprimée ou par une inscription manuscrite et soulignée en crayon de couleur.

Les envois qui ont été munis de la mention «Exprès» par le bureau d'origine sont remis à domicile par porteur spécial, même en cas d'omission ou d'insuffisance de l'affranchissement. Le cas échéant, le bureau d'échange du pays de destination est tenu de signaler l'irrégularité par bulletin de vérification à l'Administration centrale dont relève le bureau d'origine. Ce bulletin doit relater très exactement l'origine et la date du dépôt de l'envói.

8. Tout objet de correspondance ne portant pas le timbre T est considéré comme affranchi et traité en conséquence, sauf erreur évidente.

9. Les timbres-poste non oblitérés ensuite d'erreur ou d'omission dans le service d'origine doivent l'être de la manière usuelle par le bureau qui constate l'irrégularité.

X. Indication du nombre de ports. — Lorsqu'une lettre ou tout autre objet de correspondance non affranchi ou insuffisamment affranchi est passible, en raison de son poids, de plus d'un port simple, l'Office d'origine ou d'entrée dans l'Union, suivant le cas, indique, à l'angle gauche supérieur de la suscription, en chiffres ordinaires, le nombre des ports de l'objet.

XI. Affranchissement insuffisant. — 1. Lorsqu'un objet est insuffisamment affranchi au moyen de timbres-poste, l'Office expéditeur indique, au moyen d'un timbre ou d'un autre procédé, en chiffres bien lisibles apposés à côté des timbres-poste, le double du montant de l'insuffisance en l'exprimant en francs et centimes.

Il est fait exception, toutefois, pour les correspondances qui sont devenues insuffisamment affranchies par suite de leur réexpédition et auxquelles sont applicables les dispositions de l'art. XXVII du présent Règlement.

2. D'après cette indication, le bureau d'échange du pays de destination frappe l'objet du montant de la taxe annotée, conformément aux dispositions du § 3 de l'art. V de la Convention.

3. Dans le cas où il a été fait usage de timbres-poste non valables pour l'affranchissement, il n'en est tenu aucun compte. Cette circonstance est indiquée par le chiffre zéro (0), placé à côté des timbres-poste.

XII. Conditionnement des objets recommandés. — 1. Les objets de correspondance adressés sous des initiales et ceux qui portent une adresse écrite au crayon ne sont pas admis à la recommandation.

2. Aucune condition spéciale de forme ou de fermeture n'est exigée pour les objets recommandés. Chaque Office a la faculté d'appliquer à ces envois les règles établies dans son service intérieur.

3. Les objets recommandés doivent porter à l'angle gauche supérieur de la suscription une étiquette conforme ou analogue au modèle *B* annexé au présent Règlement, avec l'indication, en caractères latins, du nom du bureau d'origine et du numéro d'ordre sous lequel l'envoi est inscrit dans le registre de ce bureau.

Toutefois, il est permis aux Administrations dont le régime intérieur s'oppose actuellement à l'emploi des étiquettes d'ajourner la mise à exécution de cette mesure et de continuer à employer des timbres pour la désignation des objets recommandés.

Il est cependant de rigueur, pour les Offices qui n'ont pas adopté l'étiquette modèle *B*, de désigner chaque envoi recommandé par un numéro d'ordre. Ce numéro doit être inscrit à l'angle gauche supérieur de la suscription. Il est obligatoire pour les Offices réexpéditeurs de désigner l'envoi par le numéro original.

4. Les envois recommandés non affranchis ou insuffisamment affranchis sont transmis aux destinataires sans taxe, mais le bureau qui reçoit un envoi dans ces conditions est tenu de signaler le cas par bulletin de vérification à l'Administration dont relève le bureau d'origine. Le bulletin doit relater très exactement l'origine, la date du dépôt, le poids, la nature et le numéro de l'envoi, ainsi que la valeur des timbres-poste apposés sur l'objet recommandé si l'affranchissement est insuffisant.

Cette prescription ne s'applique pax aux envois recommandés qui, par suite de réexpédition, deviennent passibles d'une taxe supérieure. Ces derniers envois sont traités en conformité des dispositions du § 2 de l'art. XXVII du présent Règlement.

XIII. Indemnité pour la perte d'un envoi recomandé. — Lorsque l'indemnité due pour la perte d'un envoi recommandé a été payée par une Administration pour le compte d'une autre Administration, rendue responsable, celle-ci est tenue d'en rembourser le montant dans le délai de trois mois après avis du payement. Ce remboursement s'effectue, soit au moyen d'un mandat de poste ou d'une traite, soit en espèces ayant cours dans le pays créditeur. Lorsque le remboursement de l'indemnité comporte des frais, ils sont toujours à la charge de l'Office débiteur.

XIV. Avis de réception des objets recommandés. — 1. Les envois dont l'expéditeur demande un avis de réception doivent porter l'annotation très apparente «Avis de réception» ou l'empreinte d'un timbre portant: A. R.

2. Ils sont accompagnés d'une formule conforme ou analogue au modèle *C* ci-annexé; cette formule est établie par le bureau d'origine ou par tout autre bureau à désigner par l'Office expéditeur et réunie, au moyen d'un croisé de ficelle, à l'objet auquel elle se rapporte. Si elle ne parvient pas au bureau de destination, celui-ci dresse d'office un nouvel avis de réception. Les avis de réception doivent être formulés en français ou porter une traduction sublinéaire en cette langue.

3. Le bureau de destination, après avoir dûment rempli la formule *C*, la renvoie sous enveloppe au bureau d'origine.

4. Lorsque l'expéditeur demande un avis de réception d'un objet recommandé postérieurement au dépôt de cet objet, le bureau d'origine reproduit sur une formule *C*, préalablement revêtue d'un timbre-poste représentant la taxe d'avis de réception, la description très exacte de l'objet recommandé (nature de l'objet, bureau d'origine, date de dépôt, numéro, adresse complète du destinataire).

Cette formule est attachée à une réclamation modèle *H* et traitée selon les prescriptions de l'art. XXX du présent Règlement, à cette exception près, que, en cas de distribution régulière de l'envoi auquel l'avis de réception se rapporte, le bureau de destination retire la formule *H* et renvoie la formule *C*, dûment remplie, au bureau d'origine de la manière prescrite au § 3 précédent.

Chaque Administration a la faculté, le cas échéant, de réunir la formule *C* et la formule *H* en une seule formule.

5. Si un avis de réception régulièrement demandé par l'expéditeur au moment du dépôt, n'est pas parvenu dans les délais voulus au bureau d'origine, on procède, pour réclamer l'avis manquant, conformément aux règles tracées au § 4 précédent. Toutefois, dans ce dernier cas, au lieu de revêtir la formule *C* d'un timbre-poste, le bureau d'origine inscrit en tête la mention «Duplicata de l'avis de réception, etc.».

6. Les dispositions particulières adoptées par les Administrations en vertu du § 5 de l'article XXX du présent Règlement, pour la transmission des réclamations d'objets recommandés, sont applicables aux demandes d'avis de réception formulées postérieurement au dépôt des objets recommandés.

XV. Envois recommandés grevés de remboursement. —1. Les envois recommandés grevés de remboursement doivent porter sur le recto l'en-tête «Remboursement» écrit ou imprimé d'une manière très apparente et suivi de l'indication du montant du remboursement dans la monnaie du pays de destination, sauf arrangement contraire entre les Administrations intéressées. Ce montant est exprimé en caractères latins, en toutes lettres et en chiffres, sans rature ni surcharge, même approuvées. L'expéditeur doit indiquer, sur le recto ou sur le verso, son nom et son adresse également en caractères latins.

2. Les envois recommandés grevés de remboursement doivent être revêtus, au recto. d'une étiquette de couleur orange, conforme au modèle *D* annexé au présent Règlement.

3. Si le destinataire ne paye pas le montant du remboursement dans un délai de 7 jours dans les relations entre pays d'Europe et dans un délai de 15 jours dans les relations des pays d'Europe avec les pays hors d'Europe et de ces derniers pays entre eux, à partir du jour qui suit celui de l'arrivée au bureau destinataire, l'envoi est réexpédié au bureau d'origine.

4. Sauf autre arrangement, la somme recouvrée, déduction faite du droit d'encaissement prévu à l'art. VII, § 2, de la Convention et de la taxe ordinaire des mandats de poste, est convertie en un mandat de poste portant en tête du recto la mention «Remb.» et établi, pour le surplus, en conformité du Règlement d'exécution de l'Arrangement concernant le service des mandats de poste. Il doit être fait mention, sur le coupon du mandat, du nom et de l'adresse du destinataire de l'envoi contre remboursement, ainsi que du lieu et de la date du dépôt de cet envoi.

5. Sauf arrangement contraire, les envois grevés de remboursement peuvent être réexpédiés d'un des pays participant à ce service sur un autre de ces pays. En cas de réexpédition, l'envoi conserve intacte la demande de remboursement originale, telle que l'expéditeur lui-même l'a formulée. L'Office de la destination définitive doit seul procéder à la conversion dans sa monnaie du montant du remboursement, d'après le taux en vigueur pour les mandats de poste, dans le cas où il n'aurait pas le même système monétaire que celui dans lequel le remboursement est exprimé; il lui appartient aussi de transformer le remboursement en un mandat sur le pays d'origine.

XVI. Cartes postales. —1. Les cartes postales doivent porter, en tête du recto, le titre «Carte postale» en français ou l'équivalent de ce titre dans une autre langue. Toutefois, ce titre n'est pas obligatoire pour les cartes postales simples émanant de l'industrie privée.

Les dimensions des cartes ne peuvent dépasser 14 centimètres en longueur et 9 centimètres en largeur, ni être inférieures à 10 centimètres en longueur et à 7 centimètres en largeur. Les cartes postales doivent être expédiées à découvert, c'est-à-dire sans bande ni enveloppe.

Les cartes postales doivent être confectionnées en carton ou en papier assez consistant pour ne pas entraver la manipulation.

2. Les timbres d'affranchissement doivent, autant que possible, être appliqués à l'angle droit supérieur du recto. L'adresse du destinataire ainsi que les mentions relatives au service (recommandé, avis de réception, etc.) doivent figurer également au recto, dont la moitié droite au moins est réservée à ces indications. L'expéditeur dispose du verso et de la partie gauche du recto, sous réserve des dispositions du paragraphe suivant.

3. À l'exception des timbres d'affranchissement, il est interdit au public de joindre ou d'attacher aux cartes postales des objets quelconques. Toutefois, le nom et l'adresse du

destinataire, ainsi que le nom et l'adresse de l'expéditeur peuvent figurer sur des étiquettes collées n'excédant pas 2 centimètres sur 5. Il est également permis d'appliquer
sur le verso et sur la partie gauche du recto, des vignettes ou des photographies, sur papier très mince, à condition qu'elles soient complètement adhérentes à la carte.

4. Les cartes postales avec réponse payée doivent présenter au recto, en langue française, comme titre sur la première partie: «Carte postale avec réponse payée»; sur la seconde partie: «Carte postale-réponse». Les deux parties doivent d'ailleurs remplir, chacune, les autres conditions imposées à la carte postale simple; elles sont repliées l'une
sur l'autre et ne peuvent être fermées d'une manière quelconque.

Il est loisible à l'expéditeur d'une carte postale avec réponse payée d'indiquer son nom
et son adresse au recto de la partie «Réponse», soit par écrit, soit en y collant une étiquette.

L'affranchissement de la partie «Réponse» au moyen du timbre-poste du pays qui a
émis la carte n'est valable que si les deux parties de la carte postale avec réponse payée
sont parvenues adhérentes du pays d'origine et si la partie «Réponse» est expédiée du
pays où elle est parvenue par la poste à destination dudit pays d'origine. Si ces conditions ne sont pas remplies, elle est traitée comme carte postale non affranchie.

5. Les cartes postales ne remplissant pas quant aux indications prescrites, aux dimensions, à la forme extérieure, etc., les conditions imposées par le présent article à cette
catégorie d'envois, sont traitées comme lettres.

XVII. *Papiers d'affaires.*—1. Sont considérés comme papiers d'affaires, et admis
comme tels à la modération de taxe consacrée par l'art. V de la Convention, toutes les
pièces et tous les documents écrits ou dessinés en tout ou partie à la main, qui n'ont
pas le caractère d'une correspondance actuelle et personnelle, tels que les lettres ouvertes et les cartes postales de date ancienne qui ont déjà atteint leur but primitif, les pièces de procédure, les actes de tout genre dressés par les officiers ministériels (q), les lettres de voiture ou connaissements, les factures, les différents documents de service des
compagnies d'assurance, les copies ou extraits d'actes sous seing privé écrits sur papier
timbré ou non timbré, les partitions ou feuilles de musique manuscrites, les manuscrits d'ouvrages ou de journaux expédiés isolément, les devoirs originaux et corrigés d'é-
lèves à l'exclusion de toute appréciation sur le travail, etc.

2. Les papiers d'affaires sont soumis, en ce qui concerne la forme et le conditionnement, aux dispositions prescrites pour les imprimés (art. XIX ci-après).

XVIII. *Échantillons.*—1. Les échantillons de marchandises ne sont admis à bénéficier de la modération de taxe qui leur est attribuée par l'art. V de la Convention que
sous les conditions suivantes.

Ils doivent être placés dans des sacs, des boîtes ou des enveloppes mobiles de manière
à permettre une facile vérification.

Ils ne peuvent avoir aucune valeur marchande, ni porter aucune écriture à la main
que le nom ou la raison sociale de l'envoyeur, l'adresse du destinataire, une marque de
fabrique ou de marchand, des numéros d'ordre, des prix et des indications relatives au
poids, au métrage et à la dimension, ainsi qu'à la quantité disponible, ou celles qui sont
nécessaires pour préciser la provenance et la nature de la marchandise.

2. Les objets en verre, les envois de liquides, huiles, corps gras, poudres sèches, colorantes ou non, ainsi que les envois d'abeilles vivantes sont admis au transport comme
échantillons de marchandises, pourvu qu'ils soient conditionnés de la manière suivante:

1° Les objets en verre doivent être emballés solidement (boîtes en métal ou en bois)
de manière à prévenir tout danger pour les correspondances et les agents.

2° Les liquides, huiles et corps facilement liquéfiables doivent être insérés dans des flacons en verre hermétiquement bouchés. Chaque flacon doit être placé dans une boîte en bois garnie de sciure de bois, de coton ou de matière spongieuse en quantité suffisante pour absorber le liquide en cas de bris du flacon. Enfin, la boîte elle-même doit être enfermée dans un étui en métal, en bois avec couvercle vissé ou en cuir fort et épais.

Lorsqu'on emploie des blocs en bois perforés ayant au moins 2 ½ millimètres dans la partie la plus faible, suffisamment garnis à l'intérieur de matières absorbantes et munis d'un couvercle, il n'est pas nécessaire que ces blocs soient enfermés dans un second étui.

3° Les corps gras difficilement liquéfiables, tels que les onguents, le savon mou, les résines, etc., dont le transport offre moins d'inconvénients, doivent être enfermés sous une première enveloppe (boîte, sac en toile, parchemin, etc.), placée elle-même dans une seconde boîte en bois, en métal ou en cuir fort et épais.

4° Les poudres sèches colorantes doivent être placées dans des sacs en cuir, en toile gommée ou en papier huilé de forte consistance, et les poudres sèches non colorantes dans des boîtes en métal, en bois ou en carton. Ces sacs ou boîtes sont eux-mêmes enfermés dans un sac en toile ou en parchemin.

5° Les abeilles vivantes doivent être renfermées dans des boîtes disposées de façon à éviter tout danger et à permettre la vérification du contenu.

8. Sont également admis au tarif des échantillons, les clefs isolées, les fleurs fraîches coupées, les objets d'histoire naturelle (animaux et plantes séchés ou conservés, spécimens géologiques, etc.), tubes de sérum et objets pathologiques rendus inoffensifs par leur mode de préparation et d'emballage. Ces objets ne peuvent être envoyés dans un but commercial et l'emballage doit en être conforme aux prescriptions générales concernant les échantillons de marchandises.

XIX. Imprimés de toute nature. — 1. Sont considérés comme imprimés, et admis comme tels à la modération de taxe consacrée par l'art. V de la Convention, les journaux et ouvrages périodiques, les livres brochés ou reliés, les brochures, les papiers de musique, les cartes de visite, les cartes-adresse, les épreuves d'imprimerie avec ou sans les manuscrits s'y rapportant, les papiers revêtus de points ou de caractères en relief à l'usage des aveugles, les gravures, les photographies et les albums contenant des photographies, les images, les dessins, plans, cartes géographiques, catalogues, prospectus, annonces et avis divers, imprimés, gravés, lithographiés ou autographiés, et, en général, toutes les impressions ou reproductions obtenues sur papier, sur parchemin ou sur carton, au moyen de la typographie, de la gravure, de la lithographie et de l'autographie, ou de tout autre procédé mécanique facile à reconnaître, hormis le décalque et la machine à écrire.

Sont assimilées aux imprimés, les reproductions d'une copie-type faite à la plume ou à la machine à écrire lorsqu'elles sont obtenues par un procédé mécanique de polygraphie (chromographie, etc.), mais pour jouir de la modération de taxe, ces reproductions doivent être déposées aux guichets des bureaux de poste et au nombre minimum de vingt exemplaires parfaitement identiques.

2. Ne peuvent être expédiés à la taxe réduite les imprimés qui portent des signes quelconques susceptibles de constituer un langage conventionnel ni, sauf les exceptions explicitement autorisées par le présent article, ceux dont le texte a été modifié après tirage.

3. Il est permis:

a) D'indiquer à l'extérieur de l'envoi le nom, la raison de commerce, la profession et le domicile de l'expéditeur.

b) D'ajouter à la main, sur les cartes de visite imprimées ainsi que sur les cartes do

Noël et de nouvel an, l'adresse de l'expéditeur, son titre, ainsi que des souhaits, félici- tations, remerciements, compliments de condoléance ou autres formules de politesse ex- primés en cinq mots au maximum ou au moyen d'initiales conventionnelles (p. f., etc.).

c) D'indiquer ou de modifier sur l'imprimé même, à la main ou par un procédé méca- nique, la date de l'expédition, la signature ou la raison de commerce et la profession, ainsi que le domicile de l'expéditeur et du destinataire.

d) D'ajouter aux épreuves corrigées le manuscrit et de faire à ces épreuves les chan- gements et additions qui se rapportent à la correction, à la forme et à l'impression. En cas de manque de place, ces additions peuvent être faites sur des feuilles spéciales.

e) De corriger les fautes d'impression aussi sur les imprimés autres que les épreuves.

f) De biffer certaines parties d'un texte imprimé.

g) De faire ressortir au moyen de traits et de souligner les mots ou les passages du texte sur lesquels on désire attirer l'attention.

h) De porter ou de corriger à la plume ou par un procédé mécanique les chiffres sur les listes de prix courants, les offres d'annonces, les cotes de bourse, les circulaires de commerce et les prospectus, de même que le nom du voyageur, la date et le nom de la localité par laquelle il compte passer, sur les avis de passage.

i) D'indiquer à la main, sur les avis concernant les départs et les arrivées de navires, la date de ces départs et de ces arrivées, ainsi que les noms des navires.

j) D'indiquer à la main, sur les avis concernant les expéditions de marchandises, la date de ces expéditions.

k) D'indiquer sur les cartes d'invitation et de convocation le nom de l'invité, la date, le but et le lieu de la réunion.

l) D'ajouter une dédicace sur les livres, papiers de musique, journaux, photographies et gravures, ainsi que d'y joindre la facture se rapportant à l'objet lui-même.

m) Dans les bulletins de commande ou de souscription relatifs à des ouvrages de li- brairie, livres, journaux, gravures, morceaux de musique, d'indiquer à la main les ouvra- ges demandés ou offerts, et de biffer ou de souligner tout ou partie des communications imprimées.

n) De peindre les images de mode, les cartes géographiques, etc.

o) D'ajouter à la main ou par un procédé mécanique aux passages découpés des jour- naux et publications périodiques le titre, la date, le numéro et l'adresse de la publica- tion dont l'article est extrait.

4. Les imprimés doivent être, soit placés sous bande, sur rouleau, entre des cartons, dans un étui ouvert des deux côtés ou aux deux extrémités, ou dans une enveloppe non fermée, soit simplement pliés de manière à ne pas dissimuler la nature de l'envoi, soit enfin entourés d'une ficelle facile à dénouer.

5. Les cartes-adresse et tous imprimés présentant la forme et la consistance d'une car- te non pliée peuvent être expédiés sans bande, enveloppe, lieu ou pli.

6. Les cartes portant le titre «Carte postale» ou l'équivalent de ce titre dans une lan- gue quelconque, sont admises au tarif des imprimés, pourvu qu'elles répondent aux conditions générales stipulées dans le présent article pour ce genre d'envois. Celles qui ne remplissent pas ces conditions sont considérées comme cartes postales et traitées en conséquence, sous réserve de l'application éventuelle des dispositions du § 5 de l'arti- cle XVI du présent Règlement.

XX. Objets groupés.—Il est permis de réunir dans un même envoi des échantillons de marchandises, des imprimés et des papiers d'affaires, mais sous réserve:

1° Que chaque objet pris isolément ne dépasse pas les limites qui lui sont applicables quant au poids et quant à la dimension.

2° Que le poids total ne déppasse pas 2 kilogrammes par envoi.

3° Que la taxe soit au minimum de 25 centimes si l'envoi contient des papiers d'affaires, et de 10 centimes s'il se compose d'imprimés et d'échantillons.

XXI. Feuilles d'avis. — 1. Les feuilles d'avis accompagnant les dépêches échangées entre deux Administrations de l'Union sont conformes au modèle *E* joint au présent Règlement. Elles sont placées sous des enveloppes de couleur portant distinctement l'indication «Feuille d'avis».

2. On indique, le cas échéant, à l'angle droit supérieur le nombre des sacs ou paquets détachés composant l'envoi auquel la feuille d'avis se rapporte.

Sauf arrangement contraire, dans les relations par mer, les bureaux expéditeurs doivent numéroter les feuilles d'avis à l'angle gauche supérieur, d'après une série annuelle par chaque bureau d'origine et pour chaque bureau de destination, en mentionnant autant que possible, au-dessus du numéro, le nom du paquebot ou du bâtiment qui emporte la dépêche.

3. On doit mentionner, en tête de la feuille d'avis, le nombre total des objets recommandés, des paquets ou sacs renfermant lesdits objets, et, au moyen d'une griffe, d'une étiquette ou d'une annotation manuscrite, la présence d'envois à faire remettre par exprès.

4. Les objets recommandés sont inscrits individuellement au tableau n° I de la feuille d'avis, avec les détails suivants: le nom du bureau d'origine, le numéro d'inscription de l'objet à ce bureau et le lieu de destination, ou: le nom du bureau d'origine, le nom du destinataire et le lieu de destination.

Dans la colonne «Observations» la mention A. R. est ajoutée en regard de l'inscription des envois qui font l'objet de demandes d'avis de réception. Dans la même colonne, la mention «Remb.», suivie de l'indication en chiffres du montant du remboursement, est ajoutée en regard de l'inscription des envois recommandés grevés de remboursement.

5. Lorsque le nombre des objets recommandés expédiés habituellement d'un bureau d'échange à un autre le comporte, il doit être fait usage d'une ou de plusieurs listes spéciales et détachées pour remplacer le tableau n° I de la feuille d'avis.

Quand il est fait usage de plusieurs listes, le nombre des objets recommandés qui peuvent être inscrits sur une seule et même liste est limité à 30.

Le nombre des objets recommandés inscrits sur ces listes, le nombre des listes et le nombre des paquets ou de sacs qui renferment ces objets doivent être portés sur la feuille d'avis.

6. Au tableau n° II on inscrit, avec les détails que ce tableau comporte, les dépêches closes insérées dans l'envoi direct auquel la feuille d'avis se rapporte.

7. Sous la rubrique «Recommandations d'office», on mentionne les lettres de service ouvertes, les communications ou recommandations diverses du bureau expéditeur ayant trait au service d'échange, ainsi que le nombre des sacs vides en retour.

8. Lorsqu'il est jugé nécessaire, pour certaines relations, de créer d'autres tableaux ou rubriques sur la feuille d'avis, la mesure peut être réalisée d'un commun accord entre les Administrations intéressées.

9. Lorsqu'un bureau d'échange n'a aucun objet à livrer à un bureau correspondant, il n'en doit pas moins envoyer, dans la forme ordinaire, une dépêche qui se compose uniquement d'une feuille d'avis négative.

10. Quand les dépêches closes sont confiées par une Administration à une autre, pour être transmises au moyen de bâtiments de commerce, le nombre ou le poids des lettres et autres objets doit être indiqué à la feuille d'avis et sur l'adresse de ces dépêches lorsque l'Office chargé d'assurer l'embarquement desdites dépêches le demande.

XXII. Transmission des objets recommandés. — 1. Les objets recommandés, et, s'il y a lieu, les listes spéciales prévues au § 5 de l'art. XXI, sont réunis en un ou plusieurs paquets ou sacs distincts, qui doivent être convenablement enveloppés ou fermés et cachetés de manière à en préserver le contenu. Les objets recommandés sont classés dans chaque paquet d'après leur ordre d'inscription. Quand on emploie plusieurs listes détachées, chacune d'elles est enliassée avec les objets recommandés auxquels elle se rapporte.

Dans aucun cas, les objets recommandés ne peuvent être confondus avec les correspondances ordinaires.

2. Au paquet d'objets recommandés est attachée extérieurement, par un croisé de ficelle, l'enveloppe spéciale contenant la feuille d'avis; lorsque les objets recommandés sont renfermés dans un sac, ladite enveloppe est fixée au col de ce sac.

S'il y a plus d'un paquet ou sac d'objets recommandés, chacun des paquets ou sacs supplémentaires est muni d'une étiquette indiquant la nature du contenu.

Les paquets ou sacs d'objets recommandés sont placés au centre de la dépêche et de manière à attirer l'attention de l'agent qui procède à l'ouverture.

2. Le mode d'emballage et de transmission des objets recommandés, prescrit ci-dessus, s'applique seulement aux relations ordinaires. Pour les relations importantes, il appartient aux Administrations intéressées de prescrire, d'un commun accorn, des dispositions particulières, sous réserve, dans l'un comme dans l'autre cas, des mesures exceptionnelles à prendre par les chefs des bureaux d'échange lorsqu'ils ont à assurer la transmission d'objets recommandés qui, par leur nature, leur forme ou leur volume, ne seraient pas susceptibles d'être insérés dans la dépêche.

XXIII. Transmission des correspondances à faire remettre par exprès. — 1. Les correspondances ordinaires à faire remettre par exprès sont réunies en une liasse spéciale et insérées, par les bureaux d'échange, dans l'enveloppe contenant la feuille d'avis qui accompagne la dépêche.

Une fiche placée dans cette liasse indique, le cas échéant, la présence, dans la dépêche, des correspondances de l'espèce, qui, en raison de leur forme ou de leurs dimensions, n'ont pu être jointes à la feuille d'avis.

2. Les correspondances recommandées à faire remettre par exprès sont classées, à leur ordre, parmi les autres correspondances recommandées et la mention ‹Exprès› est portée dans la colonne ‹Observations› des feuilles d'avis, en regard de l'inscription de chacune d'elles.

XXIV. Confection des dépêches. — 1. En règle générale, les objets qui composent les dépêches doivent être classés et enliassés par nature de correspondances, en séparant les objets affranchis des objets non ou insuffisamment affranchis (r).

Les lettres portant des traces d'ouverture ou d'avarie doivent être munies d'une mention du fait et frappées du timbre à date du bureau qui a constaté ce fait.

Les mandats de poste expédiés à découvert sont réunis en un paquet distinct, après subdivision, s'il y a lieu, en autant de liasses qu'il y a de pays destinataires. Ce paquet est inséré autant que faire se peut, par les bureaux d'échange, dans l'enveloppe contenant la feuille d'avis qui accompagne la dépêche.

2. Dans les échanges par voie de terre, toute dépêche, après avoir été ficelée, est enveloppée de papier fort en quantité suffisante pour éviter toute détérioration du contenu, puis ficelée extérieurement et cachetée à la cire au moyen du cachet du bureau. Elle est munie d'une suscription imprimée portant, en petits caractères, le nom du bureau expéditeur et, en caractères plus forts, le nom du bureau destinataire: ‹de. . . pour. . . ›

(149)

Les dépêches expédiées par voie de mer sont renfermées dans des sacs convenablement fermés, cachetés ou plombés et étiquetés. Il en est de même des dépêches expédiés par la voie de terre lorsque leur volume le comporte.

3. Pour les dépêches renfermées dans des sacs, les étiquettes doivent être en toile, cuir ou parchemin ou en papier collé sur une planchette. L'étiquette doit indiquer, d'une façon lisible, le bureau d'origine et celui de destination.

4. Lorsque le nombre ou le volume des envois exige l'emploi de plus d'un sac, des sacs distincts doivent, autant que possible, être utilisés:

a) Pour [s] les lettres et cartes postales.

b) Pour les autres objets.

Chaque sac doit porter l'indication de son contenu.

Le paquet ou sac des objets recommandés est placé dans un des sacs de lettres.

Ce sac est désigné par la lettre F tracée d'une manière apparente sur l'étiquette.

5. Le poids de chaque sac doit ne pas dépasser 40 kilogrammes.

6. Les sacs doivent être renvoyés vides au pays d'origine par le prochain courrier, sauf autre arrangement entre les Offices correspondants.

Le renvoi des sacs vides doit être effectué entre les bureaux d'échange des pays correspondants, qui sont respectivement désignés à cet effet par les Administrations intéressées, après entente préalable.

Les sacs vides doivent être enroulés et attachés ensemble en paquets convenables; le cas échéant, les planchettes à étiquettes doivent être placées à l'intérieur des sacs. Les paquets doivent être revêtus d'une étiquette indiquant le nom du bureau d'échange d'où les sacs ont été reçus, chaque fois qu'ils sont renvoyés par l'intermédiaire d'un autre bureau d'échange.

Si les sacs vides à renvoyer ne sont pas trop nombreux, ils peuvent être placés dans les sacs contenant la correspondance; dans le cas contraire, ils doivent être placés à part dans des sacs cachetés, étiquetés au nom des bureaux d'échange respectifs. Les étiquettes doivent porter la mention «Sacs vides».

XXV. Vérification des dépêches. — 1. Le bureau d'échange qui reçoit une dépêche constate si les inscriptions sur la feuille d'avis et, s'il y a lieu, sur la liste des objets recommandés, sont exactes.

Les dépêches doivent être livrées en bon état. Cependant, la réception d'une dépêche ne peut pas être refusée à cause de son mauvais état. S'il s'agit d'une dépêche pour un autre bureau que celui qui en a pris livraison, elle doit être emballée de nouveau, tout en conservant, autant que possible, l'emballage original. Le remballage est précédé de la vérification du contenu s'il est à présumer que celui-ci n'est pas resté intact.

2. Lorsque le bureau d'échange reconnaît des erreurs ou des omissions, il opère immédiatement les rectifications nécessaires sur les feuilles ou listes, en ayant soin de biffer, d'un trait de plume, les indications erronées de manière à laisser reconnaître les inscriptions primitives.

3. Ces rectifications s'effectuent par le concours de deux agents. À moins d'une erreur évidente, elles prévalent sur la declaration originale.

4. Un bulletin de vérification, conforme au modèle *F* annexé au présent Règlement, est dressé par le bureau destinataire et envoyé sans délai, sous recommandation d'office, au bureau expéditeur.

Dans le cas prévu au § 1 du présent article, une copie du bulletin de vérification est insérée dans la dépêche remballée.

5. Le bureau expéditeur, après examen, renvoie le bulletin, avec ses observations, s'il y a lieu.

6. En cas de manque d'une dépêche, d'un ou de plusieurs objets recommandés de la feuille d'avis ou de la liste spéciale, le fait est constaté immédiatement, dans la forme voulue, par deux agents du bureau d'échange destinataire et porté à la connaissance du bureau d'échange expéditeur, au moyen d'un bulletin de vérification recommandé d'office. Toutefois, lorsque l'absence d'une dépêche est le résultat d'un défaut de coïncidence des courriers, le bulletin de vérification n'est pas soumis à la formalité de la recommandation. Si le cas le comporte, le bureau d'échange expéditeur peut, en outre, être avisé par télégramme, aux frais de l'Office expéditeur du télégramme. En même temps, un duplicata du bulletin de vérification est envoyé, par le bureau destinataire, dans les mêmes conditions que le primata, à l'Administration dont relève le bureau expéditeur et, lorsqu'il s'agit du manque d'un ou de plusieurs objets recommandés, de la feuille d'avis ou de la liste spéciale de sobjets recommandés, ce duplicata doit être accompagné du sac ou de l'enveloppe et du cachet du pàquet desdits objets ou du sac, de la ficelle, de l'étiquette et du cachet de la dépêche, si ce paquet lui-même n'a pas été trouvé.

Dès la rentrée d'une dépêche dont l'absence avait été signalée au bureau d'origine ou à un bureau intermédiaire, il y a lieu d'adresser au même bureau un second bulletin de vérification annonçant la réception de cette dépêche.

Lorsque le manque d'une dépêche est dûment expliqué sur le bordereau de remise et si cette dépêche parvient au bureau destinataire par le plus prochain courrier, l'établissement d'un bulletin de vérification n'est pas nécessaire.

7. En cas de perte d'une dépêche close, les Offices intermédiaires sont rendus responsables des objets recommandés que renfermait la dépêche, dans les limites de l'art. VIII de la Convention, à condition que la non-réception de cette dépêche leur ait été signalée aussitôt que possible.

8. Lorsque le bureau destinataire n'a pas fait parvenir au bureau expéditeur, par le premier courrier après la vérification, un bulletin constatant des erreurs ou des irrégularités quelconques, l'absence de ce document vaut comme accusé de réception de la dépêche et de son contenu, jusqu'à preuve du contraire.

XXVI. Dépêches échangées avec des bâtiments de guerre. — 1. L'établissement d'un échange, en dépêches closes, entre un Office postal de l'Union et des divisions navales ou bâtiments de guerre de même nationalité, ou entre une division navale ou bâtiment de guerre et une autre de même nationalité, doit être notifié, autant que possible à l'avance, aux Offices intermédiaire *(t)*.

2. La suscription de ces dépêches est rédigée comme suit:

Du bureau de.....

Pour { la division navale (nationalité) de (désignation de la division) à.....
{ le bâtiment (nationalité) le (nom du bâtiment) à.....

(Pays)

ou

De la division navale (nationalité) de (désignation de la division) à.....
Du bâtiment (nationalité) le (nom du bâtiment) à.....
Pour le bureau de.....

(Pays)

ou *(u)*

De la division navale (nationalité) de (désignation de la division) à.....
Du bâtiment (nationalité) le (nom du bâtiment) à.....

Pour { la division navale (nationalité) de (désignation de la division) à.....
{ le bâtiment (nationalité) le (nom du bâtiment) à.....

(Pays)

3. Les dépêches à destination ou provenant de divisions navales ou de bâtiments de guerre sont acheminées, sauf indication d'une voie spéciale sur l'adresse, par les voies les plus rapides et dans les mêmes conditions que les dépêches échangées entre bureaux de poste.

Quand les dépêches à destination d'une division navale ou d'un bâtiment de guerre sont expédiées en dehors, le capitaine du paquebot postal qui les transporte les tient à la disposition du commandant de la division ou du bâtiment destinataire pour le cas où celui-ci viendrait demander au paquebot en route la livraison de ces dépêches.

4. Si les bâtiments ne se trouvent pas au lieu de destination quand les dépêches à leur adresse y arrivent, ces dépêches sont conservées au bureau de poste, en attendant leur retrait par le destinataire ou leur réexpédition sur un autre point. La réexpédition peut être demandée, soit par l'Office postal d'origine, soit par le Commandant de la division navale ou du bâtiment destinataire, soit enfin par un Consul de même nationalité.

5. Celles des dépêches dont il s'agit qui portent la mention «Aux soins du Consul de ....» sont consignées au Consulat du pays d'origine. Elles peuvent être ultérieurement, à la demande du Consul, réintégrées dans le service postal et réexpédiées sur le lieu d'origine ou sur une autre destination.

6. Les dépêches à destination d'un bâtiment de guerre sont considérées comme étant en transit jusqu'à leur remise au Commandant de ce bâtiment de guerre, alors même qu'elles auraient été primitivement adressées aux soins d'un bureau de poste ou à un Consul chargé de servir d'agent de transport intermédiaire; elles ne sont donc pas considérées comme étant parvenues à leur adresse, tant qu'elles n'auront pas été délivrées au bâtiment de guerre respectif.

XXVII. Correspondances réexpédiées.—1. En exécution de l'art. XIV de la Convention, et sauf les exceptions prévues au § 2 suivant, les correspondances de toute nature adressées, dans l'Union, à des destinataires ayant changé de résidence, sont traitées par l'Office distributeur comme si elles avaient été adressées directement du lieu d'origine au lieu de la nouvelle destination.

2. À l'égard, soit des envois du service interne de l'un des pays de l'Union qui entrent par suite de réexpédition dans le service d'un autre pays de l'Union, soit des envois échangés entre deux pays de l'Union qui ont adopté dans leurs relations réciproques une taxe inférieure à la taxe ordinaire de l'Union, mais entrant, par suite de réexpédition, dans le service d'un troisième pays de l'Union vis-à-vis duquel la taxe est la taxe ordinaire de l'Union, soit, enfin, des envois échangés pour leur premier parcours entre localités de deux services limitrophes pour lesquels il existe une taxe réduite, mais réexpédiés sur d'autres localités de ces pays de l'Union ou sur un autre pays de l'Union, on observe les règles suivantes:

1° Les envois non affranchis ou insuffisamment affranchis pour leur premier parcours sont frappés, par l'Office distributeur, de la taxe applicable aux envois de même nature directement adressés du point d'origine au lieu de la destination nouvelle.

2° Les envois régulièrement affranchis pour leur premier parcours et dont le complément de taxe afférent au parcours ultérieur n'a pas été acquitté avant leur réexpédition, sont frappés, suivant leur nature, par l'Office distributeur, d'une taxe égale à la différence entre le prix d'affranchissement déjà acquitté et celui qui aurait été perçu si les envois avaient été expédiés primitivement sur leur nouvelle destination. Le montant de cette différence doit être exprimé en francs et centimes, à côté des timbres-poste, par l'Office réexpéditeur.

Dans l'un et l'autre cas, les taxes prévues ci-dessus restent exigibles du destinataire alors même que, par suite de réexpéditions successives, les envois reviennent dans le pays d'origine.

3. Lorsque des objets primitivement adressés à l'intérieur d'un pays de l'Union et affranchis en numéraire sont réexpédiés à un autre pays, l'Office réexpéditeur doit indiquer, sur l'objet, le montant, en monnaie de franc, de la différence entre la taxe perçue et la taxe internationale.

4. Les objets de toute nature mal dirigés sont, sans aucun délai, réexpédiés par la voie la plus prompte sur leur destination.

5. Les correspondances de toute nature, ordinaires ou recommandées, qui, portant une adresse incomplète ou erronée, sont renvoyées aux expéditeurs pour qu'ils la complètent ou la rectifient, ne sont pas, quand elles sont remises dans le service avec une suscription complétée ou rectifiée, considérées comme des correspondances réexpédiées, mais bien comme de nouveaux envois, et deviennent, par suite, passibles d'une nouvelle taxe.

XXVIII. Correspondances tombées en rebut.—1. Les correspondances de toute nature qui sont tombées en rebut pour quelque cause que ce soit, doivent être renvoyées, aussitôt après les délais de conservation voulus par les règlements du pays destinataire, et au plus tard dans un délai de six mois dans les relations avec les pays d'outre-mer et de deux mois pour les autres relations, par l'intermédiaire des bureaux d'échange respectifs et en une liasse spéciale étiquetée: «Rebuts» et portant l'indication du pays d'origine des correspondances. Les termes de deux mois et de six mois comptent à partir de la fin du mois dans lequel les correspondances sont parvenues au bureau de destination.

2. Toutefois, les correspondances recommandées tombées en rebut sont renvoyées au bureau d'échange du pays d'origine comme s'il s'agissait de correspondances recommandées à destination de ce pays, sauf qu'en regard de l'inscription nominative au tableau numéro I de la feuille d'avis ou sur la liste détachée, la mention «Rebuts» est consignée dans la colonne «Observations» par le bureau réexpéditeur.

3. Par exception, deux Offices correspondants peuvent, d'un commun accord, adopter un autre mode de renvoi de rebuts. Ils peuvent aussi s'entendre pour se dispenser de se renvoyer réciproquement certains imprimés considérés comme dénués de valeur, ainsi que les «chain-letters» (lettres dites boules de neige) insuffisamment affranchies qui ont été refusées par le destinataire, lorsque l'Office de destination a constaté, après avoir consulté le destinataire, que les envois en cause sont en effet des «chain-letters».

4. Avant de renvoyer à l'Office d'origine les correspondances non distribuées pour un motif quelconque, l'Office destinataire doit indiquer d'une manière claire et concise, en langue française, sur ces objets, la cause de la non-remise sous la forme suivante: inconnu, refusé, en voyage, parti, non réclamé, décédé, etc. Cette indication est fournie par l'application d'un timbre ou l'application d'une étiquette. Chaque Office a la faculté d'ajouter la traduction, dans sa propre langue, de la cause de nonremise et les autres indications qui lui conviennent.

5. Si des correspondances mises à la poste dans un pays de l'Union et adressées à l'intérieur de ce même pays ont pour expéditeurs des personnes habitant un autre pays et doivent, par suite de non-distribution et de mise en rebut, être renvoyées à l'étranger pour être rendues à leurs auteurs, elles deviennent des envois de l'échange international. En pareil cas, l'Office réexpéditeur et l'Office distributeur font application auxdites correspondances des dispositions des §§ 2 et 3 de l'art. XXVII précédent.

6. Les correspondances pour les marins et autres personnes adressées aux soins d'un Consul et rendues par celui-ci au bureau de poste local comme non réclamées doivent être traitées de la manière prescrite par le § 1 ou le § 2, suivant le cas, pour les rebuts en général. Le montant des taxes perçues à la charge du Consul sur ces correspondances doit en même temps lui être rendu par le bureau de poste local.

XXIX. Réclamation d'objets ordinaires non parvenus. —1. Toute réclamation relative à un objet de correspondance ordinaire non parvenu à destination donne lieu au procédé suivant:

1° Il est remis au réclamant une formule conforme au modèle *G* ci-annexé, avec prière d'en remplir, aussi exactement que possible, la partie qui le concerne.

2° Le bureau où la réclamation s'est produite transmet la formule directement au bureau correspondant. La transmission s'effectue d'office et sans aucun écrit.

3° Le bureau correspondant fait présenter la formule au destinataire ou à l'expéditeur, selon le cas, avec prière de fournir des renseignements à ce sujet.

4° Munie de ces renseignements, la formule est renvoyée d'office au bureau qui l'adressée.

5° Dans le cas où la réclamation est reconnue fondée, elle est transmise à l'Administration centrale pour servir de base aux investigations ultérieures.

6° Á moins d'entente contraire, la formule est rédigée en français ou porte une traduction française.

2. Toute Administration peut exiger, par une notification adressée au Bureau international, que les réclamations qui concernent son service soient transmises à son Administration centrale ou à un bureau spécialement désigné par elle.

XXX. Réclamation d'objets recommandés. —1. Pour les réclamations d'objets recommandés, il est fait usage d'une formule conforme ou analogue au modèle *H* annexé au présent Règlement. L'Office du pays d'origine, après avoir établi les dates de transmission des envois en question au service suivant, transmet cette formule directement à l'Office de destination.

2. Toutefois, dans les relations avec les pays d'outre-mer et de ces pays entre eux, la réclamation est transmise de bureau à bureau en suivant la même voie d'acheminement que l'envoi qui fait l'objet de la réclamation.

3. Dans le cas prévu au § 1 ci-dessus, lorsque l'Office destinataire est en état de fournir les renseignements sur le sort définitif de l'envoi réclamé, il renvoie cette formule, revêtue des renseignements que le cas comporte, à l'Office d'origine.

Lorsque le sort d'un envoi qui a passé à découvert par plusieurs services ne peut être immédiatement constaté dans le service du pays de destination, l'Office destinataire transmet la formule au premier Office intermédiaire, qui, après avoir établi les données de la transmission de l'objet au service suivant, transmet la réclamation à l'Office suivant et ainsi de suite, jusqu'à ce que le sort définitif de l'objet réclamé soit établi. L'Office qui a effectué la remise au destinataire, ou qui, le cas échéant, ne peut établir, ni la remise, ni la transmission régulière à une autre Administration, constate le fait sur la formule et la renvoie à l'Office d'origine.

4. Dans le cas prévu au § 2 ci-dessus, les recherches se poursuivent depuis l'Office d'origine jusqu'à l'Office de destination. Chaque Office établit sur la formule les données de la transmission à l'Office suivant et l'envoie ensuite à celui-ci. L'Office qui a effectué la remise au destinataire, ou qui, le cas échéant, ne peut établir ni la remise ni la transmission régulière à une autre Administration, constate le fait sur la formule et la renvoie à l'Office d'origine.

5. Les formules *H* sont rédigées en français ou portent une traduction sublinéaire en cette langue. Elles doivent indiquer l'adresse complète du destinataire et être accompagnées, autant que possible, d'un fac-similé de l'enveloppe ou de la suscription de l'envoi. Elles sont transmises sans lettre d'envoi sous enveloppe fermée. Chaque Administration est libre de demander, par une notification adressée au Bureau international, que les réclamations qui concernent son service soient transmises, soit à son Administration

centrale, soit à un bureau spécialement désigné, soit enfin directement au bureau de destination ou, si elle est seulement intéressée à titre d'intermédiaire, au bureau d'échange auquel l'envoi a été expédié,

6. Les dispositions qui précèdent ne s'appliquent pas aux cas de spoliation (*v*) de dépêche, manque de dépêche, etc., qui comportent une correspondance plus étendue entre les Administrations.

XXXI. Retrait de correspondances et rectification d'adresses. — 1. Pour les demandes de renvoi ou de réexpédition de correspondances, ainsi qui pour les demandes de rectification d'adresses, l'expéditeur doit faire usage d'une formule conforme au modèle *I* annexé au présent Règlement. En remettant cette réclamation au bureau de poste, l'expéditeur doit y justifier de son identité et produire, s'il y a lieu, le bulletin du dépôt. Après la justification, dont l'Administration du pays d'origine assume la responsabilité, il est procédé de la manière suivante:

1° Si la demande est destinée à être transmise par voie postale, la formule, accompagnée d'un fac-similé parfait de l'enveloppe ou suscription de l'envoi, est expédiée directement, sous pli recommandé, au bureau de poste destinataire.

2° Si la demande doit être faite par voie télégraphique, la formule est déposée au service télégraphique chargé d'en transmettre les termes au bureau de poste destinataire.

2. À la réception de la formule *I* ou du télégramme en tenant lieu, le bureau de poste destinataire recherche la correspondance signalée et donne à la demande la suite nécessaire.

Toutefois, s'il s'agit d'un changement d'adresse demandé par voie télégraphique, le bureau destinataire se borne à retenir la lettre et attend, pour faire droit a la demande, l'arrivée du fac-similé nécessaire.

Si la recherche est infructueuse, si l'objet a déjà été remis au destinataire, ou si la demande par voie télégraphique n'est pas assez explicite pour permettre de reconnaître sûrement l'objet de correspondance indiqué, le fait est signalé immédiatement au bureau d'origine, qui en prévient le réclamant.

3. À moins d'entente contraire, la formule *I* est rédigée en français ou porte une traduction sublinéaire en cette langue, et, dans le cas d'emploi de la voie télégraphique, le télégramme est formulé en langue française.

4. Une simple correction d'adresse (sans modification du nom ou de la qualité du destinataire) peut aussi être demandée directement au bureau destinataire, c'est-à-dire sans l'accomplissement des formalités prescrites pour le changement d'adresse proprement dit.

5. Toute Administration peut exiger, par une notification adressée au Bureau international, que l'échange des réclamations, en ce qui la concerne, soit effectué par l'entremise de son Administration centrale ou d'un bureau spécialement désigné.

Dans le cas où l'échange des reclamations s'effectue par l'entremise des Administrations centrales, il doit être tenu compte des demandes expédiées directement par les bureaux d'origine aux bureaux de destination, dans ce sens que les correspondances y relatives sont exclues de la distribution jusqu'à l'arrivée de la réclamation de l'Administration centrale.

Les Administrations qui usent de la faculté prévue par le premier alinéa du présent paragraphe prennent à leur charge les frais que peut entraîner la transmission, dans leur service intérieur, par voie postale ou télégraphique, des communications à échanger avec le bureau destinataire.

Le recours à la voie télégraphique est obligatoire lorsque l'expéditeur a lui-même fait usage de cette voie et que le bureau destinataire ne peut pas être prévenu en temps utile par la voie postale.

XXXII. Emploi de timbres-poste présumés frauduleux. —Sous réserve des dispositions que comporte la législation de chaque pays, même dans les cas où cette réserve n'est pas expressément stipulée dans les dispositions du présent article, le procédé ci-après est suivi pour la constatation de l'emploi, pour l'affranchissement, de timbres-poste frauduleux:

a) Lorsque la présence, sur un envoi quelconque, d'un timbre-poste frauduleux (contrefait ou ayant déjà servi) est constatée au départ, par un Office dont la législation particulière n'exige pas la saisie immédiate de l'envoi, la figurine n'est altérée d'aucune façon, et l'envoi, inséré dans une enveloppe à l'adresse du bureau destinataire, est acheminé sous recommandation d'office.

b) Cette formalité est notifiée, sans délai, aux Administrations des pays d'origine et de destination, au moyen d'un avis conforme au modèle *K* annexé au présent Règlement. Un exemplaire de cet avis est, en outre, transmis au bureau de destination dans l'enveloppe qui renferme l'objet revêtu du timbre-poste réputé frauduleux.

c) Le destinataire est convoqué pour constater la contravention.

La remise de l'envoi n'a lieu que dans le cas où le destinataire ou son fondé de pouvoirs paye le port dû et consent à faire connaître le nom et l'adresse de l'expéditeur, et à mettre à la disposition de la poste, après avoir pris connaissance du contenu, l'objet entier s'il est inséparable du corps du délit ou bien la partie de l'objet (enveloppe, bande, portion de lettre, etc.) qui contient la suscription et le timbre signalé comme frauduleux.

d) Le résultat de la convocation est constaté par un procès-verbal conforme au modèle *L* annexé au présent Règlement et où il est fait mention des incidents survenus tels que non-comparution, refus de recevoir l'envoi, de l'ouvrir ou d'en faire connaître l'expéditeur, etc. Ce document est signé par l'agent des postes et par le destinataire de l'envoi ou son fondé de pouvoirs; si ce dernier refuse de signer, le refus est constaté aux lieu et place de la signature.

Le procès-verbal est transmis, avec pièces à l'appui, à l'Administration des postes du pays d'origine, qui, à l'aide de ces documents, fait poursuivre, s'il y a lieu, la répression de l'infraction d'après sa législation intérieure.

XXXIII. Statistique des frais de transit. —1. Les statistiques à effectuer en exécution des articles IV et XVII de la Convention pour le décompte des frais de transit dans l'Union et en dehors des limites de l'Union, sont établies une fois tous les six ans d'après les dispositions des articles suivants pendant les vingt-huit premiers jours du mois de Novembre ou de Mai alternativement.

La statistique de Novembre 1907 s'appliquera aux années 1908 à 1913 inclusivement; la statistique de Mai 1913 s'appliquera aux années 1914 à 1919 inclusivement et ainsi de suite.

2. Dans le cas d'accession à l'Union d'un pays ayant des relations importantes, les pays de l'Union dont la situation pourrait, par suite de cette circonstance, se trouver modifiée sous le rapport du payement des frais de transit, ont la faculté de réclamer une statistique spéciale se rapportant exclusivement au pays nouvellement entré.

3. Lorsqu'il se produit une modification importante dans le mouvement des correspondances et pour autant que cette modification affecte une période ou des périodes s'élevant à un total d'au moins douze mois, les Offices intéressés s'entendent pour régler entre eux, au besoin par la voie d'une nouvelle statistique, le partage des frais de transit proportionnellement à la part d'intervention desdits Offices dans le transport des correspondances auxquelles ces frais se rapportent.

XXXIV. Dépêches closes. —1. Les correspondances échangées en dépêches closes, entre deux Offices de l'Union ou entre un Office de l'Union et un Office étranger à l'Union, à travers le territoire ou au moyen des services d'un ou de plusieurs autres Offices, font l'objet d'un relevé conforme au modèle *M* annexé au présent Règlement, qui est établi d'après les dispositions suivantes.

Pendant chaque période de statistique, des sacs ou de paquets distincts doivent être employés pour les ‹lettres et les cartes postales› et pour les ‹autres objets›. Ces sacs ou paquets doivent respectivement être munis d'une étiquette ‹L. C.› et ‹A. O.› (*w*).

Par dérogation aux dispositions de l'art. XXIV du présent Règlement, chaque Administration a la faculté, pendant la période de statistiques, de comprendre les objets recommandés autres que les lettres et les cartes postales dans un des sacs ou paquets destinés aux autres objets, en faisant mention de ce fait sur la feuille d'avis; mais si, conformément audit art. XXIV, ces objets recommandés sont compris dans un sac ou paquet à lettres, ils sont traités, en ce qui concerne la statistique de poids, comme faisant partie de l'envoi de lettres.

2. En ce qui concerne les dépêches d'un pays de l'Union pour un autre pays de l'Union, le bureau d'échange expéditeur inscrit, à la feuille d'avis pour le bureau d'échange destinataire de la dépêche, le poids brut des lettres et des cartes postales et celui des autres objets, sans distinction de l'origine ni de la destination des correspondances. Le poids brut comprend le poids de l'emballage, mais non pas celui des sacs vides emballés dans des sacs distincts. Ces indications sont vérifiées par le bureau destinataire, lequel signale immédiatement au bureau expéditeur, au moyen d'un bulletin de vérification, toute erreur dans la déclaration de ce bureau ayant pour objet une différence de poids supérieure à 50 grammes.

3. Aussitôt que possible après la clôture des opérations de statistique, les bureaux destinataires dressent les relevés (modèle *M*) en autant d'expéditions qu'il y a d'Offices intéressés, y compris celui du lieu de départ. Ces relevés sont transmis par les bureaux d'échange qui les ont établis aux bureaux d'échange de l'Office débiteur pour être revêtus de leur acceptation. Ceux-ci, après avoir accepté ces relevés, les transmettent à l'Administration centrale dont ils relèvent, chargée de les répartir entre les Offices intéressés.

4. En ce qui concerne les dépêches closes échangées entre un pays de l'Union et un pays étranger à l'Union, par l'intermédiaire d'un ou de plusieurs Offices de l'Union, les bureaux d'échange du pays de l'Union dressent, pour les dépêches expédiées ou reçues, un relevé (modèle *M*) qu'ils transmettent à l'Office de sortie ou d'entrée, lequel établit, à la fin de la période de statistique, un relevé général en autant d'expéditions qu'il y a d'Offices intéressés, y compris lui-même et l'Office de l'Union débiteur. Une expédition de ce relevé est transmise à l'Office débiteur, ainsi qu'à chacun des Offices qui ont pris part au transport des dépêches.

5. Après chaque période de statistique, les Administrations qui ont expédié des dépêches en transit envoient la liste de ces dépêches aux différentes Administrations dont elles ont emprunté l'intermédiaire.

6. Le simple entrepôt, dans un port, de dépêches closes apportées par un paquebot et destinées à être reprises par un autre paquebot, ne donne pas lieu au payement de frais de transit territorial au profit de l'Office des postes du lieu d'entrepôt.

7. Il incombe aux Administrations des pays dont relèvent des bâtiments de guerre de dresser les relevés (modèle *M*) relatifs aux dépêches expédiées ou reçues par ces bâtiments. Ces dépêches doivent, pendant la période de statistique, porter sur des étiquettes, les indications suivantes:

a) La nature du contenu et le poids brut, d'après les dispositions du § 1 du présent article.

b) La route suivie ou à suivre.

Dans le cas où une dépêche à l'adresse d'un bâtiment de guerre est réexpédiée pendant la période de statistique, l'Office réexpéditeur en informe l'Office du pays dont le bâtiment relève.

XXXV. Correspondances à découvert. —1. Les correspondances ordinaires et recommandées ainsi que les lettres de valeur déclarée transmises à découvert pendant une période de statistique font l'objet d'une inscription sur la feuille d'avis, par le bureau d'échange expéditeur, rédigée comme suit:

CORRESPONDANCES À DÉCOUVERT	NOMBRE
Lettres........................	
Cartes postales...................	
Autres objets...........	

Les correspondances exemptes de tous frais de transit conformément aux dispositions du § 8 de l'art. IV de la Convention ne sont pas comprises dans ces chiffres.

2. Le bureau d'échange correspondant, après vérification de l'inscription sur la feuille d'avis, prend livraison des correspondances, pour les acheminer vers leurs destinations, en les confondant avec les siennes propres.

3. Toute erreur dans la déclaration du bureau d'échange expéditeur est signalée immédiatement à ce bureau au moyen d'un bulletin de vérification.

4. Á défaut de correspondances à découvert, le bureau expéditeur inscrit en tête de la feuille d'avis la mention:

«Pas de correspondances à découvert.»

XXXVI. Compte des frais de transit. —1. Les nombres des correspondances transmises à découvert et les poids des dépêches closes multipliés tous deux par 13 servent de base à des comptes particuliers établissant en francs et centimes les prix annuels de transit revenant à chaque Office. Dans le cas où ce multiplicateur ne se rapporte pas à la périodicité du service ou lorsqu'il s'agit d'expéditions extraordinaires faites pendant la période de statistique, les Administrations intéressées s'entendent pour l'adoption d'un autre multiplicateur. Le soin d'établir les comptes incombe à l'Office créditeur, qui les transmet à l'Office débiteur. Le multiplicateur admis fait chaque fois règle pour les 6 années d'une même période de statistique.

2. Afin de tenir compte du poids des sacs et de l'emballage et des catégories de correspondances exemptes de tous frais de transit en conformité des dispositions du § 8 de l'article IV de la Convention, le montant total du compte des dépêches closes est réduit de 10 %.

3. Les comptes particuliers sont dressés, en double expédition, autant que possible en conformité des modèles *N*, *O* et *P* annexés au présent Règlement.

4. L'établissement et l'envoi des comptes particuliers doivent être effectués dans le plus bref délai possible et, au plus tard, avant l'expiration de l'année qui suit l'année de la statistique.

En tous cas, si l'Office qui a envoyé le compte n'a reçu aucune observation rectificative dans un intervalle de 6 mois à compter de l'envoi, ce compte est considéré comme admis de plein droit.

5. Sauf entente contraire entre les Administrations intéressées, le décompte général comprenant les frais de transit territorial et maritime est établi par le Bureau international.

6. Dans ce but, aussitôt que les comptes particuliers réciproques entre deux Administrations auront été établis, un relevé (modèle Q) indiquant les montants totaux de ces comptes est dressé par chacune des deux Administrations et transmis par celles-ci sans aucun retard, et au plus tard avant l'expiration de la deuxième année qui suit l'année de la statistique, au Bureau international.

Dans le cas où l'une des Administrations n'aurait pas fourni d'indications dans le délai fixé ci-dessus, les indications de l'autre Administration font foi.

Dans le cas où deux Administrations se seraient mises d'accord pour faire un règlement spécial, le relevé portera la mention «Compte réglé à part — à titre d'information» et ne sera pas compris dans le décompte général.

En cas de différence entre les indications correspondantes de deux Administrations, le Bureau international les invite à se mettre d'accord et à lui communiquer les sommes définitivement fixées.

Dans le cas du § 4, 2° alinéa, du présent article, les relevés doivent porter la mention «Aucune observation de l'Office débiteur n'est parvenue dans le délai réglementaire».

7. Le Bureau international effectue les suppressions prévues dans l'art. IV, § 9, de la Convention principale et en donne avis aux Offices intéressés.

8. À la fin du premier trimestre de l'année 1909 et de chaque année suivante, le Bureau international réunit, dans un décompte annuel des frais de transit, les relevés qui lui sont parvenus jusque-là. Ce décompte indique:

a) Le total du Doit et de l'Avoir de chaque Administration.

b) Le solde débiteur ou le solde créditeur de chaque Administration, représentant la différence entre le total du Doit et le total de l'Avoir.

c) Les sommes à payer par les Administrations débitrices.

d) Les sommes à recevoir par les Administrations créditrices.

Les totaux des deux catégories de soldes sous les lettres a) à d) doivent nécessairement être égaux

Le Bureau international pourvoira à ce que le nombre des payements à effectuer par les Administrations débitrices soit restreint dans la mesure du possible.

9. Les décomptes annuels doivent être transmis aux Administrations de l'Union par le Bureau international, dans le plus bref délai possible.

XXXVII. Liquidation des frais de transit. — 1. Le solde annuel résultant du décompte du Bureau international est payé par l'Office débiteur à l'Office créditeur au moyen de traites. Si l'Office créditeur a le franc pour unité monétaire, les traites sont tirées en francs effectifs sur une place du pays créditeur au gré de l'Office débiteur. Si l'Office créditeur n'a pas le franc pour unité monétaire, les traites sont tirées au gré de l'Office débiteur soit en francs effectifs sur Paris ou sur une place du pays créditeur, soit dans la monnaie du pays créditeur et sur une place de ce pays; dans ce dernier cas, les Offices intéressés s'entendent sur la manière de procéder et, le cas échéant, sur le taux de conversion du solde dû en monnaie métallique du pays créditeur. Les frais de payement sont supporttés par l'Office débiteur.

2. Le payement du solde annuel doit être effectué dans le plus bref délai possible, et; au plus tard, avant l'expiration d'un délai de 3 mois après réception du décompte pour les pays d'Europe et de 4 mois pour les autres pays. Passé ce délai, les sommes dues par un Office à un autre Office sont productives d'intérêts, à raison de 5 pour cent l'an et à dater du jour d'expiration dudit délai.

XXXVIII. Répartition des frais du Bureau international—1. Les frais communs du Bureau international ne doivent pas dépasser, par année, la somme de 125.000 francs, non compris les frais spéciaux auxquels donne lieu la réunion d'un Congrès ou d'une Conférence.

2. L'Administration des postes suisses surveille les dépenses du Bureau international, fait les avances nécessaires et établit le compte annuel, qui est communiqué à toutes les autres Administrations.

3. Pour la répartition des frais, les pays de l'Union sont divisés en sept classes, contribuant chacune dans la proportion d'un certain nombre d'unités, savoir:

1er classe	25	unités.
2e »	20	»
3e »	15	»
4e ».	10	»
5e »	5	»
6e »	3	»
7e »	1	unité.

4. Ces coefficients sont multipliés par le nombre des pays de chaque classe, et la somme des produits ainsi obtenus fournit le nombre d'unités par lequel la dépense totale doit être divisée. Le quotient donne le montant de l'unité de dépense.

5. Les pays de l'Union sont classés ainsi qu'il suit, en vue de la répartition des frais:

1er classe: Allemagne, Autriche, États-Unis d'Amérique, France, Grande-Bretagne, Hongrie, Inde britannique, Confédération australienne *(Commonwealth of Australia)*. Canada, colonies et protectorats britanniques de l'Afrique du Sud, ensemble des autres colonies et protectorats britanniques, Italie, Japon, Russie, Turquie.

2e classe: Espagne.

3e classe: Belgique, Brésil, Égypte, Pays-Bas, Roumanie, Suède, Suisse, Algérie, colonies et protectorat français de l'Indo-Chine, ensemble des autres colonies françaises, ensemble des possessions insulaires des États-Unis d'Amérique, Indes néerlandaises.

4e classe: Danemark, Norvège, Portugal, colonies portugaises de l'Afrique, ensemble des autres colonies portugaises.

5e classe: Argentine (République), Bosnie-Herzégovine, Bulgarie, Chili, Colombie, Grèce, Mexique, Pérou, Serbie, Tunisie.

6e clase: Bolivie, Costa-Rica, Cuba, République Dominicaine, Équateur, Guatemala, Haïti, République de Honduras, Luxembourg, République de Nicaragua, République de Panama, Paraguay, Perse, République de Salvador, Royaume de Siam, Uruguay, Venezuela, protectorats allemands de l'Afrique, protectorats allemands de l'Asie et de l'Australasie, colonies danoises, colonie de Curaçao (ou Antilles néerlandaises), colonie de Surinam (ou Guyane néerlandaise).

7e classe: État indépendant du Congo, Corée, Crète, établissements espagnols du golfe de Guinée, ensemble des colonies italiennes, Libéria, Monténégro.

XXXIX. Communications à adresser au Bureau international.—1. Le Bureau international sert d'intermédiaire aux notifications régulières et générales qui intéressent les relations internationales.

2. Les Administrations faisant partie de l'Union doivent se communiquer, notamment, par l'intermédiaire du Bureau international:

1° L'indication des surtaxes qu'elles perçoivent par application de l'art. V de la Convention, en plus de la taxe de l'Union, soit pour port maritime, soit pour frais de transport extraordinaire, ainsi que la nomenclature des pays par rapport auxquels ces surtaxes sont perçues, et, s'il y a lieu, la désignation des voies qui en motivent la perception.

2° La collection en trois exemplaires de leurs timbres-poste, avec indication, le cas échéant, de la date à partir de laquelle les timbres-poste des émissions antérieures cesseraient d'avoir cours.

3° L'avis si elles entendent user de la faculté qui est laissée aux Administrations d'appliquer ou de ne pas appliquer certaines dispositions générales de la Convention et du présent Règlement.

4° Les taxes modérées qu'elles ont adoptées, soit en vertu d'arrangements particuliers conclus par application de l'art. XXI de la Convention, soit en exécution de l'article XX de la Convention, et l'indication des relations dans lesquelles ces taxes modérées sont applicables.

5° La liste des objets interdits à l'importation ou au transit et de ceux qui sont admis conditionnellement au transport dans leurs services respectifs. Cette liste devra indiquer séparément lesdits objets par mode de transport, savoir:

a) Par la «poste aux lettres» (lettres, imprimés, échantillons).

b) Sous forme «de colis postal» (dans les relations entre pays contractants ou non contractants), et

c) Facultativement, sous une autre forme (par l'intermédiaire des Administrations postales ou d'autres entreprises de transport).

3. Toute modification apportée ultérieurement, à l'égard de l'un ou l'autre des cinq points ci-dessus mentionnés, doit être notifiée sans retard de la même manière.

4. Le Bureau international reçoit également de toutes les Administrations de l'Union deux exemplaires de tous les documents qu'elles publient, tant sur le service intérieur que sur le service international.

XL. Statistique générale.—1. Chaque Administration fait parvenir, à la fin du mois de juillet de chaque année, au Bureau international, une série aussi complète que possible de renseignement statistiques se rapportant à l'année précédente, sous forme de tableaux conformes ou analogues aux modèles ci-annexés *R* et *S*.

2. Les opérations de service qui donnent lieu à enregistrement font l'objet de relevés périodiques, d'après les écritures effectuées.

3. Pour toutes les autres opérations, il est procédé chaque année à un comptage en bloc des objets de correspondance de toute nature, sans faire de distinction entre les lettres, cartes postales, imprimés, papiers d'affaires et échantillons de marchandises, et tous les trois ans, au plus tard, à un dénombrement des différentes catégories de correspondances.

Les statistiques ont lieu pour les échanges quotidiens pendant une semaine, à partir du deuxième jeudi du mois d'Octobre et pour les échanges non quotidiens pendant quatre semaines à partir du premier du même mois.

Dans l'intervalle qui s'écoule entre les statistiques spéciales, le dénombrement des différentes catégories est fait d'après des chiffres proportionnels tirés de la précédente statistique spéciale.

4. Le Bureau international est chargé de faire imprimer et de distribuer les formules de statistique à remplir par chaque Administration. Il est chargé, en outre, de fournir aux Administrations qui en feront la demande toutes les indications nécessaires sur les règles à suivre pour assurer, autant que possible, l'uniformité des opérations de statistique.

XLI. Attributions du Bureau international.—1. Le Bureau international dresse une statistique générale pour chaque année.

2. Il rédige, à l'aide des documents qui sont mis à sa disposition, un journal spécial en langues allemande, anglaise et française.

3. Le Bureau international publie, d'après les informations fournies en vertu des prescriptions de l'art. XXXIX précédent, un recueil officiel de tous les renseignements d'intérêt général concernant l'exécution de la Convention et du présent Règlement dans chaque pays de l'Union. Les modifications ultérieures sont publiées par suppléments semestriels. Toutefois, dans les cas d'urgence, lorsqu'une Administration demande expressément la publication immédiate d'un changement qui s'est produit dans son service, le Bureau international en fait l'objet d'une circulaire spéciale.

Des recueils analogues concernant l'exécution des Arrangements spéciaux de l'Union peuvent être publiés par le Bureau international sur la demande des Administrations participant à ces Arrangements.

4. Tous les documents publiés par le Bureau international sont distribués aux Administrations de l'Union dans la proportion du nombre d'unités contributives assignées à chacune d'elles par l'art. XXXVIII précédent.

5. Les exemplaires et documents supplémentaires qui seraient réclamés par ces Administrations sont payés à part, d'après leur prix de revient.

6. Le Bureau international doit, d'ailleurs, se tenir en tout temps à la disposition des membres de l'Union, pour leur fournir, sur les questions relatives au service international des postes, les renseignements spéciaux dont ils pourraient avoir besoin.

7. Le Bureau international instruit les demandes de modification ou d'interprétation des dispositions qui régissent l'Union. Il notifie les résultats de chaque instruction (*x*), et toute modification ou résolution adoptée n'est exécutoire que trois mois, au moins, après sa notification.

8. Le Bureau international opère la balance et la liquidation des décomptes de toute nature entre les Administrations de l'Union qui déclarent vouloir emprunter l'intermédiaire de ce Bureau dans les conditions déterminées par l'art. XLII ci-après.

9. Le Bureau international prépare les travaux des Congrès ou Conférences. Il pourvoit aux copies et impressions nécessaires, à la rédaction et à la distribution des amendements, procès-verbaux et autres renseignements.

10. Le Directeur de ce Bureau assiste aux séances des Congrès ou Conférences et prend part aux discussions sans voix délibérative.

11. Il fait sur sa gestion un rapport annuel qui est communiqué à toutes les Administrations de l'Union.

12. La langue officielle du Bureau international est la langue française.

13. Le Bureau international est chargé de publier un dictionnaire alphabétique de tous les bureaux de poste du monde, avec une mention spéciale pour ceux de ces bureaux chargés de services qui ne sont pas encore généralisés. Ce dictionnaire est tenu au courant moyen de suppléments ou de toute autre manière que le Bureau international jugera convenable.

Le dictionnaire mentionné au présent paragraphe est livré au prix de revient aux Administrations qui en font la demande.

14. Le Bureau international est chargé de la confection et de l'approvisionnement des coupons-réponse prévus à l'art. XI de la Convention principale, ainsi que de l'etablissement et de la liquidation des comptes se rapportant à ce service et dont il s'agit à l'art. VII du présent Règlement.

XLII. Office central de comptabilité et de liquidation des comptes entre les Administrations de l'Union. —1. ·Le Bureau international de l'Union postale universelle est chargé d'opérer la balance et la liquidation des décomptes de toute nature relatifs au service international des postes entre les Administrations des pays de l'Union qui ont le franc pour unité monétaire ou qui se sont mises d'accord sur le taux de conversion de leur monnaie en francs et centimes métalliques.

Les Administrations qui ont l'intention de réclamer, pour ce service de liquidation, le concours du Bureau international, se concertent, à cet effet, entre elles et avec ce Bureau.

Malgré son adhésion, chaque Administration conserve le droit d'établir à son choix des décomptes spéciaux pour diverses branches du service et d'en opérer à sa convenance le règlement avec ses correspondants, sans employer l'intermédiaire du Bureau international, auquel, à teneur de l'alinéa qui précède, elle se borne à indiquer pour quelles branches de service et pour quels pays elle réclame ses offices *(y* \.

Sur la demande des Administrations intéressées, les décomptes télégraphiques peuvent aussi être indiqués au Bureau international pour entrer dans la compensation des soldes.

Les Administrations qui auront emprunté l'intermédiaire du Bureau internationa- pour la balance et la liquidation des décomptes peuvent cesser d'user de cet intermédiaire trois mois après qu'elles en auront averti ledit Bureau.

2. Après que les comptes particuliers ont été débattus et arrêtés d'un commun accord, les Administrations débitrices transmettent aux Administrations créditrices, pour chaque nature d'opérations, une reconnaissance, établie en francs et centimes, du montant de la balance des deux comptes particuliers, avec l'indication de l'objet de la créance et de la période à laquelle elle se rapporte.

Toutefois, en ce qui concerne l'échange des mandats, la reconnaissance doit être transmise par l'Office débiteur dès l'établissement de son propre compte particulier et la réception du compte particulier de l'Office correspondant, sans attendre qu'il ait été procédé à la vérification de détail. Les différences ultérieurement constatées sont reprises dans le premier compte à intervenir.

Sauf entente contraire, l'Administration qui désirerait, pour sa comptabilité intérieure, avoir des comptes généraux, aurait à les établir elle-même et à les soumettre à d'acceptation de l'Administration correspondante.

Les Administrations peuvent s'entendre pour pratiquer un autre système dans leurs relations.

3. Chaque Administration adresse mensuellement ou trimestriellement, si des circonstances spéciales le rendent désirable, au Bureau international, un tableau indiquant son Avoir du chef des décomptes particuliers, ainsi que le total des sommes dont elle est créditrice envers chacune des Administrations contractantes; chaque créance figurant dans ce tableau doit être justifiée par une reconnaissance de l'Office débiteur.

Ce tableau doit parvenir au Bureau international le 19 de chaque mois ou du premier mois de chaque trimestre au plus tard, sous peine de n'être compris que dans la liquidation du mois ou du trimestre suivant.

4. Le Bureau international constate, en rapprochant les reconnaissances, si les tableaux sont exacts. Toute rectification nécessaire est notifiée aux Offices intéressés.

Le Doit de chaque Administration envers une autre est reporté dans un tableau récapitulatif; afin d'établir le total dont chaque Administration est débitrice, il suffit d'additionner les diverses colonnes de ce tableau récapitulatif.

5. Le Bureau international réunit les tableaux et les récapitulations en une balance générale indiquant:

a) Le total du Doit et de l'Avoir de chaque Administration.

b) Le solde débiteur ou le solde créditeur de chaque Administration, représentant la différence entre le total du Doit et le total de l'Avoir.

c) Les sommes à payer par une partie des membres de l'Union à une Administration, ou réciproquement les sommes à payer par cette dernière à l'autre partie.

Les totaux des deux catégories de soldes sous *a* et *b* doivent nécessairement être égaux.

On pourvoira autant que possible à ce que chaque Administration n'ait à effectuer, pour se libérer, qu'un ou deux payements distincts.

Toutefois, l'Administration qui se trouve habituellement à découvert vis-à-vis d'une autre Administration pour une somme supérieure à 50.000 francs a le droit de réclamer des acomptes.

Ces acomptes sont inscrits, tant par l'Administration créditrice que par l'Administration débitrice, au bas des tableaux à adresser au Bureau international (voir § 3).

6. Les reconnaissances (voir § 3) transmises au Bureau international avec les tableaux sont classées par Administration.

Elles servent de base pour l'établissement de la liquidation de chacune des Administrations intéressées. Dans cette liquidation doivent figurer:

a) Les sommes afférentes aux décomptes spéciaux portant sur les divers échanges.

b) Le total des sommes résultant de tous les décomptes spéciaux par rapport à chacune des Administrations intéressées.

c) Les totaux des sommes dues à toutes les Administrations créditrices pour chaque branche du service, ainsi que leur total général.

Ce total doit être égal au total du Doit qui figure dans la récapitulation.

Au bas de la liquidation, la balance est établie entre le total du Doit et le total de l'Avoir résultant des tableaux adressés par les Administrations au Bureau international (voir § 3). Le montant net du Doit ou de l'Avoir doit être égal au solde débiteur ou au solde créditeur porté dans la balance générale. En outre, la liquidation statue sur le mode de liquidation, c'est-à-dire qu'elle indique les Administrations en faveur desquelles le payement doit être effectué par l'Administrations débitrice.

Les liquidations doivent être transmises aux Administrations intéressées, par le Bureau international, au plus tard le 22 de chaque mois.

7. Le payement des sommes dues, en vertu d'une liquidation, par une Administration à une autre Administration, doit être effectué aussitôt que possible et au plus tard quinze jours après réception de la liquidation par l'Administration débitrice. Quant aux autres conditions de payement, les dispositions du § 1 de l'art. XXXVII précédent font loi. Les dispositions du § 2 dudit article sont, le cas échéant, applicables en cas de non-payement du solde dans le délai fixé.

Les soldes débiteurs ou créditeurs n'excédant pas 500 francs peuvent être reportés à la liquidation du mois suivant, à la condition toutefois que les Administrations intéressées soient en rapport mensuel avec le Bureau international. Il est fait mention de ce report ¡z' dans les récapitulations et dans les liquidations pour les Administrations créditrices et débitrices. L'Administration débitrice fait parvenir, le cas échéant, à l'Administration créditrice, une reconnaissance de la somme due, pour être portée au prochain tableau.

XLIII. Langue.—1. Les feuilles d'avis, tableaux, relevés et autres formules à l'usage des Administrations de l'Union pour leurs relations réciproques doivent être rédigés en langue française, avec ou sans traduction interlinéaire dans une autre langue, à moins que les Administrations intéressés n'en disposent autrement par une entente directe.

2. En ce qui concerne la correspondance de service, l'état de choses actuel est maintenu, sauf autre arrangement à intervenir ultérieurement et d'un commun accord entre les Administrations intéressées.

XLIV. Ressort de l'Union.—1. Sont considérés comme appartenant à l'Union postale universelle:

1° Les bureaux de poste allemands établis en Chine et au Maroc, comme relevant de l'Administration des postes d'Allemagne.

2° La principauté de Liechtenstein, comme relevant de l'Administration des postes d'Autriche.

3° L'Islande et les îles Féroë, comme faisant partie du Danemark.

4° Les possessions espagnoles de la côte septentrionale d'Afrique, comme faisant partie de l'Espagne; la République du Val d'Andorre et les bureaux de poste espagnols établis au Maroc, comme relevant de l'Administration des postes espagnoles.

5° La principauté de Monaco et les bureaux de poste français établis au Maroc et en Chine, comme relevant de l'Administration des postes de France.

6° Les bureaux de poste que l'Administration des colonies et protectorats français de l'Indo-Chine entretient en Chine, comme relevant de cette Administration.

7° Les agences postales que l'Administration des postes de Gibraltar entretient au Maroc.

8° Les bureaux de poste que l'Administration de la colonie anglaise de Hong-Kong entretient en Chine

9° Les établissements de poste indiens d'Aden, de Mascate, du golfe Persique et de Guadur, comme relevant de l'Administration des postes de l'Inde britannique.

10° La République de Saint-Marin et le bureau italien de Tripoli de Barbarie, comme relevant de l'Administration des postes d'Italie.

11° Les bureaux de poste que l'Administration japonaise a établis en Chine.

12° Le Grand-Duché de Finlande, comme faisant partie intégrante de l'Empire de Russie, les bureaux de poste russes établis en Chine, comme relevant de l'Administration des postes de Russie.

13° Basutoland, comme relevant de l'Administration des postes de la colonie du Cap de Bonne-Espérance.

14° Walfisch-Bay, comme faisant partie de la colonie du Cap de Bonne-Espérance.

15° Le bureau de poste norvègien établi dans l'Advent-Bay, à l'Ouest du Spitzberg, comme relevant de l'Administration des postes de Norvège.

2. Dans l'intervalle qui s'écoule entre les réunions, les Administrations des pays de l'Union qui ouvrent dans des pays étrangers à l'Union des bureaux de poste qui doivent être considérés comme appartenant à l'Union, en font communication aux Administrations de tous les autres pays de l'Union, par l'intermédiaire du Bureau international.

XLV. Propositions faites dans l'intervalle des réunions.—1. Dans l'intervalle qui s'écoule entre les réunions, toute Administration des postes d'un pays de l'Union a le droit d'adresser aux autres Administrations participantes, par l'intermédiaire du Bureau international, des propositions concernant les dispositions du présent Règlement.

2. Toute proposition est soumise au procédé suivant:

Un délai de six mois est laissé aux Administrations pour examiner les propositions et pour faire parvenir au Bureau international, le cas échéant, leurs observations. Les amendements ne sont pas admis. Les réponses sont réunies par les soins du Bureau international et communiquées aux Administrations avec l'invitation de se prononcer pour ou contre. Les Administrations qui n'ont point fait parvenir leur vote dans un délai de six mois, à compter de la date de la seconde circulaire du Bureau international leur notifiant les observations apportées, sont considérées comme s'abstenant.

3. Pour devenir exécutoires, les propositions doivent réunir, savoir:

1° L'unanimité des suffrages, s'il s'agit de l'addition de nouvelles dispositions ou de la modification des dispositions du présent article et des articles III, IV, VIII, XIII, XXXI, XXXII, XXXIII, XXXVII et XLVI.

2° Les deux tiers des suffrages, s'il s'agit de la modification des dispositions des articles I, II, V, VI, XI, XII, XIV, XV, XVI, XVII, XVIII, XIX, XX, XXII, XXV, XXVI, XXVII, XXXVI, XL, XLII, XLIII et XLIV.

3° La simple majorité absolue, s'il s'agit, soit de la modification des dispositions autres que celles indiquées ci-dessus, soit de l'interprétation des diverses dispositions du Règlement, sauf le cas de litige prévu à l'art. XXIII de la Convention.

4. Les résolutions valables sont consacrées par une simple notification du Bureau international à toutes les Administrations de l'Union.

5. Toute modification ou résolution adoptée n'est exécutoire que trois mois, au moins, après sa notification.

XLVI. Durée du Règlement. — Le présent Règlement sera exécutoire à partir du jour de la mise en vigueur de la Convention du 26 Mai 1906. Il aura la même durée que cette Convention, à moins qu'il ne soit renouvelé d'un commun accord entre les parties intéressées.

Fait à Rome, le 26 Mai 1906.

Pour l'Espagne et les colonies espagnoles: CARLOS FLÓREZ.
Pour l'Allemagne et les protectorats allemands: GIESEKE. — KNOF.
Pour les États-Unis d'Amérique et les possessions insulaires des États-Unis d'Amérique: N. M. BROOKS. — EDWARD ROSEWATER.
Pour la République Argentine: ALBERTO BLANCAS.
Pour l'Autriche: STIBRAL. — EBERAN.
Pour la Belgique: J. STERPIN. — L. WODON. — A. LAMBIN.
Pour la Bolivie: J. DE LEMOINE.
Pour la Bosnie-Herzégovine: SCHLEYER. — KOWARSCHIK.
Pour le Brésil: JOAQUIM CARNEIRO DE MIRANDA E HORTA.
Pour la Bulgarie: IV. STOYANOVITCH. — T. TZONTCHEFF.
Pour le Chili: CARLOS LARRAIN CLARO. — M. LUIS SANTOS RODRIGUEZ.
Pour l'Empire de Chine:
Pour la République de Colombie: G. MICHELSEN.
Pour l'État indépendant du Congo: J. STERPIN. — L. WODON. — A. LAMBIN.
Pour l'Empire de Corée: KANICHIRO MATSUKI. — TAKEJI KAWAMURA.
Pour la République de Costa-Rica: RAFAEL MONTEALEGRE. — ALF. ESQUIVEL.
Pour la Crète: ELIO MORPURGO. — CARLO GAMOND. — PIRRONE. — GIUSEPPE GREBORIO. — E. DELMATI.
Pour la République de Cuba: DR. CARLOS DE PEDROSO.
Pour le Danemark et les colonies danoises: KIÖRBOE.
Pour la République Dominicaine:

Pour l'Égypte: Y. SABA.

Pour l'Equateur: HECTOR R. GÓMEZ.

Pour l'Empire d'Éthiopie:

Pour la France et l'Algérie: JACOTEY.—LUCIEN SAINT.—HERMAN.

Pour les colonies et protectorats français de l'Indo-Chine: G. SCHMIDT.

Pour l'ensemble des autres colonies françaises: MORGAT.

Pour la Grande-Bretagne et diverses colonies britanniques: H. BABINGTON SMITH. A. B. WALKLEY.—H. DAVIES.

Pour l'Inde britannique: H. M. KISCH.—E. A. DORAN.

Pour la Commonwealth de l'Australie: AUSTIN CHAPMAN.

Pour le Canada: R. M. COULTER.

Pour la Nouvelle-Zélande: J. G. WARD par AUSTIN CHAPMAN.

Pour les colonies britanniques de l'Afrique du Sud: SOMERSET R. FRENCH.— SPENCER TODD.—J. FRANK BROWN.—A. FALCK.

Pour la Grèce: CHRIST MIZZOPOULUS.—C. N. MARINOS.

Pour le Guatemala: THOMÁS SEGARINI.

Pour la République d'Haïti: RUFFY.

Pour la République de Honduras: JEAN GIORDANO DUC D'ORATINO.

Pour la Hongrie: PIERRE DE SZALAY.—DR. DE HENNYEY.

Pour l'Italie et les colonies italiennes: ELIO MORPURGO.—CARLO GAMOND.— PIRRONE.—GIUSEPPE GREBORIO.—E. DELMATI.

Pour le Japon: KANICHIRO MATSUKI.—TAKEJI KAWAMURA.

Pour la République de Libéria: R. DE LUCHI.

Pour le Luxembourg: Pour M. MONGENAST, A. W. KYMMELL.

Pour le Mexique: G. A. ESTEVA.—N. DOMINGUEZ.

Pour le Monténégro: EUG. POPOVITCH.

Pour le Nicaragua:

Pour la Norvège: THB. HEYERDAHL.

Pour la République de Panama: MANUEL E. AMADOR.

Pour le Paraguay: F. S. BENUCCI.

Pour les Pays-Bas: Pour M. G. J. C. A. POP: A. W. KYMMELL.—A. W. KYMMELL.

Pour les colonies néerlandaises: PERK.

Pour le Pérou:

Pour la Perse: HADJI MIRZA ALI KHAN, MOEZ ES SULTAN.—C. MOLITOR.

Pour le Portugal et les colonies portugaises: ALFREDO PEREIRA.

Pour la Roumanie: GR. CERKEZ.—G. GABRIELESCU.

Pour la Russie: VICTOR BILIBINE.

Pour le Salvador:

Pour la Servie:

Pour le Royaume de Siam: H. KEUCHENIUS.

Pour la Suède: FREDR. GRÖNWALL.

Pour la Suisse: J. B. PIODA.—A. STÄGER.—C. DELESSERT.

Pour la Tunisie: ALBERT LEGRAND.—E. MAZOYER.

Pour la Turquie:

Pour l'Uruguay: HECTOR. R. GÓMEZ.

Pour les États-Unis de Venezuela: CARLOS E. HAHN.—DOMINGO B. CASTILLO.

ANEJOS

A

Coupon-réponse international.

(a)....................   (b)

(c)

Timbre du bureau
d'origine.
                  Timbre du bureau
d'échange.

(Dessin.)

(d) Ce coupon peut être échangé contre un timbre-poste de la valeur de 25 centimes ou de l'équivalent de cette somme, dans les pays qui ont adhéré à l'arrangement.

(Nom du pays d'émission.)

(a) Traduction de l'en-tête dans la langue du pays d'émission.
(b) Prix de vente dans le pays d'émission.
(c) Cet espace est occupé par une traduction du texte (d) dans la langue du pays d'émission.
(d) Cette explication est répétée au verso dans les langues de plusieurs pays.

B

R   **LAUSANNE**
N° 1460

C

Administration d........................

Timbre du bureau
expéditeur.

Avis de réception

d'une lettre avec valeur déclarée de........... .. ⎫
d'un objet recommandé (.....................) (1) ⎬ enregistré... au bureau
d...................... le...................... sous le n°.......... (2)
expédié par M..
et adressé à M........................... à............................
(adresse complète)...

Le soussigné déclare ⎧ qu'une lettre avec valeur déclarée ⎫ à l'adresse sus-
                      ⎨ qu'un objet recommandé   ⎬   mentionnée

**Timbre du bureau
distributeur.**   et provenant de....................... ... a été dûment
                      livré le....................... 19...

Signature (3)

du destinataire,   *de l'agent du bureau distributeur,*
....

---

(1) Nature de l'objet (lettre, échantillon, imprimé, etc.).
(2) Bureau d'origine; date de dépôt à ce bureau; n° d'enregistrement au même bureau.
(3) *Nota.* Cet avis doit être signé par le destinataire ou, si les règlements du pays de destination le comportent, par l'agent du bureau distributeur, puis être mis sous enveloppe et envoyé, par le premier courrier, au bureau d'origine de l'objet qu'il concerne.

D

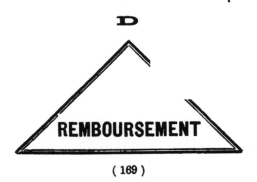

REMBOURSEMENT

(169)

<table>
<tr><td>

**Administration
des Postes**

d............ ....

</td><td>

H
(recto).

</td><td>

**Correspondance
avec l'Office**

d.................. ..

</td></tr>
</table>

Numéro d'ordre de
la dépêche.......
expédiée par le
paquebot........

Timbre du bureau
expéditeur.

Nombre de sacs ou
paquets compo-
sant l'envoi......

Timbre du bureau
destinataire.

Feuille d'avis.

Dépêche (• envoi) du bureau d'échange
d...... pour le bureau d'échange d......
Départ du...... 19 , à ... h ... m.
Arrivé le ..... 19 , à ... h ... m. du ....

Application
éventuelle
du timbre *exprès.*

.... objets recommandés { inscrits au tableau ci-dessous
                                     inscrits sur.... listes distinctes.

.... paquets ou sacs d'objets recommandés.

.... paquets de valeurs déclarées { attachés au paquet d'ob-
                                     jets recommandés.
                                     insérés dans le sac d'ob-
                                     jets recommandés.

I. — Liste des envois recommandés.

Numéros d'ordre.	Bureaux d'origine.	Numéros d'inscription au bureau d'origine.	Lieux de destination.	Observations.
1	2	8	4	5
1				
2				
8				
4				
5				
6				
7				
8				
9				
10				
11				
12				
18				
14				
15				
16				
17				
18				
19				
20				

H

(verso).

II.—Liste des dépêches closes insérées dans le présent dépêche.

Bureaux d'origine.	Bureaux de destination.	Nombre des dépêches closes.	Observations.
1	2	3	4

Recommandations d'office.

.... sacs vides en retour, dont .... à dépêches et .... pour objets recommandés.

L'employé   *L'employé*
du bureau d'échange expéditeur,   *du bureau d'échange destinataire,*

Administration des Postes   Correspondance avec l'Office

d...   d...

F

Bulletin de vérification

Timbre du bureau expéditeur.

Timbre du bureau destinataire.

pour la rectification et la constatation des erreurs et irrégularités de toute nature reconnues dans la dépêche

du bureau d'échange d..............
pour le bureau d'échange d..........

.....ᵉ expédition du .... 190 , à ..... h ..... du ....

ERREURS OU IRRÉGULARITÉS DIVERSES

(Manque de la dépêche, manque d'objets recommandés ou de la feuille d'avis, dépêche spoliée, lacérée ou en mauvais état, etc.)

À ...., le .... 190...   À ...., le .... 190...

                                                      Vu et accepté:

Les employés du bureau d'échange   *Le chef du bureau d'échange*
destinataire,   *expéditeur,*

....

Administration de Postes

d...............

BUREAU D..............

G

(recto).

Timbre du bureau
expéditeur.

Renseignement à fournir en cas de réclamation d'un objet de correspondance ordinaire non parvenu.

I. — PAR LE RÉCLAMANT (EXPÉDITEUR OU DESTINATAIRE)

DEMANDES	REPONSES
a. Nature de l'envoi (lettre, carte postale. journal ou autre imprimé, échantillon ou paquet de papiers d'affaires).	
b. Quelle était l'adresse de l'envoi?	
c. Quelle est l'adresse exacte du destinataire?	
d. L'envoi était-il volumineux?	
e. Que renfermait-il? (Signalement aussi exact et complet que possible.)	
f. Date précise ou approximative du dépôt à la poste.	
g. Nom et domicile de l'expéditeur.	
h. En cas de rècherches fructueuses, à qui, de l'envoyeur ou du destinataire, doit-on faire parvenir l'envoi réclamé?	

II. — PAR L'EXPÉDITEUR

i. Était-il affranchi et, dans l'affirmative, quelle était la valeur des timbres-poste apposés?	
j. Date et heure du dépôt à la poste.	
k. Le dépôt a-t-il eu lieu au guichet ou à la boîte? Dans ce dernier cas, à quelle boîte?	
l. Le dépôt a-t-il été effectué par l'envoyeur lui-même ou par un tiers? Dans ce dernier cas, par quelle personne?	
m. Renseignements particuliers du bureau d'origine.	
n. Renseignements du 1er bureau intermédiaire.	
o. Renseignements du 2e bureau intermédiaire.	

Le présent formule doit être renvoyée à............................

Administration des Postes

d..............

BUREAU D..............

G

(verso).

Timbre du bureau
expéditeur.

III.—RENSEIGNEMENT À FOURNIR PAR LE DESTINATAIRE EN CAS DE RÉCLAMATION
D'UN OBJET DE CORRESPONDANCE ORDINAIRE NON PARVENU

DEMANDES	REPONSES
p. L'envoi est-il parvenu au destinataire?	
q. Les correspondances sont-elles d'ordinaire retirées au bureau de poste ou distribuées à domicile?	
r. À qui sont-elles confiées dans le premier cas?	
s. Dans le second cas, sont-elles remises directement au destinataire ou à une personne attachée à son service, ou bien déposées dans une boîte particulière? Le cas échéant, cette boîte est-elle bien fermée et régulièrement levée?	
t. La perte des correspondances s'est-elle déjà produite souvent? Dans le cas affirmatif, indiquer d'où provenaient les correspondances perdues.	
u. Renseignements particuliers du bureau de destination.	

La présent formule doit être renvoyée à............................

Administration d..........

BUREAU D...............

H

(recto).

Réclamation.

d'un objet recommandé (...) *(a)*
ou d'un envoi de valeur déclarée de............... (...............) *(b)*
contenant (...) *(c)*
déposé par M...................................... le.....................
sous le N°................... au bureau d.................. à l'adresse
suivante:

....
....
.... *(d)*
et faissant l'objet d'une demande d'avis de réception............... *(e)*

L'envoi désigné ci-dessus a été expédié dans la dépêche du bureau
d'échange d............. du. .... 19... (• envoi) pour le bureau
d'échange d...

Il a été inscrit sous le N°......... | du tableau I de la feuille d'avis.
                                     | de la feuille d'envoi N°.......

en cas de dis- | Le soussigné déclare que l'envoi sousmentionné a été
tribution.... | dûment livré à l'ayant droit le.................

Le chef du bureau distributeur,

Timbre du bureau
distributeur.

en cas de non-distribution. Le soussigné déclare que l'envoi susmentionné........
est encore en instance au bureau d.....................
a été renvoyé au bureau d'origine le...................
a été réexpédié le............. à...................
n'est pas parvenu au bureau de destination.

Le chef du bureau de destination,

Timbre du bureau
de destination.

Timbre du bureau
d'origine.

(a) Lettre, échantillon, imprimé, etc.
(b) Lettre ou boîte.
(c) Description du contenu, autant que possible.
(d) Cadre à remplir par l'expéditeur ou, à défaut, par le bureau d'origine.
(e) Biffer, le cas échéant.

(176)

H

(verso).

L'envoi désigné d'autre part a été inséré dans le dépêche du bureau d'échange d............. du .... 19... (*envoi) pour le bureau d'échange d...

Il a été inscrit sous le N°.......... $\dfrac{\text{du tableau I de la feuille d'avis.}}{\text{de la feuille d'envoi.}}$

Signature.

Timbre à date.

L'envoi désigné d'autre part a été inséré dans la dépêche du bureau d'échange d............. du .... 19... (*envoi) pour le bureau d'échange d...

Il a été inscrit sous le N°.......... $\dfrac{\text{du tableau I de la feuille d'avis.}}{\text{de la feuille d'envoi.}}$

Signature.

Timbre à date.

L'envoi désigné d'autre part a été inséré dans le dépêche du bureau d'échange d............. du .... 19... (*envoi) pour le bureau d'échange d...

Il a été inscrit sous le N°.......... $\dfrac{\text{du tableau I de la feuille d'avis.}}{\text{de la feuille d'envoi.}}$

Signature.

Timbre à date.

À remplir dans les services intermédiaires.

RÉPONSE DÉFINITIVE

de l'office de destination ou, le cas échéant, de l'office intérmediare qui ne peut établir la transmission régulière de l'envoi réclamé à l'office suivant.

(177)

I
(recto).

Administration des Postes d.......................

Demande de retrait ou de rectification d'adresse (+).

Réclamation par voie postale.

(Note à transmettre sous pli recommandé et aux frais du réclamant)

I. — DEMANDE DE RETRAIT

Prière de renvoyer au bureau........................... *(d'origine)*
pour être remis à l'expéditeur, l......................... *(nature de l'objet)*
adressé ..... à votre bureau le........... 190.. et dont la suscription est
conforme au fac-similé ci-joint.

À ...., le .... 190...

Timbre du bureau.   Le .... des postes,

....

II. — DEMANDE DE RECTIFICATION D'ADRESSE

Prière de substituer .... *(telle indication)*
à............................... *(telle autre indication)* sur la suscription
de l......................... *(nature de l'objet)* adressé à votre bureau
le............. 190... du bureau de .... et dont la suscription
est conforme au fac-similé ci-joint.

À ...., le .... 190...

Timbre du bureau.   Le .... des postes,

....

(*) Biffer le recto ou le verso, suivant le cas.

I

(verso).

Réclamation par voie télégraphique.
(Télégramme aux frais du réclamant.)

I. — DEMANDE DE RETRAIT

Renvoyer à origine .... *(tel objet)* adressé....................
(ce jour ou le........) à M........ *(Adresse exacte du destinataire.)*
Griffe:......................... *(Situation et description.)*
Cachet: .... *(Description.)*
Suscription:.................... *(Format et couleur de l'envoi.)*
Particularité:.................. *(Annotations et signes de toute nature.)*

Timbre du bureau.   *(Signature.)*

....

Receveur des postes.

II. — DEMANDE DE RECTIFICATION D'ADRESSE (*)

Substituer........................ *(telle indication)* à................
(telle autre indication) sur l'adresse de l................ *(nature de l'objet)*
expédié................ *(ce jour ou le.............)* à votre bureau pour
M .... *(Adresse exacte du destinataire.)*
Griffe:......................... *(Situation et description.)*
Cachet:.................:....... *(Description.)*
Suscription:.................... *(Format et couleur de l'envoi.)*
Particularité:.................. *(Annotations et signes de toute nature.)*

Timbre du bureau.   *(Signature.)*

....

Receveur des postes.

(*) *N. B.* Il ne peut être satisfait à cette demande qu'après réception du fac-similé par la poste.

Administration des Postes

Bureau d...............

d.......

DÉPARTEMENT OU PROVINCE

d.............

K

Avis de l'envoi,

sous recommandation d'office, de l'objet de correspondance décrit ci-après paraissant revêtu d'un timbre-poste frauduleux.

Nature de l'objet.	Bureau d'origine et date d'expédition.	Copie textuelle de l'adresse.	Indication du timbre-poste présumé frauduleux. (Valeur.)	Observations.
1	2	3	4	5

Timbre du bureau expéditeur.

... des postes,

L.

Timbre à date
du bureau
de destination

Administration des Postes

à.................................

Procès-verbal

dressé à .... par l'application de l'art. 18 de la Convention de l'Union postale universelle et de l'art. XXXII du Règlement d'exécution de cette Convention.

Emploi d'un timbre-poste frauduleux.

L'an mil neuf cent .... le......................
Nous soussigné.......... des postes à .... agissant en
vertu de l'art. 18 de la Convention de l'Union postale universelle et de l'art. XXXII du Règlement d'exécution de cette
Convention, et assistant à la vérification d'................ [1]
expédié le .... de .... à l'adresse de
M.................... à .... pesant ....
et affranchi à raison de.............. avons constaté que cet
envoi était revêtu d'un timbre-poste présumé frauduleux, ce
qui constitue la contravention prévue par l'art. 18 de la Convention précitée.

[1] Nature de l'envoi (lettre, échantillon, imprimé, papiers d'affaires, etc.).

Le destinataire nous a
déclaré [2]..............

qu'il réfusait de faire connaître
l'expéditeur.
que l'expéditeur lui est inconnu.
que l'expéditeur est M. [3]

[2] Biffer, suivant le cas, l'une ou l'autre de ces indications.

[3] Nom et adresse du contrevenant (s'il habite une grande ville, indiquer la rue et le numéro de la maison).

.... En conséquence,
....
nous lui avons remis...
....
nous avons saisi..
.... à l'effet de les
transmettre à l'Administration des postes de................

De quoi nous avons dressé le présent procès-verbal en simple
expédition pour qu'il y soit donné suite conformément à l'article 18 de la Convention et à l'art. XXXII du Règlement susmentionnés.

Signature du destinataire   *Signature d.......... ..*
ou du fondé de pouvoirs.   *des postes*

(181)

Office expéditeur   **M**   Office destinataire

....

Transit en dépêches closes.

Dépêches du bureau d'échange d..

pour le bureau d'échange d...

expédiées par l'intermédiaire d ....

DATES	Première dépêche du bureau d'échange d............ pour le bureau d'échange d........ *Poids brut.*		Deuxième dépêche du bureau d'échange d............ pour le bureau d'échange d........ *Poids brut.*		Troisième dépêche du bureau d'échange d............ pour le bureau d'échange d........ *Poids brut.*	
	Lettres et cartes postales. *Grammes.*	Autres objets *Grammes.*	Lettres et cartes postales. *Grammes.*	Autres objets. *Grammes.*	Lettres et cartes postales. *Grammes.*	Autres objets. *Grammes.*
TOTAUX........						

A ...., le .... 19...   Á ...., le .... 19...

Le chef du bureau d'échange destinataire.

Vu et accepté:

Le chef du bureau d'échange expéditeur.

(182)

N

Transit en dépêches closes.

Compte des sommes dues à................. pour le transport des dépêches closes expédiée par .... en transit par les services ....
pendant l'année 19...

Bureau d'origine.	Bureau de destination.	Poids des dépêches dans la période de la statistique.		Multiplié par 18	Poids pour l'année. — Grammes	Prix de transit par kilog. — Fr. C.	Avoir de — Fr. C.	Observations.
		Lettres et cartes postales. — Grammes.	Autres objets. — Grammes.					
		Total..........................						
		À déduire 10 pour 100...........						
		Total à reporter au relevé (formule Q).........						

Office expéditeur   O   Office destinataire réexpéditeur

....

Transit à découvert.

Relevé des correspondances transmises à découvert dans les dépêches du bureau d .... pour le bureau d .... expédiées pendant les 28 premiers jours du mois d .... à ..... h. du ....

Dates.	NOMBRE DE		
	lettres.	cartes postales.	autres objets.
TOTAUX.....			

Office expéditeur

P

Office destinataire réexpéditeur

....

Transit à découvert.

Compte des sommes dues à l'Office d .... pour le transit des correspondances transmises à découvert par l'Office d .... pendant l'année 19...

Bureaux d'origine.	Bureaux destinataires réexpéditeurs.	NOMBRE DE		
		lettres.	cartes postales.	autres objets.
Totaux...............				
Multiplié par 13.........		à 6 C. Fr. C.	à 2 ½ C. Fr. C.	à 2 ½ C. Fr. C.
			Fr. C.	
Total à reporter au relevé (formule Q).....				

Q

Frais de transit ordinaires.

RELEVÉ

indiquant les montants totaux des comptes particuliers réciproques entre les
Administrations des postes d .... et d ....

					Avoir de l'Office	
Sommes dues pour chacune des années 1908 à 1913 sur la base de la statistique de Novembre 1907.					d........... — Fr. C.	d........... — Fr. C.
	NOMBRE DE					
Correspondances à découvert:	lettres.	cartes postales.	autres objets.			
Envois de.....................						
Envois de						
	POIDS BRUT					
	Lettres et cartes postales. Gr.		Autres objets. Gr.			
Dépêches closes:						
Envois de.....................						
Envois de.....................						
Totaux.....................						
Déduction..................						
Solde au crédit de l'Office d...............						

.... le .... 19...

....

R

TABLEAU STATISTIQUE

DU SERVICE POSTAL EN. . . . .

ANNÉE 19. . . .

Année.	Superficie en kilomètres carrés.	Nombre des habitants (d'après le recensement de……)	NOMBRE DES BUREAUX DE POSTE						Nombre des Administrations des postes régionales.
			à l'intérieur.				à l'étranger.	Total des bureaux de poste.	
			Bureaux chargés de la réception et de la distribution des envois de poste de toute nature.	Bureaux dont les attributions de réception et de distribution d'envois de poste sont restreintes.	Autre bureaux établis pour l'expédition de malles.	Bureaux ambulants, comptés d'après le nombre des convois de chaque route accompagnés de bureaux de poste.			
1	2	3	4	5	6	7	8	9	10

Année	RELAIS DE LA POSTE AUX CHEVAUX			CHEVAUX DE TRAIT, ETC.				VO		
	de l'État.	privés.	Total.	de l'État.	privés.		Total.	de l'État.	privés.	
					Services gratuits.	Services subventionnés.			Services gratuits.	Services subventionnés.
	—	—	—	—	—	—	—	—	—	—
	Nombre	Nombre	Nombre	Nombre	Nombre.	Nombre.	Nombre	Nombre	Nombre.	Nombre.
	29	30	31	32	33	34	35	36	37	38

BOITES AUX LETTRES				PERSONNEL										
@s DU PUBLIC														
mobiles, adaptées aux voitures circulant sur des routes, etc.				Nombre des fonctionnaires et des employés.				Nombre des facteurs et autres agents subalternes.						
pavées, macadamisées et ordinaires.	ferrées.	maritimes, fluviales et des lacs.	Total des boîtes aux lettres.	Service de l'Administration centrale.	Services des administrations régionales.	Service des bureaux de poste.	Total.	Service de l'Administration centrale.	Service des administrations régionales.	Service des bureaux de poste.	Total.	Nombre des maîtres de poste (à l'exclusion de ceux qui sont en même temps préposés de bureaux).	Nombre des postillons.	Nombre des entrepreneurs du transport de malles.	Total de personnel.
13	14	15	16	17	18	19	20	21	22	23	24	25	26	27	28

DES POSTES

ÉTENDUE DES ROUTES POSTALES EXPLOITÉES À L'INTÉRIEUR				NOMBRE DES KILOMÈTRES PARCOURUS ANNUELLEMENT À L'INTÉRIEUR			
sur voies ferrées. —	sur voies pavées, macadamisées et ordinaires. —	sur voies maritimes, fluviales et des lacs. —	Total. —	sur les voies ferrées. —	sur les voies pavées, macadamisées et ordinaires. —	sur les voies maritimes, fluviales et des lacs. —	Total. —
Kilomètres.	Kilomètres.	Kilomètres.	Kilomètres.	Kilomètres.	Kilomètres.	Kilomètres.	Kilomètres.
40	41	42	43	44	45	46	47

III. — SERVICE

6e.	ENVOIS SOUMIS Á LA TAXE						
	Lettres		Cartes postales		Impri- més. —	Papiers d'affai- res. —	Échan- tillons de mar- chandi- ses.
	affran- chies. —	non affran- chies. —	simplés.	avec réponse payée.			
	Nombre	Nombre	Nombre	Nombre	Nombre	Nombre	Nombre
48	49	50	51	52	53	54	55
Service intérieur............							
Service international:							
a) Réception..............							
b) Expédition..............							
c) Transit.................							

III. — SERVICE

Année.	COLIS AVEC DÉCLARATION DE VALEUR		REMBOURSE		
	Nombre.	Valeur. — Francs.	Objets de correspon- dance. — Nombre.	Colis. — Nombre.	Montant total des rembourse- ments. — Francs.
64	65	66	67	68	69
Service intérieur..........					
Service international:					
a) Réception............					
b) Expédition...........					
c) Transit..............					

(190)

POSTAL

ENVOIS ADMIS À LA FRANCHISE DE PORT		Totaux des envois inscrits aux colonnes 49-57	Envois recommandés trouvés parmi les correspondances inscrites aux colonnes 49-57	Dans le nombre des correspondances inscrites à la colonne 58 étaient à remettre par exprès.	Colis ordinaires.	LETTRES ET BOÎTES AVEC DÉCLARATION DE VALEU	
Lettres.	Autres objets.					Nombre.	Valeur.
—	—	—	—	—	—		—
Nombre.	Nombre.	Nombre.	Nombre.	Nombre.	Nombre.		Francs.
56	57	58	59	60	61	62	63

MENTS		Dans le nombre des envois aux colonnes 61, 62, 65, 67 et 68, étaient à remettre	MANDATS DE POSTE		RECOUVREMENTS			
Remboursements refusés.							non encaissés.	
Nombre.	Montant.		Nombre.	Valeur.	Nombre.	Valeurs à encaisser.	Nombre.	Valeur.
	—			—		—		—
	Francs.	Nombre.		Francs.		Francs.		Francs.
70	71	72	73	74	75	76	77	78

	JOURNAUX	
	ET AUTRES OUVRAGES PÉRIODIQUES	
	SERVIS PAR ABONNEMENTS	

Année.	Nombre des abonnements.	Nombre des numéros.
79	80	81
Service intérieur................		
Service international:		
a) Réception.................		
b) Expédition...............		
c) Transit....................	—	—

SERVICE INTÉRIEUR

Correspondances ordinaires et recommanndées, tombées en rebut.			Correspondances en rebut qui ont pu être remises en distribution ou renvoyées aux expéditeurs.					Correspondances restées en souff			
Lettres ordinaires et lettres recommandées.	Cartes postales.	Imprimés, papiers d'affaires, échantillons.	Lettres ordinaires et lettres recommandées.	Cartes postales.	Imprimés.	Papiers d'affaires.	Échantillons.	Lettres ordinaires et lettres recommandées.	Cartes postales.	Imprimés.	Papiers d'affaires.
87	88	89	90	91	92	93	94	95	96	97	98

(192)

POSTAL

PRODUIT DE LA VENTE DES TIMBRES-POSTE ET AUTRES FORMULES D'AFFRANCHISSEMENT		Nombre des estafettes expédiées.	Nombre des voyageurs transportés	Nombre des dépêches closes en transit.
Nombre.	Valeur. — Francs.			
82	83	84	85	86
—	—	—	—	—
—	—	—	—	—
—	—	—	—	—

DANCES REBUT

SERVICE INTERNATIONAL																			
Correspondances de l'intérieur pour l'étranger qui sont reutrées au bureau des rebuts.					Correspondances en rebut renvoyées de l'etranger et qui ont pu être placées.					Correspondances renvoyées de l'étranger qui sont restées en souffrance.					Correspondances de l'étranger tombées en rebut et renvoyees aux pays d'origine.				
Lettres ordinaires et lettres recommandées.	Cartes postales.	Imprimés.	Papiers d'affaires.	Échantillons.	Lettres ordinaires et lettres recommandées.	Cartes postales.	Imprimés.	Papiers d'affaires.	Échantillons.	Lettres ordinaires et lettres recommandées.	Cartes postales.	Imprimés.	Papiers d'affaires.	Échantillons.	Lettres ordinaires et lettres recommandées.	Cartes postales.	Imprimés.	Papiers d'affaires.	Échantillons.
100	101	102	103	104	105	106	107	108	109	110	111	112	113	114	115	116	117	118	119

V.—RÉSULTAT FINANCIER

RECETTES	Pour l'éxercice 19.....	
	Francs.	Cts.
1. Produit de la vente des timbres-poste et des formules d'affranchissement.................................		
2. Recettes effectuées en numéraire..................		
3. Taxes perçues pour le transport des voyageurs et pour surpoids de bagages....................................		
4. Bonifications reçues des Administrations étrangères......		
5. Autres recettes diverses...............................		
Total des recettes...............		

DEPENSES	Pour l'éxercice 19.....	
	Francs.	Cts.
1. Traitements et émoluments:		
a) Des fonctionnaires et employés.....................		
b) Des facteurs et autres agents subalternes...........		
2. Achat et entretien des bâtiments et du matériel des postes, frais de location, de chauffage et d'éclairage, fournitures de bureau et autres menus frais....................		
3. Frais de transport par les voies ferrées, pavées, macadamisées, maritimes et fluviales (y compris les frais de construction et d'entretien des voitures de poste).......		
4. Indemnités pour pertes ou avaries d'envois de poste.......		
5. Subventions aux entrepreneurs des relais de poste........		
6. Subventions aux Compagnies de navigation..............		
7. Bonifications payées aux Administrations étrangères.....		
8. Autres dépenses diverses...............................		
Total des dépenses.............		

s

Administration des postes de........................ ....

TABLEAU STATISTIQUE

DU

SERVICE INTERNATIONAL (EXPÉDITION)

POUR L'ANNÉE 19 ...

PAYS	ENVOIS SOUMIS Á LA TAXE							Envois admis à la franchise de port.	Totaux des envois inscrits aux colonnes 2-9.	Envois recommandés trouvés parmis les correspondances inscrites aux colonnes 2-9.
	Lettres		Cartes postales		Im-primés. —	Papiers d'af-faires. —	Échan-tillons de mar-chandi-ses. —			
	affran-chies. —	non affran-chies. —	simples.	avec réponse payée. —						
1	Nombre	Nombre	Nombre	Nombre	Nombre	Nombre	Nombre	Nombre	Nombre	Nombre
	2	3	4	5	6	7	8	9	10	11
EUROPE										
Allemagne.....										
Autriche.......										
Belgique.......										
....										
....										
....										
AMÉRIQUE										
Argentine (Rép.)										
Brésil.........										
Canada........										
Chili.........										
....										
....										
....										
AFRIQUE										
Égypte........										
Libéria........										
....										
....										
....										
ASIE										
Inde britanni-que.........										
Japon.........										
....										
....										
TOTAUX...										

Dans le nombre des correspondances inscrites à la colonne 10 étaient à remettre par exprès. — Nombre	Colis or- dinaires — Nombre	Lettres et boîtes avec déclaration de valeur.		Colis avec déclaration de valeur.		REMBOURSEMENTS			Dans le nombre des envois inscrits aux colonnes 13, 14, 16, 18 et 19 étaient à remettre par exprès. — Nombre	Mandats de poste.		Re- couvre- ments. — Nombre	Journaux, etc., servis par abonnement. — Nombre
		Nombre.	Valeur. Francs	Nombre.	Valeur. Francs	Objets de corres- pon- dance. — Nombre	Colis. — Nombre	Montant total des rembour- sements. — Francs.		Nombre.	Valeur. Francs		
12	13	14	15	16	17	18	19	20	21	22	23	24	25

NOTAS

(a) *Gaceta* traduciendo equivocadamente, *formarán*. Este cambio del futuro por el presente es casi general en toda la versión oficial española.

(b) *Gaceta, realizados* en vez de *asegurados.*

(c) La *Gaceta,* siguiendo el ejemplo de la traducción del convenio de 1897 (véase *Olivart,* l. c. página 248), dice *no francas* por *no franqueadas.* Se repite esta versión en varios lugares.

(d) La *Gaceta* traduce, «la Administracion del país *donde hubiera nacido* el objeto gravado con reembolso». ¿Cuál será en el caso de muestras de telas fabricadas en España enviadas desde Francia?

(e) La *Gaceta* traduce, *protesta* en lugar de *observación.*

(f) La *Gaceta* traduce, *si procede* en lugar de *en su caso*

(g) La *Gaceta* traduce *recog·da* en vez de *retracto.*

(h) Véase la nota *(c).*

(i) Véase la nota *(c).*

(j) Aquí se traduce *legislatures,* que significa *poderes legislativos,* por *legislaturas.* Cf. nota *(a)* al Convenio para la protección de los pájaros (pág. 102).

(k) La *Gaceta* traduce *servidas* por *ayant déjà servi.* ¿No habría sido mejor decir *usados?*

(l) Nuestra patria se halla adherida únicamente al primero y al tercero, ó sea el de valores declarados y el de paquetes postales, cuya revisión de Roma sigue a continuación. (Números 14 y 15).

(ll) La *Gaceta* traduce, *uniones estrechas;* ¿no habría sido más propio decir *uniones más íntimas?*

(m) Á consecuencia de la casi constante sustitución del futuro por el presente, por la cual parece que tiene aún que fundarse la Oficina internacional, se traduce en la *Gaceta* «ce Bureau demeure *(continúa)* chargé», por, «esta Oficina *será encargada*». En todo caso habría sido más castellano decir, *estará encargada.*

(n) Se traduce en la *Gaceta, Actes* (Actas) por *actos.*

(ñ) La *Gaceta* traduce: *La Oficina internacional cuidará de* RESUMIR *las respuestas* por *les réponses sont* REUNIES *pour les soins du Bureau international,* lo cual es cosa absolutamente distinta.

(o) *Gaceta, contraposión* por *derogación.*

(p) Este cuadro B no se halla traducido en la *Gaceta,* que suprime la designación A en el de lo Países de la Unión, único que publica.

(q) La *Gaceta* traduce literalmente *officiers ministeriels* por *funcionarios ministeriales.* La versión más exacta es la de *funcionarios públicos* y así no parecerían excluidas las escrituras ante notario, comprendidas indudablemente entre los *papeles de negocios.* (Art. 34 del Reglamento español de 1898.)

(r) *Gaceta, no francos ó insuficientes* (sic), por *non ou insuffisamment affranchis.*

(s) *Gaceta, á* en vez de *para.*

(t) La *Gaceta* traduce, *Administraciones interesadas,* por *Offices intermédiaires.*

(v) *Gaceta, violación del despacho,* en vez de *expoliación (spoliation).*

(w) En la traducción se suprime la *y* entre los dos grupos de iniciales y quedan éstas así formando uno sólo.

(x) *Gaceta;* «notificará los resultados de cada *incidente*». ¿No sería más fiel decir *expediente?*

(y) El traductor de la *Gaceta* califica aquí de *buenos* á estos *oficios.* A más de no estar en el original esta palabra, podría hacer creer equivocadamente á los lectores que la Oficina tiene en estas cuentas facultades arbitrales ó de mediación, de las cuales carece completamente.

(z) Aquí se dice en la traducción «*aquel hecho* se mencionara en las recapitulaciones», etc. No se sabe cuál será este hecho, y más claro y propio habría sido traducir: «*Tal paso de cuentas* se mencionará en las recapitulaciones», etc.

14

ALEMANIA y los protectorados alemanes, ARGENTINA (República), AUSTRIA, BELGICA, BOLIVIA, BOSNIA - HERZEGOVINA, BULGARIA, COLOMBIA, CRETA, CHILE, DINAMARCA y colonias danesas, EGIPTO, FRANCIA, Argelia, colonias y protectorados franceses de la Indo-China, el conjunto de las demás colonias francesas, GRECIA, GUATEMALA, HUNGRIA, INDIA BRITANICA, ITALIA y las colonias italianas, JAPON, LUXEMBURGO, MONTENEGRO, NORUEGA, PAISES BAJOS Colonias neerlandesas, *Perú*, PERSIA, PORTUGAL y las colonias portuguesas, RUMANIA, RUSIA, *Servia*, SIAM, SUECIA, SUIZA, TÚNEZ, TURQUIA, URUGUAY y VENEZUELA (Estados Unidos de).

Convenio *referente al cambio de paquetes postales*, con un Protocolo final, Reglamento para su ejecución y anejos al mismo.

Firmados en **Roma** *á 26 de Mayo de 1906 y publicado en España el 16 de Noviembre de 1907.*

Convention concernant l'échange des colis postaux conclue entre l'Allemagne et les protectorats allemands, la République Argentine, l'Autriche, la Belgique, la Bolivie, la Bosnie-Herzégovine, la Bulgarie, le Chili, la République de Colombie, la Crète, le Danemark et les colonies danoises, l'Égypte, l'Espagne, la France, l'Algérie, les colonies et protectorats français de l'Indo-Chine, l'ensemble des autres colonies françaises, la Grèce, le Guatemala, la Hongrie, l'Inde britannique, l'Italie et les colonies italiennes, le Japon, le Luxembourg, le Monténégro, la Norvége, les Pays-Bas, les colonies néerlandaises, le Pérou, la Perse, le Portugal et les colonies portugaises, la Roumanie, la Russie, la Serbie, le royaume de Siam, la Suède, la Suisse, la Tunisie, la Turquie, l'Uruguay et les États-Unis de Venezuela.

Les soussignés, Plénipotentiaires des Gouvernements des pays ci-dessus énumérés, vu l'art. XIX de la Convention principale, ont, d'un commun accord et sous réserve de ratification, arrêté la Convention suivante:

DEPÓSITO DE LAS RATIFICACIONES en Roma el 1.º de Octubre de 1907. — Indicamos con cursiva los nombres de las Potencias cuyos plenipotenciarios no suscribieron el tratado en el momento de la firma.—Sustituye al Convenio de Washington de 15 de Junio de 1897, inserto en *Olivart*, núm. CCCXCI (tomo XII, pág. 289).

Gaceta de Madrid del 16 de Noviembre de 1907 (traducción del Convenio y del Reglamento sin la de los anejos). — *Colección legislativa*, tomo 3.º de 1907, pág. 82. — *Congrès Postal de Rome*, II, 859-914.

Article I. **Objet de la Convention.** — 1. Il peut être expédié, sous la dénomination de colis postaux, de l'un des pays mentionnés ci-dessus pour un autre de
ces pays, des colis avec ou sans valeur déclarée jusqu'à concurrence de 5 kilogrammes.

Par exception, il est loisible à chaque pays de ne pas se charger des colis
avec déclaration de valeur, ni des colis encombrants.

Chaque pays fixe, en ce qui le concerne, la limite supérieure de la déclaration de valeur, laquelle ne peut, en aucun cas, descendre au-dessous de 500
francs.

Dans les relations entre deux ou plusieurs pays qui ont adopté des maxima
différents, c'est la limite la plus basse qui doit être réciproquement observée.

2. Les Administrations des postes des pays correspondants peuvent conve-
nir d'admettre les colis d'un poids de plus de 5 kilogrammes sur la base des
dispositions de la Convention, sauf augmentation de la taxe et de la responsabilité en cas de perte, de spoliation ou d'avarie.

3. Le Règlement d'exécution détermine les autres conditions auxquelle les
colis sont admis au transport.

Art. II. **Transit des colis.** — 1. La liberté du transit est garantie sur le territoire de chacun des pays adhérents, et la responsabilité des Offices qui participent au transport est engagée dans les limites déterminées par l'art. XV
ci-après.

2. À moins d'arrangement contraire entre les Offices intéressés, la transmission des colis postaux échangés entre pays non limitrophes s'opère à découvert.

Art. III. **Rétribution du transport.** — 1. L'Administration du pays d'origine
est redevable, envers chacune des Administrations participant au transit territorial, d'un droit de 0 fr. 50 par colis.

2. En outre, s'il y a un ou plusieurs transports maritimes, l'Administration
du pays d'origine doit, à chacun des Offices dont les services participent au
transport maritime, et, le cas échéant, pour chacun de ces services, un droit
dont le taux est fixé par colis, savoir:

À 0 fr. 25 pour tout parcours n'excédant pas 500 milles marins;

À 0 fr. 50 pour tout parcours supérieur à 500 milles marins, mais n'excédant
pas 2500 milles marins.

À 1 franc pour tout parcours supérieur à 2500 milles marins, mais n'excédant
pas 5000 milles marins;

À 1 ¹/₂ francs pour tout parcours supérieur à 5000 milles marins, mais n'excédant pas 8000 milles marins;

À 2 francs pour tout parcours supérieur à 8000 milles marins.

Ces parcours sont calculés, le cas échéant, d'après la distance moyenne entre les ports respectifs des deux pays correspondants.

Toutefois, pour les colis jusqu'à 1 kilogramme, le droit dû à chacun des Offices dont les services participent au transport maritime, ne doit pas excéder
le taux de 1 franc par colis, sans égard aux parcours.

3. Pour les colis encombrants, les bonifications fixées par les paragraphes 1 et 2 précédents sont augmentées de 50 pour cent.

4. Indépendamment de ces frais de transit, l'Administration du pays d'origine est redevable, à titre de droit d'assurance pour les colis avec valeur déclarée, envers chacune des Administrations dont les services participent au transport avec responsabilité et, le cas échéant, pour chacun de ces services, d'une quote-part de droit d'assurance fixée par 300 fr., ou fraction de 300 fr., à 0 fr. 05 pour transit territorial et à 0 fr. 10 pour transit maritime.

Art. IV. **Obligation de l'affranchissement.** — L'affranchissement des colis postaux est obligatoire.

Art. V. **Taxes et surtaxes; avis de réception.** — 1. La taxe des colis postaux se compose d'un droit comprenant, pour chaque colis, autant de fois 0 fr. 50, ou l'équivalent dans la monnaie respective de chaque pays, qu'il y a d'Offices participant au transport territorial, avec addition, s'il y a lieu, du droit maritime prévu par le § 2 de l'art. III précédent et des taxes et droits mentionnés dans les paragraphes ci-après. Les équivalents sont fixés par le Règlement d'exécution.

2. Les colis encombrants sont soumis à une taxe additionnelle de 50 pour cent qui est arrondie, s'il y a lieu, par 5 centimes.

3. Pour les colis avec valeur déclarée, il est ajouté, par fraction indivisible de 300 francs:

a) Un droit de 5 centimes par Administration participant au transport territorial;

b) Un droit de 10 centimes par service maritime emprunté.

Toutefois, comme mesure de trasition, est réservée à chacune des parties contractantes, pour tenir compte de ses convenances monétaires ou autres, la faculté de percevoir un droit autre que ceux indiqués ci-dessus, moyennant que ce droit ne dépasse pas ¼ pour cent de la somme déclarée.

4. Comme mesure de transition, chacun des pays contractants a la faculté d'appliquer aux colis postaux provenant ou à destination de ses bureaux une surtaxe de 0 fr. 25 par colis.

Exceptionnellement, cette surtaxe peut être élevée à 0 fr. 75 au maximum pour la République Argentine, la Bolivie, le Brésil, le Chili, la Colombie, l'Inde britannique, les colonies néerlandaises, le Guatemala, le Nicaragua, le Pérou, la Russie d'Europe et la Russie d'Asie prises chacune séparément, le Salvador, le Siam, la Suède, la Turquie d'Asie, l'Uruguay, le Venezuela, à 50 centimes pour la Grèce et à 40 centimes pour la République Dominicaine.

5. Le transport entre la France continentale, d'une part, l'Algérie et la Corse, d'autre part, donne lieu, à la charge de l'expéditeur, à une surtaxe de 0 fr. 25 par colis à titre de droit maritime, et pour les colis de valeur déclarée, à un droit supplémentaire d'assurance de 10 centimes par 300 francs ou fraction.

Tout colis postal avec déclaration de valeur en provenance ou à destination de la Corse et de l'Algérie donne lieu, à titre de droit territorial corse ou algérien, à une taxe supplémentaire d'assurance de 5 centimes par 300 francs ou fraction, qui est à la charge de l'expéditeur.

Il est loisible à l'Administration espagnole de percevoir une surtaxe de 0 fr. 25 pour le transport entre l'Espagne continentale et les îles Baléares et de 0 fr. 50 pour le transport entre l'Espagne continentale et les îles Canaries.

6. L'envoyeur d'un colis postal peut obtenir un avis de réception de cet objet en payant d'avance un droit fixe de 0 fr. 25 au maximum. Le même droit peut être appliqué aux demandes de renseignements sur le sort de colis qui se produisent postérieurement au dépôt, si l'expéditeur n'a pas déjà acquitté la taxe spéciale pour obtenir un avis de réception. Ce droit est acquis en entier à l'Administration du pays d'origine.

Art. VI. **Bonifications aux Offices de destination et aux Offices intermédiaires. —** L'Office expéditeur bonifie pour chaque colis:

a) À l'Office destinataire, 0 fr. 50, avec addition, s'il y a lieu, des surtaxes prévues aux §§ 2, 4 et 5 de l'art. V précédent; d'un droit de 0 fr. 05 pour chaque somme de 300 francs ou fraction de 300 francs de valeur déclarée et du droit de remise à domicile par exprès prévu à l'art. IX.

b) Éventuellement, à chaque Office intermédiaire, les droits fixés par l'article III

Art. VII. **Droits de factage et de formalités en douane. —** Il est loisible au pays de destination de percevoir, pour le factage et pour l'accomplissement des formalités en douane, un droit dont le montant total ne peut pas excéder 0 fr. 25 par colis. Sauf arrangement contraire entre les Offices intéressés, cette taxe est perçue du destinataire au moment de la livraison du colis.

Art. VIII. **Colis contre remboursement. —** 1. Les colis peuvent être expédiés grevés de remboursement dans les relations entre les pays dont les Administrations conviennent d'assurer *(a)* ce service. Le maximum du remboursement est fixé, par colis, à mille francs ou à l'équivalent de cette somme en monnaie du pays d'origine.

Chaque Administration a toutefois la faculté d'abaisser ce maximum à 500 francs ou à l'équivalent de cette somme dans son système monétaire.

2. Il est perçu sur l'expéditeur d'un colis grevé de remboursement une taxe spéciale qui ne peut dépasser 20 centimes par fraction indivisible de 20 francs du montant du remboursement.

Cette taxe est partagée entre l'Administration du pays d'origine et celle du pays de destination de la manière prescrite par le Règlement d'exécution.

3. La liquidation des montants des remboursements encaissés est effectuée au moyen de mandats de remboursement, qui sont délivrés gratuitement.

Le montant d'un mandat de remboursement tombé en rebut reste à la disposition de l'Administration du pays d'origine du colis grevé de remboursement.

À tous les autres égards, les mandats de remboursement sont soumis aux dispositions fixées par l'Arrangement concernant l'échange des mandats de poste, sous les réserves prévues au Règlement d'exécution.

4. La perte d'un colis grevé de remboursement engage la responsabilité du service postal dans les conditions déterminées par l'art. XV ci-après pour les colis non grevés de remboursement.

Après la livraison de l'objet, l'Administration du pays de destination est responsable du montant du remboursement, à moins qu'elle ne puisse prouver que le colis et le bulletin d'expédition y afférent ne portaient pas, lors de la transmission à son service, les désignations prescrites, pour les colis grevés de remboursement, par le Règlement d'exécution.

Art. IX. **Remise par exprès.** — 1. Les colis sont, à la demande des expéditeurs remis à domicile par un porteur spécial immédiatement après leur arrivée, dans les pays de l'Union dont les Administrations conviennent de se charger de ce service dans leurs relations réciproques.

Ces envois, qui sont qualifiés «exprès», sont soumis à une taxe spéciale; cette taxe est fixée à 0 fr. 50 et doit être entièrement acquittée d'avance par l'expéditeur, en sus du port ordinaire, que le colis puisse, ou non, être remis au destinataire ou seulement signalé par exprès dans le pays de destination. Elle fait partie des bonifications dévolues à ce pays.

2. Lorsque le colis est destiné à une localité où il n'existe pas de service de remise par exprès, l'Office destinataire peut percevoir, pour la remise du colis ou pour l'avis invitant le destinataire à venir le retirer, une taxe complémentaire pouvant s'élever jusqu'à concurrence du prix fixé pour la remise par ex, près dans son service intérieur, déduction faite de la taxe fixe payée par l'expéditeur ou de son équivalent dans la monnaie du pays qui perçoit cette taxe complémentaire. La taxe complémentaire prévue ci-dessus, reste exigible, en cas de réexpédition ou de mise en rebut de l'objet; elle est acquise à l'Office qui l'a perçue.

3. La remise ou l'envoi d'un avis d'invitation au destinataire n'est essayé qu'une seule fois. Après un essai infructueux, le colis cesse d'être considéré comme exprès et sa remise s'effectue dans les conditions requises pour les colis ordinaires.

4. Si un colis de l'espèce est, par suite de changement de domicile du destinataire, réexpédié à un autre pays sans que la remise par exprès ait été tentée, la taxe fixe payée par l'expéditeur est bonifiée au nouveau pays de destination, si celui-ci a consenti à se charger de la remise par exprès; dans le cas contraire, cette taxe reste acquise à l'Office du pays de la première destination, de même qu'en ce qui concerne les colis tombés en rebut.

Art. X. **Colis pour les prisonniers de guerre.** — Les colis postaux, à l'exception des colis grevés de remboursement, destinés aux prisonniers de guerre ou expédiés par eux, sont affranchis de toutes taxes prévues par la présente Convention, aussi bien dans les pays d'origine et de destination que dans les pays intermédiaires. Ces colis postaux expédiés en franchise ne donnent pas lieu aux bonifications prévues par les articles III, V, VI, VII et IX de la présente Convention.

Art. XI. Interdiction de percevoir des droits autres que ceux prévus par la Convention; payement des droits de douane. — 1. Les colis auxquels s'applique la présente Convention ne peuvent être frappés d'aucun droit postal autre que ceux prévus par les divers articles de ladite Convention.

Est accordée aux Offices de destination, la faculté de prélever des destinataires, un droit de dépôt pour les colis qui ne seraient pas retirés de la poste dans un délai stipulé par les règlements internes de ces pays. Le montant du droit en question est fixé par la législation intérieure de chaque pays.

2. Les droits de douane ou autres droits non postaux doivent être acquittés par les destinataires des colis. Toutefois, dans les relations entre Offices qui se sont mis d'accord à cet égard, les expéditeurs peuvent prendre à leur charge les droits dont il s'agit, moyennant déclaration préalable au bureau de départ. Dans ce cas, ils doivent payer, sur la demande du bureau de destination, les sommes indiquées par ce bureau.

L'Administration qui fait opérer le dédouanement pour le compte de l'expéditeur, est autorisée à percevoir, de ce chef, un droit spécial qui ne peut dépasser 25 centimes par colis.

Art. XII. Retrait ou modification d'adresse; annulation ou modification du montant du remboursement. — L'expéditeur d'un colis postal peut le faire retirer du service ou en faire modifier l'adresse aux conditions et sous les réserves déterminées pour les correspondances par l'art. IX de la Convention principale, avec cette addition que, si l'expéditeur demande le renvoi ou la réexpédition d'un colis, il est tenu à garantir d'avance le payement du port dû pour la nouvelle transmission.

L'expéditeur d'un colis postal grevé de remboursement peut aussi faire annuler ou réduire le montant de ce remboursement; les demandes à cet effet sont transmises de la même manière que les demandes de retrait ou de modification d'adresse.

Art. XIII. Réexpédition; rebuts; annulation des droits de douane. — La réexpédition d'un pays sur un autre de colis postaux, par suite de changement de résidence des destinataires, ainsi que le renvoi des colis postaux tombés en rebut, ou refoulés par la douane, donne lieu à la perception supplémentaire des taxes fixées par les paragraphes 1 à 5 de l'art. V à la charge des destinataires ou, le cas échéant, des expéditeurs, sans préjudice du remboursement des droits de douane ou autres frais spéciaux dont le pays de destination n'accorde pas l'annulation.

Les Administrations contractantes s'engagent à intervenir auprès des Administrations des douanes respectives pour que les droits de douane soient annulés sur les colis postaux renvoyés au pays d'origine ou réexpédiés sur un tiers pays.

Art. XIV. **Interdictions.** — 1. Sauf arrangement contraire entre les pays contractants, il est interdit d'expédier par la voie de la poste des colis contenant:

a) Des matières explosibles, inflammables ou dangereuses, des animaux ou insectes vivants, sauf les exceptions prévues au Règlement d'exécution;

b) Des lettres ou des notes ayant le caractère de correspondance;

c) Des objets dont l'admission n'est pas autorisée par les lois ou règlements de douane ou autres.

Il est également interdit d'expédier des espèces monnayées, des matières d'or et d'argent et d'autres objets précieux, dans les colis sans valeur déclarée à destination des pays qui admettent la déclaration de valeur. Toutefois, il est permis d'insérer dans l'envoi la facture ouverte réduite à ses énonciations constitutives, de même qu'une simple copie de l'adresse du colis avec mention de l'adresse de l'expéditeur.

2. Dans le cas où un colis tombant sous l'une de ces prohibitions est livré par l'une des Administrations de l'Union à une autre Administration de l'Union, celle-ci procède de la manière et dans les formes prévues par sa législation et par ses règlements intérieurs.

Art. V. **Responsabilité.** — 1. Sauf le cas de force majeure, lorsqu'un colis postal a été perdu, spolié ou avarié, l'expéditeur et, à défaut ou sur la demande de celui-ci, le destinataire a droit à une indemnité correspondant au montanréel de la perte, de la spoliation ou de l'avarie, à moins que le dommage n'ait été causé par la faute ou la négligence de l'expéditeur ou ne provienne de la nature de l'objet et sans que cette indemnité puisse dépasser, pour les colis ordinaires, 25 francs, et pour les colis avec valeur déclarée, le montant de cette valeur.

Dans le cas où une indemnité a été payée pour la perte ou la destruction complète d'un colis, l'expéditeur a, en outre, droit à la restitution des frais d'expédition. Lorsqu'une réclamation a été motivée par une faute de la poste, les frais postaux de réclamation sont restitués à l'expéditeur.

Toutefois, le droit d'assurance reste acquis aux Administrations postales.

2. Les pays disposés à se charger des risques pouvant dériver du cas de force majeure sont autorisés à prélever de ce chef, sur les colis avec valeur déclarée, une surtaxe dans les conditions déterminées par l'art. XII, § 2, de l'Arrangement concernant l'échange des lettres et boîtes de valeur déclarée.

3. L'obligation de payer l'indemnité incombe à l'Administration dont relève le bureau expéditeur. Est réservé à cette Administration le recours contre l'Administration responsable, c'est-à-dire contre l'Administration sur le territoire où dans le service de laquelle la perte, spoliation ou avarie a eu lieu.

En cas de perte, de spoliation ou d'avarie, dans des circonstances de force majeure sur le territoire ou dans le service d'un pays se chargeant des risques mentionnés au § 2 ci-dessus d'un colis avec valeur déclarée, le pays où la perte, la spoliation ou l'avarie a eu lieu en est responsable devant l'Office expéditeur, si ce dernier se charge, de son côté, des risques en cas de force majeure à l'égard de ses expéditeurs, quant aux envois de valeur déclarée.

4. Jusqu'à preuve du contraire, la responsabilité incombe à l'Administration qui, ayant reçu le colis sans faire d'observation, ne peut établir ni la délivrance au destinataire ni, s'il y a lieu, la transmission régulière à l'Administration suivante.

5. Le payement de l'indemnité par l'Office expéditeur doit avoir lieu le plus tôt possible et, au plus tard, dans le délai d'un an à partir du jour de la réclamation. L'Office responsable est tenu de rembourser sans retard à l'Office expéditeur le montant de l'indemnité payée par celui-ci.

L'Office d'origine est autorisé à désintéresser l'expéditeur pour le compte de l'Office intermédiaire ou destinataire qui, régulièrement saisi, a laissé une année s'écouler sans donner suite à l'affaire. En outre, dans le cas où un Office dont la responsabilité est dûment établie, a, tout d'abord, décliné le payement de l'indemnité, il doit prendre à sa charge, en plus de l'indemnité, les frais accessoires résultant du retard non justifié apporté au payement.

6. Il est entendu que la réclamation n'est admise que dans le délai d'un an à partir du dépôt du colis à la poste; passé ce terme, le réclamant n'a droit à aucune indemnité.

7. Si la perte, la spoliation ou l'avarie a lieu en cours de transport entre les bureaux d'échange de deux pays limitrophes, sans qu'il soit possible d'établir sur lequel des deux territoires le fait s'est accompli, ou si, en cas d'inscription globale des colis ordinaires sur les feuilles de route, il ne peut être établi sur quel territoire un colis a été perdu, spolié ou avarié, les Administrations en cause supportent le dommage par parts égales.

Pour les envois adressés bureau restant ou conservés en instance à la disposition des destinataires, la responsabilité cesse par la délivrance à une personne qui a justifié de son identité suivant les règles en vigueur dans le pays de destination et dont les noms et qualités sont conformes aux indications de l'adresse.

8. Les Administrations cessent d'être responsables des colis postaux dont les ayants droit ont pris livraison.

Art XVI. **Déclaration frauduleuse.** — Toute déclaration frauduleuse de valeur supérieure à la valeur réelle du contenu d'un colis est interdite. En cas de déclaration frauduleuse de cette nature, l'expéditeur perd tout droit à une indemnité, sans préjudice des poursuites judiciaires que peut comporter la législation du pays d'origine.

Art. XVII. **Suspension temporaire du service.** — Chaque Administration peut, dans des circonstances extraordinaires qui sont de nature à justifier la mesure, suspendre temporairement le service des colis postaux d'une manière générale ou partielle, à la condition d'en donner immédiatement avis, au besoin par le télégraphe, à l'Administration ou aux Administrations intéressées.

Art. XVIII. **Legislación interior.** — La législation intérieure de chacun·des pays contractants demeure applicable en tout ce qui n'est pas prévu par les stipulations contenues dans la présente Convention.

Art. XIX. **Unions restreintes.** — 1. Les stipulations de la présente Convention ne portent pas restriction au droit des parties contractantes de maintenir et de conclure des conventions spéciales, ainsi que de maintenir et d'établir des unions plus restreintes, en vue de la réduction des taxes ou de toute autre amélioration de service.

2. Toutefois, les Offices des pays participant à la présente Convention, qui entretiennent un échange de colis postaux avec des pays non contractants, admettent tous les autres Offices participants à profiter de ces relations pour l'échange des colis postaux avec ces derniers pays.

Art. XX. **Adhésions à la Convention.** — 1. Les pays de l'Union postale universelle qui n'ont point pris part à la présente Convention sont admis à y adhérer sur leur demande et dans la forme prescrite par l'art. XXIV de la Convention principale en ce qui concerne les adhésions à l'Union postale universelle.

2. Toutefois, si le pays qui désire adhérer à la présente Convention réclame la faculté de percevoir une surtaxe supérieure à 25 centimes par colis, le Gouvernement de la Confédération suisse soumet la demande d'adhésion à tous les pays contractants. Cette demande est considérée comme admise si, dans un délai de six mois, aucune objection n'a été présentée.

Art. XXI. **Règlement d'exécution.** — Les Administrations des postes des pays contractants désignent les bureaux ou localités qu'elles admettent à l'échange international des colis postaux; elles règlent le mode de transmission de ces colis et arrêtent toutes les autres mesures de détail et d'ordre nécessaires pour assurer l'exécution de la présente Convention.

Art. XXII. **Congrès et Conférences.** — La présente Convention est soumise aux conditions de revision déterminées par l'art. XXV de la Convention principale.

Art. XXIII. **Propositions de modification formulées dans l'intervalle des Congrès.** — 1. Dans l'intervalle qui s'écoule entre les réunions prévues à l'article XXV de la Convention principale, toute Administration des postes d'un des pays contractants a le droit d'adresser aux autres Administrations participantes, par l'intermédiaire du Bureau international, des propositions concernant le service des colis postaux.

Pour être mise en délibération, chaque proposition doit être appuyée par, au moins, deux Administrations, sans compter celle dont la proposition émane. Lorsque le Bureau international ne reçoit pas, en même temps que la proposition, le nombre nécessaire de déclarations d'appui, la proposition reste sans aucune suite.

2. Toute proposition est soumise au procédé déterminé au paragraphe 2 de l'art. XXVI de la Convention principale.

3. Pour devenir exécutoires, ces propositions doivent réunir, savoir:

a) L'unanimité des suffrages, s'il s'agit de l'addition de nouvelles dispositions ou de la modification des dispositions du présent article et des articles I, II, III, IV, V, VI, VII, VIII, IX, X, XI, XII, XIV, XV, XVI, XVII, XXII et XXIV de la présente Convention;

b) Les deux tiers des suffrages, s'il s'agit de la modification des dispositions de la présente Convention autres que celles des articles précités;

c) La simple majorité absolue, s'il s'agit de l'interprétation des dispositions de la présente Convention, sauf le cas de litige prévu à l'art. XXIII de la Convention principale.

4. Les résolutions valables sont consacrées, dans les deux premiers cas, par une déclaration diplomatique, et, dans le troisième cas, par une notification administrative, selon la forme indiquée à l'art. XXVI de la Convention principale.

5. Toute modification ou résolution n'est exécutoire que trois mois, au moins, après sa notification.

Art. XXIV. **Durée de la Convention; abrogation des traités antérieurs; ratifications.** — 1. La présente Convention sera mise à exécution le 1er Octobre 1907.

2. Elle aura la même durée que la Convention principale, sans préjudice du droit laissé à chaque partie contractante de se retirer de cette Convention moyennant un avis donné, un an à l'avance, par son Gouvernement au Gouvernement de la Confédération suisse.

3. Sont abrogées, à partir du jour de la mise à exécution de la présente Convention, toutes les dispositions convenues antérieurement entre les divers pays contractants ou entre leurs Administrations, pour autant qu'elles ne seraient pas conciliables avec les termes de la présente Convention, et sans préjudice des droits réservés par les articles XVIII et XIX précédents.

4. La présente Convention sera ratifiée aussitôt que faire se pourra. Les actes de ratification seront échangés à Rome.

En foi de quoi, les Plénipotentiaires des pays ci-dessus énumérés ont signé la présente Convention à Rome, le vingt-six mai mil neuf cent six.

(L. S.) — Pour l'Espagne: CARLOS FLOREZ.

(L. S.) — Pour l'Allemagne et les protectorats allemands: GIESEKE. — KNOF.

(L. S.) — Pour la République Argentine: ALBERTO BLANCAS.

(L. S.) — Pour l'Autriche: STIBRAL. — EBERAN.

(L. S.) — Pour la Belgique: J. STERPIN. — L. WODON. — A. LAMBIN.

(L. S.) — Pour la Bolivie: J. DE LEMOINE.

(L. S.) — Pour la Bosnie-Herzégovine: SCHLEYER. — KOWARSCHIK.

(L. S.) — Pour la Bulgarie: IV. STOYANOVITCH. — T. TZONTCHEFF.

(L. S.) — Pour le Chili: CARLOS LARRAIN CLARO. — M. LUIS SANTOS RODRIGUEZ.

(L. S.) — Pour la République de Colombie: G. MICHELSEN.

(L. S.) — Pour la Crète: ELIO MORPURGO. — CARLO GAMOND. — PIRRONE. — GIUSEPPE GREBORIO. — E. DELMATI.

(L. S.) — Pour le Danemark et les colonies danoises: KIORBOE.

(L. S.) — Pour l'Égypte: Y. SABA.

(L. S.) — Pour la France et l'Algérie: JACOTEY. — LUCIEN SAINT. — HERMAN.

(L. S.) — Pour les colonies et protectorats français de l'Indo-Chine: G. SCHMIDT.

(L. S.) — Pour l'ensemble des autres colonies françaises: MORGAT.

(L. S.) — Pour la Grèce: CHRIST. MIZZOPOULOS. — C. N. MARINOS.

(L. S.) — Pour le Guatemala: THOMÁS SEGARINI.

(L. S.) — Pour la Hongrie: PIERRE DE SZALAY. — DR. DE HENNYEY.

(L. S.) — Pour l'Inde britannique: H. M. KISCH. — E. A. DORAN.

(L. S.) — Pour l'Italie et les colonies italiennes: ELIO MORPURGO. — CARLO GAMOND. — PIRRONE. — GIUSEPPE GREBORIO. — E. DELMATI.

(L. S.) — Pour le Japon: KANICHIRO MATSUKI. — TAKEJI KAWAMURA.

(L. S.) — Pour le Luxembourg: Pour M. MONGENAST, — A. W. KYMMELL.

(L. S.) — Pour le Monténégro: EUG. POPOVITCH.

(L. S.) — Pour la Norvège: THB. HEYERDAHL.

(L. S.) — Pour les Pays-Bas: Pour M. G. J. C. A. POP; A. W. KYMMELL. — A. W. KYMMELL.

(L. S.) — Pour les colonies néerlandaises: PERK.

(L. S.) — Pour le Pérou:

(L. S.) — Pour la Perse: HADJI MIRZA ALI KHAN. — MOEZ ES SULTAN. — C. MOLITOR.

(L. S.) — Pour le Portugal et les colonies portugaises: ALFREDO PEREIRA.

(L. S.) — Pour la Roumanie: GR. CERKEZ. — G. GABRIELESCU.

(L. S.) — Pour la Russie: VICTOR BILIBINE.

(L. S.) — Pour la Serbie:

(L. S.) — Pour la Royaume de Siam: H. KEUCHENIUS.

(L. S.) — Pour la Suède: FREDR. GRÖNWALL.

(L. S.) — Pour la Suisse: J. B. PIODA. — A. STÄGER. — C. DELESSERT.

(L. S.) — Pour la Tunisie: ALBERT LEGRAND. — E. MAZOYER.

(L. S.) — Pour la Turquie: AH. FAHRY. — A. FUAD HIKMET.

(L. S.) — Pour l'Uruguay: HECTOR R. GÓMEZ.

(L. S.) — Pour les États-Unis de Venezuela: CARLOS E. HAHN. — DOMINGO B. CASTILLO.

PROTOCOLE FINAL

Au moment de procéder à la signature de la Convention conclue à la date de ce jour, relativement à l'échange des colis postaux, les Plénipotentiaires soussignés sont convenus de ce qui suit:

I. Tout pays où la poste ne se charge pas actuellement du transport des colis postaux et qui adhère à la Convention susmentionnée aura la faculté d'en faire exécuter les clauses par les entreprises de chemins de fer et de navigation. Il pourra en même temps limiter ce service aux colis provenant ou à destination de localités desservies par ces entreprises.

L'Administration postale de ce pays devra s'entendre avec les entreprises de chemins de fer et de navigation pour assurer la complète exécution, par ces dernières, de toutes les clauses de la Convention, spécialement pour organiser le service d'échange à la frontière.

Elle leur servira d'intermédiaire pour toutes leurs relations avec les Administrations postales des autres pays contractants et avec le Bureau international.

II. Par exception aux dispositions du paragraphe 1 de l'art. 1 et respectivement de l'art. XV de la Convention, la Bolivie a la faculté de limiter provisoirement à 3 kilogrammes, le poids des colis à admettre dans son service et à 15 francs le maximum de l'indemnité à payer en cas de perte, spoliation ou avarie d'un colis postal sans valeur déclarée ne dépassant pas ce poids.

III. Par exception aux dispositions du § 1 de l'art. II, des §§ 1 et 2 de l'article III et respectivement des §§ 1 et 4 de l'art. V de la Convention:

1º Le Gouvernement russe a la faculté de porter à 1 franc 25 le droit de transit territorial pour la Russie d'Europe et pour celle d'Asie prises chacune séparément.

2º Le Gouvernement ottoman a la faculté de porter à 1 franc 25 le droit de transit territorial pour les colis postaux qui doivent traverser la Turquie d'Asie.

3º Est appliquée, pour le transport des colis postaux provenant ou à destination des bureaux argentins de la Costa del Sud, Tierra del Fuego et îles adjacentes, une surtaxe ne dépassant pas 1 franc 25 centimes par colis et, pour le transport des colis avec déclaration de valeur à destination ou provenant des mêmes bureaux, un droit supplémentaire de 10 centimes par 300 francs ou fraction de 300 francs.

4º La République de Colombie, le Pérou, les États-Unis de Venezuela et le Brésil ont la faculté de porter transitoirement:

a) A 1 franc le droit de transit territorial;

b) A 1 franc 25 la surtaxe à appliquer aux colis postaux originaires ou à destination de leur territoire.

5º La Perse a la faculté de ne pas assurer le transport des colis postaux en transit par son territoire. Cette faculté lui est accordée à titre provisoire.

6º L'Inde britannique a la faculté d'appliquer aux colis postaux originaires de son pays à destination des autres pays, un tarif gradué correspondant à différentes catégories de poids, à la condition que la moyenne des taxes ne dépasse pas la taxe normale, y compris la surtaxe à laquelle elle aurait droit.

Cette dernière faculté est également accordée aux pays qui adhéreront à la Convention dans l'intervalle, jusqu'au prochain Congrès.

7º Les pays qui, liés actuellement par des contrats à long terme avec des compagnies de navigation, ne peuvent appliquer dès à présent les droits de transit maritime fixés à l'art. III, sont autorisés à maintenir les droits fixés par la Convention de Washington, jusqu'à ce qu'ils soient en mesure d'appliquer les nouveaux tarifs.

IV. La Grèce, la Tunisie et la Turquie d'Asie ont la faculté de ne pas admettre provisoirement les colis dont les dimensions ou le volume excéderaient le maximum autorisé pour les services maritimes dans le Règlement d'exécution.

En foi de quoi, les Plénipotentiaires ci-dessous ont dressé le présent Protocole final, qui aura la même force et la même valeur que si les dispositions qu'il contient étaient insérées dans la Convention, et ils l'ont signé sur un exemplaire qui restera déposé aux archives du Gouvernement italien et dont une copie sera remise à chaque partie.

Rome, le vingt-six mai mil neuf cent six.

(L. S.) — Pour l'Espagne: CARLOS FLOREZ.

(L. S.) — Pour l'Allemagne et les protectorats allemands: GIESEKE. — KNOF.

(L. S.) — Pour la République Argentine: ALBERTO BLANCAS.

(L. S.) — Pour l'Autriche: STIBRAL. — EBERAN.

(L. S.) — Pour la Belgique: J. STERPIN. — L. WODON. — A. LAMBIN.

(L. S.) — Pour la Bolivie: J. DE LEMOINE.

(L. S.) — Pour la Bosnie-Herzégovine: SCHLEYER. — KOWARSCHIK.

(L. S.) — Pour la Bulgarie: IV. STOYANOVITCH. — T. TZONTCHEFF.

(L. S.) — Pour le Chili: CARLOS LARRAIN CLARO. — M. LUIS SANTOS RODRIGUEZ.

(L. S.) — Pour la République de Colombie: G. MICHELSEN.

(L. S.) — Pour la Crète: ELIO MORPURGO. — CARLO GAMOND. — PIRRONE. — GIUSEPPE GREBORIO. — E. DELMATI.

(L. S.) — Pour le Danemark et les colonies danoises: KIORBOE.

(L. S.) — Pour l'Égypte: Y. SABA.

(L. S.) — Pour la France et l'Algérie: JACOTEY. — LUCIEN SAINT. — HERMAN.

(L. S.) — Pour les colonies et protectorats français de l'Indo-Chine: G. SCHMIDT.

(L. S.) — Pour l'ensemble des autres colonies françaises: MORGAT.

(L. S.) — Pour la Grèce: CHRIST. MIZZOPOULOS. — C. N. MARINOS.

(L. S.) — Pour le Guatemala: THOMÁS SEGARINI.

(L. S.) — Pour la Hongrie: PIERRE DE SZALAY. — DR. DE HENNYEY.

(L. S.) — Pour l'Inde britannique: H. M. KISCH. — E. A. DORAN.

(L. S.) — Pour l'Italie et les colonies italiennes: ELIO MORPURGO. — CARLO GAMOND. — PIRRONE. — GIUSEPPE GREBORIO. — E. DELMATI.

(L. S.) — Pour le Japon: KANICHIRO MATSUKI. — TAKEJI KAWAMURA.

(L. S.) — Pour le Luxembourg: Pour M. MONGENAST; A. W. KYMMELL.

(L. S.) — Pour le Monténégro: EUG. POPOVITCH.

(L. S.) — Pour la Norvège: THB. HEYERDAHL.

(L. S.) — Pour les Pays-Bas: Pour M. G. J. C. A. POP; A. W. KYMMELL. — A. W. KYMMELL.

(L. S.) — Pour les colonies néerlandaises: PERK.

(L. S.) — Pour le Pérou:

(L. S.) — Pour la Perse: HADJI MIRZA ALI KHAN. — MOEZ ES SULTAN. — C. MOLITOR.

(L. S.) — Pour le Portugal et les colonies portugaises: ALFREDO PEREIRA.

(L. S.) — Pour la Roumanie: GR. CERKEZ. — G. GABRIELESCU.

(L. S.) — Pour la Russie: VICTOR BILIBINE.

(L. S.) — Pour le Serbie:

(L. S.) — Pour la Royaume de Siam: H. KEUCHENIUS.

(L. S.) — Pour la Suède: FREDR GRÖNWALL.

(L. S.) — Pour la Suisse: J. B. PIODA. — A. STAGER. — C. DELESSERT.

(L. S.) — Pour la Tunisie: ALBERT LEGRAND. — E. MAZOYER.

(L. S.) — Pour la Turquie: AH. FAHRY. — A. FUAD HIKMET.

(L. S.) — Pour l'Uruguay: HECTOR R. GÓMEZ.

(L. S.) — Pour les États-Unis de Venezuela: CARLOS E. HAHN. — DOMINGO B. CASTILLO.

REGLAMENTO DE EJECUCIÓN DE LA CONVENCIÓN

Les soussignés, vu l'art. XIX de la Convention principale et l'art. XXI de la Convention concernant l'échange des colis postaux, ont, au nom de leurs Administrations respectives, arrêté d'un commun accord, les mesures suivantes pour assurer l'exécution de ladite Convention.

I. Communication des renseignements et documents relatifs à l'échange des colis postaux. — 1. Les Administrations postales des pays contractants qui entretiennent des services maritimes réguliers désignent, aux Offices des autres pays contractants, ceux de ces services qui peuvent être affectés au transport des colis postaux, en indiquant les distances.

2. Les Administrations des pays contractants qui entretiennent des échanges directs se notifient mutuellement, au moyen de tableaux conformes au modèle *A* ci-annexé, savoir:

a) La nomenclature des pays par rapport auxquels elles peuvent respectivement servir d'intermédiaires pour le transport des colis postaux.

b) Les voies ouvertes à l'acheminement desdits colis, à partir de l'entrée sur leurs territoires ou dans leurs services.

c) Le total des frais qui doivent leur être bonifiés de ce chef, pour chaque destination, par l'Office, qui leur livre les colis.

3. Au moyen des tableaux *A* reçus de ses correspondants, chaque Administration détermine les voies à employer pour la transmission de ses colis postaux et les taxes à percevoir sur les expéditeurs, d'après les conditions dans lesquelles s'effectue le transport intermédiaire.

4. Chaque Administration doit, en outre, faire connaître directement au premier Office intermédiaire quels sont les pays pour lesquels elle se propose de lui livrer des colis postaux.

5. Chaque Administration doit communiquer aux Administrations contractantes la liste des objets dont l'admission dans son pays n'est pas autorisée par les lois ou règlements.

II. Équivalents des taxes. — 1. En exécution de l'art. V, § 1, de la Convention concernant les colis postaux, les Administrations des pays contractants qui n'ont pas le franc pour unité monétaire perçoivent leurs taxes d'après les équivalents ci-dessous:

PAYS	50 centimes.	25 centimes.
Allemagne...........................	40 pfennig	20 pfennig.
Protectorats allemands:		
Afrique orientale allemande...	30 heller	15 heller.
Afrique du Sud-Ouest allemande.....		
Cameroun...........................		
Iles Carolines, Mariannes (sauf Guam) et Palaos.		
Iles Marshall................... ..	40 pfennig	20 pfennig.
Nouvelle-Guinée allemande..........		
Samoa.............................		
Togo..............................		
Kiautschou........................	20 cents............	10 cents.
République Argentine.................	16 centavos	8 centavos.
Autriche............................	50 deniers de cour...	25 deniers de cour (b).
Bosnie-Herzégovine	50 deniers de cour...	25 deniers de cour (b).
Brésil..............................	400 reis	200 reis.
Chili...............................	10 centavos	5 centavos.
Colombie..	10 centavos	5 centavos.
Danemark...........................	36 öre.............	18 öre.
Dominicaine (République)............	10 centavos	5 centavos.
Egypte.............................	20 millièmes........	10 millièmes.
Hongrie............................	50 deniers de cour...	25 deniers de cour (b).
Inde britannique...................	5 annas	2 ¹/₂ annas.
Japon.......	20 sen..............	10 sen.
Libéria............................	10 cents ....·..	5 cents.
Monténégro.........................	50 paras............	25 paras.
Norvège............................	36 öre.	18 öre.
Pays-Bas...........................	25 cents............	12 ¹/₂ cents.
Colonies néerlandaises..............	25 cents............	12 ¹/₂ cents.
Pérou..............................	20 centavos	10 centavos.
Perse	26 chahis (ou 1 kran 6 chahis) (c).......	13 chahis.
Portugal...............	100 reis	50 reis.
Colonies portugaises en Afrique.......	100 reis	50 reis.
Inde portugaise....................	4 tangas	2 tangas.
Macao		
Timor portugais....................	20 avos.........	10 avos.
Russie	20 kopeks..........	10 kopeks.
Salvador	10 centavos	5 centavos.
Siam.	28 atts....	14 atts.
Suède..............................	36 öre.............	18 öre.
Turquie............................	2 ¹/₂ piastres (100 paras)............	1 ¹/₄ piastres (50 paras)
Uruguay............................	10 centesimos	5 centesimos.

2. En cas de changement du système monétaire dans l'un des pays susmentionnés, l'Administration de ce pays doit s'entendre avec l'Administration des postes suisses pour modifier les équivalents ci-dessus; il appartient à cette dernière Administration de faire notifier la modification à tous les autres Offices de l'Union par l'intermédiaire du Bureau international.

3. Toute Administration a la faculté de recourir, si elle le juge nécessaire, à l'entente prévue au paragraphe précédent en cas de modification importante dans la valeur de sa monnaie.

III. Colis encombrants. —1. Sont considérés comme encombrants:

a) Les colis dépassant 1 m. 50 dans un sens quelconque.

b) Les colis qui, par leur forme, leur volume ou leur fragilité, ne se prêtent pas facilement au chargement avec d'autres colis ou qui demandent des précautions spéciales, tels que plantes et arbustes en paniers, cages vides ou renfermant des animaux vivants, boites à cigares vides ou autres boites en fardeaux, meubles, vanneries, jardinières, voitures d'enfants, rouets, vélocipèdes, etc.

2. Est réservée aux Administrations qui n'admettent pas les colis encombrants la faculté de limiter à 0 m. 60 le maximum de dimension dans un sens quelconque des colis postaux échangés avec les autres Administrations. Est réservée également aux Administrations qui assurent des transports par mer la faculté de limiter à 0 m. 60 le maximum de dimension et à 25 décimètres cubes le volume des colis postaux destinés à être transmis par leurs services maritimes et de ne les accepter au delà de ces limites qu'à titre de colis encombrants.

3. Sont admis, dans tous les cas, comme non encombrants, lorsqu'ils ne dépassent pas un mètre cinq centimètres en longueur et quarante centimètres en largeur ou épaisseur additionnées, les colis postaux qui renferment des parapluies, cannes, cartes, plans ou objets similaires. Toutefois, les colis postaux de cette catégorie destinés à être transmis par des services maritimes, ne sont admis comme non encombrants que s'ils ne dépassent pas un mètre en longueur et vingt centimètres en largeur ou épaisseur.

4. En ce qui concerne le calcul exact du volume, du poids ou de la dimension des colis postaux, la manière de voir du bureau expéditeur doit être considérée comme prévalant, sauf erreur évidente.

IV. Transport des cartouches et articles similaires. —Est réservée aux Administrations intéressées la faculté de s'entendre sur le transport des capsules et des cartouches métalliques chargées pour les armes à feu portatives et des éléments de fusées d'artillerie inexplosibles.

Ces objets doivent être solidement emballés à l'intérieur et à l'extérieur dans des caisses ou des barils et être déclarés tant sur le bulletin d'expédition que sur l'envoi même.

V. Conditionnement des colis. —1. Pour être admis au transport, tout colis doit:

1° Porter l'adresse exacte du destinataire; les adresses au crayon ne sont pas admises. Lorsqu'il s'agit de colis d' de valeur déclarée, ou de colis contenant des espèces monnayées, des matières d'or ou d'argent ou d'autres objets précieux, cette adresse doit être écrite sur l'emballage même du colis, ou sur une étiquette en parchemin munie d'un œillet métallique, dans lequel doit passer la ficelle entourant l'emballage.

2° Etre emballé d'une manière qui réponde à la durée du transport et qui préserve suffisamment le contenu. L'emballage doit être tel qu'il soit impossible de porter atteinte au contenu sans laisser une trace apparente de violation. Toutefois, sont acceptés sans emballage, les objets qui peuvent être emboîtés, ou réunis et maintenus par un lien solide muni de plombs ou de cachets, de manière à former un seul et même colis ne pouvant se désagréger. Il n'est pas exigé, non plus, d'emballage pour les colis d'une seule pièce, tels que pièces de bois, métalliques, etc., qu'il n'est pas dans les usages du commerce d'emballer.

3° Etre scellé par des cachets à la cire, par des plombs ou par un autre moyen, avec empreinte ou marque spéciale de l'expéditeur.

4° En cas de déclaration de valeur, porter cette déclaration sur l'adresse, en francs et centimes ou dans la monnaie du pays d'origine, sans rature ni surcharge même approuvées. Lorsque la déclaration est formulée en une monnaie autre que la monnaie de franc, l'expéditeur ou l'Office du pays d'origine est tenu d'en opérer la réduction en cette dernière monnaie, en indiquant, par de nouveaux chiffres placés à côté et au-dessous des chiffres représentatifs du montant de la déclaration, l'équivalent de celle-ci en francs et centimes. Cette disposition n'est pas applicable aux relations directes entre pays ayant une monnaie commune.

2. Les liquides et les corps facilement liquéfiables doivent être expédiés dans un double récipient. Entre le premier (bouteille, flacon, pot, boîte, etc.) et le second (boîte en métal ou en bois résistant) est ménagé, autant que possible, un espace qui doit être rempli de sciure, de son ou de toute autre matière absorbante.

VI. Bulletins d'expédition et déclaration en douane. — 1. Chaque colis doit être accompagné d'un bulletin d'expédition et de déclarations en douane conformes ou analogues aux modèles *B* et *C* ci-joints. Les Administrations se renseignent réciproquement sur le nombre de déclarations en douane à fournir pour chaque destination.

L'expéditeur peut ajouter sur le coupon du bulletin d'expédition des communications relatives à l'envoi, à la condition toutefois que la législation du pays d'origine n'y soit pas contraire.

2. Un seul bulletin d'expédition et, si les lois douanières ne s'y opposent pas, une seule déclaration en douane peuvent servir à plusieurs colis ordinaires jusqu'au nombre de trois, émanant du même expéditeur et destinés à la même personne. Cette disposition n'est pas applicable aux colis expédiés contre remboursement ou avec déclaration de valeur, qui doivent être accompagnés chacun d'un bulletin séparé.

Par exception, il est loisible à chaque pays d'exiger, aux époques où le trafic augmente extraordinairement, des bulletins et des déclarations en douane distincts pour chaque colis déposé dans son service.

3. Les formules de bulletins d'expédition qui ne sont pas imprimées en langue française doivent porter une traduction sublinéaire dans cette langue.

4. Les bulletins d'expédition accompagnant les colis avec valeur déclarée doivent porter, pour chaque colis, l'empreinte du cachet qui a servi à fermer l'envoi, ainsi que l'indication de la valeur déclarée d'après les règles mentionnées sous le chiffre 4° de l'art. V du présent Règlement.

Le poids exact en grammes de chaque colis avec valeur déclarée doit être inscrit par l'Office d'origine, tant sur l'adresse du colis que sur le bulletin d'expédition, à la place à ce réservée dans cette formule.

5. Les Administrations contractantes déclinent toute responsabilité quant à l'exactitude des déclarations en douane.

VII. Étiquettes distinctives. — 1. Chaque colis, ainsi que le bulletin d'expédition qui s'y rapporte, doit être revêtu d'une étiquette conforme au modèle *D* ci annexé et indiquant le numéro de l'enregistrement et le nom du bureau de dépôt. Le même bureau d'origine ne peut employer, en même temps, deux ou plusieurs séries d'étiquettes, sauf le cas où les séries sont complétées par un caractère distinctif.

2. Le bulletin d'expédition est, en outre, frappé par le bureau d'origine, du côté de la suscription, du timbre indiquant le lieu et la date du dépôt.

3. Chaque colis avec valeur déclarée ou remboursement, ainsi que le bulletin d'expédition qui s'y rapporte, doivent porter une étiquette rouge avec l'indication «Valeur déclarée» ou «Remboursement» en caractères latins.

4. Les colis à remettre par exprès sont, de même que leur bulletin d'expédition, frappés d'un timbre ou revêtus d'une étiquette portant en gros caractères le mot «Exprès».

5. Lorsque les colis contiennent des espèces monnayées, des matières d'or ou d'argent ou d'autres objets précieux, les étiquettes prescrites par les paragraphes 1, 3 et 4 précédents et les timbres-poste s'il y en a d'apposés sur les colis, doivent être espacés afin qu'ils ne puissent servir à cacher des lésions de l'emballage. Ils ne doivent pas, non plus, être repliés sur les deux faces de l'emballage, de manière à couvrir la bordure.

VIII. Colis francs de droits; perception d'arrhes. — 1. Les colis à remettre aux destinataires francs de droits doivent porter, sur l'adresse ainsi que sur les bulletins d'expédition, une étiquette de couleur avec l'indication en gros caractères «Franc de droit».

2. Les bureaux d'expédition perçoivent des envoyeurs des arrhes suffisantes; ils joignent aux documents de route un bulletin d'affranchissement conforme ou analogue au modèle *E* ci-annexé. Après la livraison de l'envoi, le bureau destinataire complète le bulletin d'affranchissement par le détail des frais dus en y joignant, autant que possible, les pièces justificatives. Il se crédite de son avance et, le cas échéant, du droit spécial prévu au § 2 de l'art. XI de la Convention, sur le bureau d'expédition en suivant la marche tracée par l'art. XIV du présent Règlement pour les colis réexpédiés; le bulletin d'affranchissement doit être annexé à la feuille de route créée par l'Office destinataire et, s'il y a lieu, par chacun des Offices intermédiaires. Toutefois, deux Administrations peuvent, d'un commun accord, appliquer dans leurs relations réciproques, un autre mode de reprise des frais dont il s'agit.

IX. Mode de transmission des colis. — 1. L'échange des colis postaux entre pays limitrophes ou reliés entre eux au moyen d'un service maritime direct, est effectué par les bureaux et dans les locaux ¡e· désignés par les Offices intéressés.

2. Dans les rapports entre pays séparés par un ou plusieurs territoires intermédiaires, les colis postaux doivent suivre les voies dont les Offices intéressés sont convenus; ils sont livrés à découvert au premier Office intermédiaire. Les Offices intéressés peuvent s'entendre pour établir des échanges soit à découvert, soit en sacs, paniers ou compartiments clos avec feuilles de route directes. Dans ce cas, les Offices intéressés arrêtent d'un commun accord les mesures nécessaires pour la comptabilité.

3. Toutefois, il est obligatoire de former des récipients clos lorsque le nombre des colis postaux est de nature à entraver les opérations d'une Administration intermédiaire d'après la déclaration de cette Administration.

Les récipients clos doivent être renvoyés vides à l'Office expéditeur par le prochain courrier, sauf autre arrangement entre les Offices correspondants. Les paniers, sacs et autres récipients semblables, nécessaires à l'échange des colis, sont à la charge, à parts égales, des Offices qui s'en servent dans leurs rapports réciproques, sauf arrangement contraire.

X. Feuille de route; description des colis. — 1. Les colis postaux sont inscrits par le bureau d'échange expéditeur sur une feuille de route conforme au modèle *F* annexé au présent Règlement, avec tous les détails que cette formule comporte. Toutefois, les Offices correspondants peuvent s'entendre pour que les colis ordinaires ne soient inscrits sur les feuilles de route qu'en bloc, avec indication sommaire des montants à bonifier. Les bulletins d'expédition, les mandats de remboursement et les déclarations en douane, ainsi que les avis *E* et les avis de réception, sont attachés à la feuille de route.

2. Les colis postaux pour le service des prisonniers de guerre sont inscrits sur cette même feuille, mais sans aucune bonification.

XI. Avis de réception. — 1. Quand un colis postal est l'objet d'une demande d'avis de réception, le bureau d'origine inscrit à la main sur ce colis et sur son bulletin d'expédition, d'une manière très apparente, la mention «Avis de réception» ou y appose l'empreinte d'un timbre portant «A. R.».

2. La formule d'avis de réception est établie par le bureau d'origine ou par tout autre bureau à désigner par l'Office expéditeur. Si elle ne parvient pas au bureau de destination, celui-ci dresse d'office un nouvel avis de réception.

Les avis de réception doivent être formulés en français ou porter une traduction sublinéaire en cette langue.

3. Le bureau de destination, après avoir dûment rempli la formule, la renvoie, soit directement, soit par l'intermédiaire des bureaux d'échange, au bureau d'origine, qui la fait parvenir à l'expéditeur du colis.

4. Lorsque l'expéditeur demande un avis de réception d'un colis postal postérieurement au dépôt de cet objet. le bureau d'origine reproduit sur une formule d'avis de réception la description très exacte du colis (bureau d'origine, date de dépôt, numéro, suscription). Cette formule est attachée à une réclamation modèle *N* et traitée selon les prescriptions de l'art. XVI suivant, à cette exception près que, en cas de livraison régulière du colis auquel l'avis de réception se rapporte, le bureau de destination retire la formule *N* et renvoie l'avis de réception, dûment rempli, au bureau d'origine, de la manière prescrite par le § 3 précédent.

5. Si un avis de réception, régulièrement demandé par l'expéditeur au moment du dépôt, n'est pas parvenu dans les délais voulus au bureau d'origine, on procède, pour réclamer l'avis manquant, conformément aux règles tracées au paragraphe 4 précédent. Le bureau d'origine inscrit en tête la mention «Duplicata de l'avis de réception, etc.».

XII. Vérification par les bureaux d'échange. — 1. Á la réception d'une feuille de route, le bureau d'échange destinataire procède à la vérification des colis postaux et des divers documents inscrits sur cette feuille et, s'il y a lieu, opère la constatation des manquants ou autres irrégularités au moyen d'une formule conforme au modèle *G* annexé au présent Règlement et en se conformant aux règles tracées par l'art. IX du Règlement d'exécution de l'Arrangement concernant les valeurs déclarées.

2. Les différences de peu d'importance en ce qui concerne le volume, la dimension et le poids ainsi que les irrégularités qui n'engagent évidemment pas la responsabilité des Administrations respectives, sont seulement signalées par bulletin de vérification.

3. Toutes les différences qui pourraient être relevées dans les bonifications et mises en compte doivent être signalées par bulletin de vérification au bureau expéditeur. Les bulletins de vérification régularisés doivent être annexés aux feuilles de route qu'ils concernent. Les corrections non appuyées par des pièces justificatives ne sont pas admises par la revision.

XIII. Colis grevés de remboursement. — 1. Les colis grevés de remboursement et les bulletins d'expédition y afférents doivent porter du côté de l'adresse le mot «Remboursement» écrit ou imprimé d'une manière très apparente et suivi de l'indication du montant du remboursement dans la monnaie du pays d'origine, exprimé en caractères latins, sans rature ni surcharge, même approuvées.

2. Toute colis expédié contre remboursement est accompagné d'un mandat de remboursement conforme ou analogue au modèle *H* annexé au présent Règlement. Ce mandat de remboursement, qui est attaché au bulletin d'expédition, doit porter l'indication du montant du remboursement dans la monnaie du pays expéditeur et indiquer, en règle générale, l'expéditeur du colis comme bénéficiaire du mandat. Cependant, chaque Administration est libre de faire adresser aux bureaux d'origine des colis ou à d'autres bureaux les mandats afférents aux envois originaires de son service.

3. Sauf entente contraire entre les Administrations d'origine et de destination, les montants des mandats de remboursement sont convertis en monnaie du pays destinataire par les soins de l'Administration de ce pays, qui se sert à cet effet du taux de conversion dont elle fait usage pour la conversion des mandats de poste à destination du pays d'origine des colis.

4. Immédiatement après avoir encaissé le remboursement, le bureau de destination ou tout autre bureau désigné par l'Administration destinataire remplit la partie «Indications de service» du mandat de remboursement et, après y avoir apposé son timbre à date, renvoie ce mandat franc de port à l'adresse qui y est indiquée.

Les mandats de remboursement sont payés dans les conditions déterminées par chaque Administration en vue d'assurer le payement des montants des remboursements aux expéditeurs des colis.

5. Dans le cas où le destinataire ne paye pas le montant du remboursement dans un délai de sept jours dans les relations entre les pays d'Europe, et dans un délai de quinze jours dans les relations des pays d'Europe avec les pays hors d'Europe et de ces derniers pays entre eux, à partir du jour qui suit celui de l'arrivée du colis au bureau destinataire, le colis est traité comme étant tombé en rebut, conformément aux dispositions de l'art. XV, § 3, du présent Règlement.

Ces délais peuvent être étendus jusqu'à un maximum de deux mois par les Administrations auxquelles leur législation en fait une obligation.

Les mandats de remboursement afférents aux colis qui, pour un motif quelconque, sont renvoyés à l'origine, doivent être annulés par les soins de l'Office qui effectue le renvoi et être attachés aux bulletins d'expédition.

6. Les mandats de remboursement égarés, perdus ou détruits avant l'encaissement du remboursement sont remplacés, sans formalités, par de nouveaux mandats portant l'entête «Duplicata». La demande d'un duplicata est adressée directement au bureau d'origine du colis.

Les mandats de remboursement égarés, perdus ou détruits après l'encaissement du remboursement sont également remplacés par des duplicatas ou des autorisations de payement, après constatation par les deux Administrations que le mandat n'a été ni payé, ni remboursé.

7. Les mandats de remboursement dont les bénéficiaires n'ont pas réclamé le payement dans les délais de validité fixés par le Règlement d'exécution de l'Arrangement concernant l'échange des mandats, sont traités en conformité des dispositions des §§ 2 et 3 de l'art. VIII du Règlement d'exécution de l'Arrangement concernant le service des recouvrements.

XIV. Réexpédition. — 1. Les colis postaux réexpédiés par suite de fausse direction sont acheminés sur leur destination par la voie la plus directe dont peut disposer l'Office réexpéditeur. Lorsque cette réexpédition entraîne restitution des colis à l'Office expéditeur, le bureau d'échange réexpéditeur lui alloue les bonifications reçues, après avoir signalé l'erreur par un bulletin de vérification.

Dans le cas contraire, et si le montant bonifié à l'Office réexpéditeur est insuffisant pour couvrir les frais de réexpédition qui lui incombent, il se crédite de la différence en forçant la somme inscrite à son avoir sur la feuille de route du bureau d'échange expéditeur. Le motif de cette rectification est notifié audit bureau au moyen d'un bulletin de vérification.

Lorsqu'un colis a été admis à tort à l'expédition, par suite d'une erreur imputable au service postal, et doit pour ce motif être renvoyé au pays d'origine, ou, si l'une des prohibitions prévues à l'art. XIV de la Convention est constatée par le bureau d'échange d'entrée au cours des opérations d'échange, il est procédé de la même manière que si ce colis devait être restitué à l'Office expéditeur par suite de fausse direction.

2. Les colis postaux réexpédiés par suite de changement de résidence des destinataires sont grevés, à la charge des destinataires, par l'Office distributeur, d'une taxe représentant la quote-part revenant à ce dernier Office, à l'Office réexpéditeur et, s'il y a lieu, à chacun des Offices intermédiaires.

L'Office réexpéditeur se crédite de sa quote-part sur l'Office intermédiaire ou sur l'Office de la nouvelle destination. Dans le cas où le pays de réexpédition et celui de la nouvelle destination ne sont pas limitrophes, le premier Office intermédiaire qui reçoit un colis postal réexpédié se crédite du montant de sa quote-part et de celle de l'Office réexpéditeur, vis-à-vis de l'Office auquel il livre cet objet; et ce dernier, à son tour, s'il n'est lui-même qu'un intermédiaire, répète, sur l'Office suivant, sa propre quote-part, cumulée avec celles dont il a tenu compte à l'Office précédent. La même opération se poursuit dans les rapports entre les différents Offices participant au transport, jusqu'à ce que le colis postal parvienne à l'Office distributeur.

Toutefois, si la taxe exigible pour le parcours ultérieur d'un colis à réexpédier est acquittée au moment de la réexpédition, cet objet est traité comme s'il était adressé directement du pays réexpéditeur dans le pays de destination, et remis sans taxe postale au destinataire.

3. Les colis grevés de remboursement peuvent être réexpédiés, si le pays de la nouvelle destination entretient avec celui d'origine un échange de colis grevés de remboursement. Les colis sont, dans le cas de réexpédition, accompagnés des mandats de remboursement créés par le service d'origine. L'Office de la nouvelle destination procède à l'égard de la liquidation du remboursement comme si le colis lui avait été directement expédié.

4. Les colis sont réexpédiés dans leur emballage primitif et accompagnés du bulletin d'expédition créé par le bureau d'origine. Dans le cas où le colis doit, pour un motif quelconque, être remballé ou le bulletin d'expédition primitif remplacé par un bulletin supplémentaire, il est indispensable que le nom du bureau d'origine du colis et le numéro d'enregistrement primitif figurent tant sur le colis que sur le bulletin d'expédition.

XV *Rebuts.* — 1. Les expéditeurs des colis tombés en rebut seront consultés, dans le plus court délai possible, sur la manière dont ils entendent en disposer, à moins qu'ils n'aient demandé leur retour inmédiat ou la remise à un autre destinataire par un avis (modèle *I* ci-joint) libellé dans une langue connue dans le pays de destination (avec traduction sublinéaire, éventuellement, dans la langue du pays d'origine) et apposé tant sur le bulletin d'expédition que sur le colis lui-même.

Pour signaler à l'Office d'origine les colis postaux tombés en souffrance, l'Office de destination fait usage d'une formule conforme au modèle *J* ci-joint, libellée en français ou comportant une traduction sublinéaire dans cette langue.

En règle générale, les demandes d'avis sont échangées directement entre les bureaux de destination et d'origine. Chaque Administration peut cependant demander que les demandes d'avis qui concernent son service soient transmises à son Administration centrale ou à un bureau spécialement désigné.

Lorsque des colis postaux ayant donné lieu à un avis sont retirés ou réexpédiés avant la réception des dispositions de l'expéditeur, le bureau d'origine doit en être informé immédiatement, à l'intention de l'envoyeur. Après réception des dispositions de l'expéditeur, ces dernières seules sont valables et exécutoires.

2. L'expéditeur d'un colis tombé en rebut peut demander:

a) Que le colis lui soit immédiatement renvoyé.

b) Que le colis soit remis à un autre destinataire ou qu'il soit réexpédié sur une autre destination, pour être remis au destinataire primitif ou à une autre personne.

c) Que le destinataire primitif soit avisé encore une fois.

d) Que le colis soit vendu aux risques et périls de l'expéditeur.

e) Qu'un colis grevé de remboursement soit remis au destinataire primitif ou à une autre personne sans perception du montant du remboursement ou contre payement d'une somme inférieure à celle indiquée originairement. Le procédé à suivre en ce qui concerne l'annulation ou le remplacement du mandat de remboursement est celui prescrit au § 2 de l'art. XVII ci-après.

Si l'expéditeur ne répond pas par une demande précise dans les conditions précitées, l'Office de destination n'est pas tenu de lui adresser un nouvel avis.

Les colis postaux qui n'ont pu être remis aux destinataires pour une cause quelconque et dont les expéditeurs préalablement consultés ont fait abandon pur et simple, ne sont pas renvoyés par l'Office destinataire, qui les traite conformément à sa législation intérieure.

Les frais de réexpédition et autres et les droits de douane dont l'Office destinataire resterait à découvert après la vente ou l'abandon du colis, tombent à la charge de l'expéditeur et sont repris sur l'Office d'origine.

3. Si, dans le délai de deux mois, à partir de l'expédition de l'avis, le bureau de destination n'a pas reçu des instructions suffisantes, le colis est renvoyé au bureau d'origine.

Ce délai est porté à trois mois pour les relations avec la Russie d'Asie et à six mois pour celles avec les pays d'outre-mer, sauf arrangement contraire entre les Offices intéressés.

Le renvoi du colis doit avoir lieu immédiatement dans le cas où il ne peut être donné suite aux instructions de l'expéditeur formulées soit par avis modèle *I*, soit sur demande du bureau de destination, sauf, toutefois, dans le cas où l'expéditeur aurait ajouté à sa nouvelle disposition une seconde disposition éventuelle (autre adresse, abandon, etc.).

4. Tout colis dont le destinataire est parti pour un pays non participant à la Convention concernant les colis postaux est traité comme rebut, à moins que l'Office de la première destination ne soit en mesure de le faire parvenir.

Les colis à renvoyer à l'expéditeur sont inscrits sur la feuille de route avec la mention «Rebuts», dans la colonne d'observations. Ils sont traités et taxés comme les objets réexpédiés par suite de changement de résidence des destinataires.

5. Les articles sujets à détérioration ou à corruption peuvent seuls être vendus immédiatement, même en route à l'aller ou au retour, sans avis préalable et sans formalité judiciaire, au profit de qui de droit. En cas d'impossibilité de vente pour une cause quelconque, les objets détériorés ou corrompus sont détruits. Il est dressé procès-verbal de la vente ou de la destruction.

Une copie du procès-verbal, accompagnée du bulletin d'expédition, est transmise au bureau d'origine.

Le produit de la vente sert, en premier lieu, à couvrir les frais qui grèvent l envoi. Le cas échéant, l'excédent est transmis au bureau d'origine pour être remis à l'expéditeur, qui supporte les frais de l'envoi. Les frais non couverts par la vente tombent à la charge de l'expéditeur et sont repris sur l'Office d'origine.

XVI. *Réclamations.* — 1. Pour les réclamations de colis postaux, il est fait usage d'une formule conforme ou analogue au modèle N annexé au présent Règlement. L'Office du pays d'origine, après avoir établi les dates de transmission des envois en question au service suivant, transmet cette formule directement à l'Office de destination.

2. Toutefois, dans les relations avec les pays d'outre-mer et de ces pays entre eux, la réclamation est transmise de bureau à bureau en suivant la même voie d'acheminement que l'envoi qui fait l'objet de la réclamation.

3. Dans le cas prévu au § 1 ci-dessus, lorsque l'Office destinataire est en état de fournir les renseignements sur le sort définitif du colis réclamé, il renvoie cette formule, revêtue des renseignements que le cas comporte, à l'Office d'origine.

Lorsque le sort d'un colis qui a passé à découvert par plusieurs services ne peut être immédiatement constaté dans le service du pays de destination, l'Office destinataire transmet la formule au premier Office intermédiaire, qui, après avoir établi les données de la transmission de l'objet au service suivant, transmet la réclamation à l'Office suivant et ainsi de suite, jusqu'à ce que le sort définitif du colis réclamé soit établi. L'Office qui a effectué la remise au destinataire, ou qui, le cas échéant, ne peut établir, ni la remise, ni la transmission régulière à une autre Administration, constate le fait sur la formule et la renvoie à l'Office d'origine.

4. Dans le cas prévu au § 2 ci-dessus, les recherches se poursuivent depuis l'Office d'origine jusqu'à l'Office de destination. Chaque Office établit sur la formule les données de la transmission à l'Office suivant et l'envoie en suite à celui-ci. L'Office qui a effectué la remise au destinataire, ou qui, le cas échéant, ne peut établir ni la remise, ni la transmission régulière à une autre Administration, constate le fait sur la formule et la renvoie à l'Office d'origine.

5. Les formules N sont rédigées en français ou portent une traduction sublinéaire en cette langue. Elles doivent être accompagnées, autant que possible, d'un fac-similé de la suscription de l'adresse. Ces formules sont transmises, sans lettre d'envoi, sous enveloppe fermée. Chaque Administration est libre de demander, par une notification adressée au Bureau international, que les réclamations qui concernent son service soient transmises, soit à son Administration centrale, soit à un bureau spécialement désigné, soit enfin directement au bureau de destination ou, si elle est seulement intéressée à titre d'intermédiaire, au bureau d'échange auquel l'envoi a été expédié.

XVII. *Demandes de retrait, de changement d'adresse ou de dégrèvement du remboursement.* — 1. Les demandes de retrait de colis postaux et de changement d'adresse sont soumises aux règles et formalités prescrites par l'art. XXXI du Règlement d'exécution de la Convention principale.

2. En cas de demande de dégrèvement partiel d'un colis suivi de remboursement, un nouveau mandat de remboursement, établi pour le montant réduit, doit être joint à la demande.

Les mandats de remboursement annulés ou remplacés sont détruits par les soins de l'Office destinataire des colis.

XVIII. *Comptabilité.* — 1. Chaque Administration fait établir mensuellement, par chacun de ses bureaux d'échange et pour tous les envois reçus des bureaux d'échange d'un seul et même Office, un état, conforme au modèle K annexé au présent Règlement, des sommes inscrites sur chaque feuille de route, soit à son crédit, pour sa part et celle de chacune des Administrations intéressées, s'il y a lieu, dans les taxes perçues par l'Office expéditeur, soit à son débit, pour la part revenant à l'Office réexpéditeur et aux Offices intermédiaires, en cas de réexpédition et de rebut, dans les taxes à recouvrer sur les destinataires.

2. Les états K sont ensuite récapitulés par les soins de la même Administration dans un compte L dont le modèle est également annexé au présent Règlement.

3. Ce compte, accompagné des états partiels, des feuilles de route et, s'il y a lieu, des bulletins de vérification y afférents, est soumis à l'examen de l'Office correspondant, dans le courant du mois qui suit celui auquel il se rapporte.

Les totaux ne doivent jamais être rectifiés. Les erreurs qui pourraient être relevées doivent faire l'objet d'états de différence.

4. Les comptes mensuels, après avoir été vérifiés et acceptés de part et d'autre, sont résumés dans un compte général trimestriel par les soins de l'Administration créditrice.

Les Administrations participantes ont, toutefois, la latitude de s'entendre entre elles pour n'opérer ce résumé que semestriellement ou annuellement.

5. Le solde résultant de la balance des comptes réciproques entre deux Offices est payé par l'Office débiteur à l'Office créditeur en francs effectifs et au moyen de traites tirées sur la capitale ou sur une place commerciale du pays créancier, les frais du payement restant à la charge de l'Office débiteur. Ces traites peuvent être exceptionnellement tirées sur un autre pays, à la condition que les frais d'escompte soient à la charge de l'Office débiteur.

6. L'établissement, l'envoi et le payement des comptes doivent être effectués dans le plus bref délai possible et, au plus tard, avant l'expiration du trimestre suivant. Passé ce délai, les sommes dues par un Office à un autre Office sont productives d'intérêts, à raison de 5 % l'an, à dater du jour de l'expiration dudit délai.

7. Est réservée, toutefois, aux Offices intéressés, la faculté de prendre, d'un commun accord, d'autres dispositions que celles qui sont formulées dans le présent article.

XIX. Décompte des remboursements. — 1. Sauf entente contraire entre les Offices intéressés, le décompté relatif aux remboursements payés par chaque Administration pour le compte d'une autre Administration est effectué au moyen d'annexes aux comptes particuliers (modèle M ci-joint) des mandats de poste de l'Administration créditrice pour l'Administration correspondante.

2. Dans ces comptes des remboursements, qui sont accompagnés des mandats de remboursement payés et quittancés, les mandats sont inscrits par ordre alphabétique des bureaux d'émission et par ordre numérique de l'inscription des mandats dans les registres de ce bureau. Á la fin du compte, l'Administration qui l'a établi, déduit de la somme totale de sa créance un demi pour cent, représentant la quote-part de l'Administration correspondante dans le droit de remboursement.

3. La somme finale du compte particulier des remboursements est ajoutée, autant que possible, à celle du compte particulier des mandats de poste pour le même exercice. La vérification et la liquidation de ces décomptes sont effectuées selon les règles fixées pour les décomptes des mandats de poste par le Règlement d'exécution de l'Arrangement concernant le service des mandats.

XX. Communication de documents relatifs à l'échange des colis postaux. — 1. Les Administrations se communiquent réciproquement, par l'intermédiaire du Bureau international et trois mois au moins avant la mise à exécution de la Convention, savoir:

a) Les dispositions qu'elles auront prises en ce qui concerne la limite de poids, la déclaration de valeur, les colis encombrants, les remboursements, le nombre de colis qui peuvent être accompagnés d'une seule déclaration en douane et l'admission de communications manuscrites sur le bulletin d'expédition.

b) S'il y a lieu, les limites de dimensions et de volume prévues au paragraphe 2 de l'art. III du présent Règlement.

c) Le tarif applicable dans leur service aux colis postaux pour chacun des pays contractants, en conformité de l'art. V de la Convention concernant les colis postaux et de l'art. I du présent Règlement.

d) Les noms des bureaux ou localités qui participeront à l'échange des colis postaux, ou l'avis que tous leurs bureaux participent à ce service.

e) Un extrait en langue allemande, anglaise ou française, des dispositions de leurs lois ou règlements intérieurs applicables au transport des colis postaux.

2. Toute modification apportée ultérieurement à l'égard des cinq points ci-dessus mentionnés doit être notifiée sans retard de la même manière.

XXI. Propositions de modification du Règlement d'exécution. — 1. Dans l'intervalle qui s'écoule entre les réunions prévues à l'art. XXV de la Convention principale, toute Administration d'un des pays contractants a le droit d'adresser aux autres Administrations participantes, par l'intermédiaire du Bureau international, des propositions concernant les dispositions du présent Règlement.

2. Toute proposition est soumise au procédé déterminé par l'art. XLV du Règlement d'exécution de la Convention principale.

3. Pour devenir exécutoires, les propositions doivent réunir, savoir:

a) L'unanimité des suffrages, s'il s'agit de l'addition de nouvelles dispositions ou de la modification des dispositions du présent article ou de l'art. XXII.

b) Les deux tiers des suffrages, s'il s'agit de la modification des dispositions des articles II, III, IV, V, VI, VII, IX, X, XI, XII, XIII, XIV et XV.

c) La simple majorité absolue, s'il s'agit de la modification des autres articles ou de l'interprétation des diverses dispositions du présent Règlement, sauf le cas de litige prévu à l'art. XXIII de la Convention principale.

4. Les résolutions valables sont consacrées par une simple notification du Bureau international à toutes les Administrations participantes.

5. Toute modification ou résolution adoptée n'est exécutoire que trois mois, au moins, après sa notification.

XXII. Durée du Règlement. — Le présent Règlement sera exécutoire à partir du jour de la mise en vigueur de la Convention.

Il aura la même durée que cette Convention, à moins qu'il ne soit renouvelé d'un commun accord entre les parties contractantes.

Fait à Rome, le vingt-six mai mil neuf cent six.

Pour l'Espagne: CARLOS FLOREZ.
Pour l'Allemagne et les protectorats allemands: GIESEKE. — KNOF.
Pour la République Argentine: ALBERTO BLANCAS.
Pour l'Autriche: STIBRAL. — EBERAN.
Pour la Belgique: J. STERPIN. — L. WODON. — A. LAMBIN.
Pour la Bolivie: J. DE LEMOINE.
Pour la Bosnie-Herzégovine: SCHLEYER. — KOWARSCHIK.
Pour la Bulgarie: IV. STOYANOVITCH. — T. TZONTCHEFF.

Pour le Chili: CARLOS LARRAIN CLARO. — M. LUIS SANTOS RODRÍGUEZ.

Pour la République de Colombie: G. MICHELSEN.

Pour la Crète: ELIO MORPURGO. — CARLO GAMOND. — PIRRONE. — GIUSEP-PE GREBORIO. — E. DELMATI.

Pour le Danemark et les colonies danoises: KIORBOE.

Pour l'Égypte: Y. SABA.

Pour la France et l'Algérie: JACOTEY. — LUCIEN SAINT. — HERMAN.

Pour les colonies et protectorats français de l'Indo-Chine: G. SCHMIDT.

Pour l'ensemble des autres colonies françaises: MORGAT.

Pour la Grèce: CHRIST MIZZOPOULOS. — C. N. MARINOS.

Pour le Guatemala: THOMÁS SEGARINI.

Pour la Hongrie: PIERRE DE SZALAY. — Dr. DE HENNYEY.

Pour l'Inde britanique: H. M. KISCH. — E. A. DORAN.

Pour l'Italie et les colonies italiennes: ELIO MORPURGO. — CARLO GAMOND. PIRRONE. — GIUSEPPE GREBORIO. — E. DELMATI.

Pour le Japon: KANICHIRO MATSUKI. — TAKEJI KAWAMURA.

Pour le Luxembourg: Pour M. MONGENAST, A. W. KYMMELL.

Pour le Monténégro: EUG. POPOVITCH.

Pour la Norvège: THB. HEYERDAHL.

Pour les Pays-Bas: Pour M. G. J. C. A. POP, A. W. KYMMELL.—A. W. KYMMELL.

Pour les colonies néerlandaises: PERK.

Pour le Pérou:

Pour la Perse: HADJI MIRZA ALI KHAN. — MOEZ ES SULTAN. — C. MOLITOR.

Pour le Portugal et les colonies portugaises: ALFREDO PEREIRA.

Pour la Roumanie: GR. CERKEZ. — G. GABRIELESCU.

Pour la Russie: VICTOR BILIBINE.

Pour la Serbie:

Pour le Royaume de Siam: H. KEUCHENIUS.

Pour la Suède: FREDR. GRÖNWALL.

Pour la Suisse: J. B. PIODA. — A. STÄGER. — C. DELESSERT.

Pour la Tunisie: ALBERT LEGRAND. — E. MAZOYER.

Pour la Turquie: AH. FAHRY. — A. FUAD HIKMET.

Pour l'Uruguay: HECTOR R. GÓMEZ.

Pour les États-Unis de Venezuela: CARLOS E. HAHN. — DOMINGO B. CASTILLO.

ANEJOS

Office expéditeur
DU PRÉSENT TABLEAU:

Office destinataire
DU PRÉSENT TABLEAU:

....

....

A

Échange des colis postaux entre pays non limitrophes.

Tableau indiquant les conditions auxquelles peuvent être transmis à découvert à l'Office des Postes d........................., par l'Office des Postes d..........................., des colis postaux à destination des pays auxquels le premier Office est à même de servir d'intermédiaire au second.

Pays de destination.	Voies de transmission.	Désignation des pays intermédiaires et des services maritimes à employer.	TOTAL DE FRAIS À BONIFIER par l'Office............... à l'Office..................		Observations.
			Taxe au poids.	Droits d'assurance par 300 francs.	
1	2	3	4	5	6

B
(recto).

COUPON	NÚMEROS D'ENREGISTREMENTS	Application du timbre-poste ou indication de la taxe perçue.
Peut être détaché par le destinataire.	**Pays d'origine**........................	
	Bulletin d'expedition.	
Timbre du bureau d'origine.	Ci-joint....................................	
	Nombre de déclarations en douane........	
	Valeur assurée	
	Montant du remboursement..	
Nom et domicile de l'expéditeur..........	Á...	
	....	
	(Lieu de destination).....................	
	(Rue et numéro)...........................	

Timbre de la douane.	Poids.	Droits de douane *(a)*.	Acheminemen;

(a) Cadre à remplir par le bureau d'échange d'entrée ou par le service de la douane du pays de destination.

B
(verso).

Récépissé du destinataire.

Le soussigné déclare avoir reçu { le colis désigné.. / les colis désignés } au recto du présent bulletin.

Á......................., le................ 190...

(Signature.)

....

Lieu de départ

....

Lieu de destination

....

Pays d'origine....................................

C

Déclaration en douane.

M..

COLIS POSTAUX		DÉSIGNATION DU CONTENU	VALEURS	POIDS		
Nombre	Spéce.			brut.	net.	
				Grammes.	Grammes.	

.... 190...   *L'Expéditeur,*

....

D

```
            475
         BARMEN I
```

475 BARMEN I

Administration des Postes

d............................

──

SERVICE DES COLIS POSTAUX

──

Bulletin d'affranchissement.

──

Avis de remettre au destinataire franco de droits d'entrée le... colis post...
ci-joint, n°..... expédié... par...................... à.......................
à l'adresse de.............................. à...........................

Timbre du bureau
expéditeur.

Le.................................

══════

Veuillez, en renvoyant le présent avis, débiter l'Office [1]..................
du montant des droits dus mais non payés.

DÉTAIL DES DROITS D'ENTRÉE	MONTANT
SOMME TOTALE.........	

Renvoyé au bureau d'échange d............................

Timbre du bureau
de destination.

──────────

(1) Indiquer le nom de l'Office expéditeur.

Administration des Postes

d..........................

NUMÉRO D'ORDRE DE LA FEUILLE
DE ROUTE

Échange avec l'Office

d..............................

NOM DU PAQUEBOT

....

F

Feuille de route

des colis postaux expédiées par le bureau d'échange d.........................

au bureau d'échange d.........................

Timbre à date.

Départ (...e envoi) du...........190..., à...h...m. du.........

Arrivée........... du...........190..., à...h...m. du.........

NUMÉROS		Nombre des colis postaux	BUREAU		Poids de chaque colis avec valeur déclarée.	Valeur déclarée.	BONIFICATION DE TAXES ET DROITS		Montant des remboursements.	Observations.
d'ordre.	de l'enregistrement.		d'origine.	de destination. (*)			par l'Office expéditeur à l'Office correspondant.	par l'Office correspondant à l'Office expéditeur.		
1	2	3	4	5	6	7	8	9	10	11
						Fr.	Fr.	Ct.	Fr.	Ct.	Fr.	C.	
TOTAUX										

L'employé du bureau expéditeur,

....

L'employé du bureau destinataire,

....

(*) Ne pas remplir dans le cas où les colis sont adressés au même bureau que les feuilles de route.

Administration des Postes

d.....................

Timbre à date.

G

SERVICE DES COLIS POSTAUX

Bulletin de vérification

pour la rectification et la constatation des erreurs et irrégularités de toute nature reconnues dans l'envoi de colis du bureau d'échange d................ · par le bureau d'échange d.................

Expéditions...................... 190...

MANQUE DE COLIS						
NUMÉRO		Lieu d'origine.	ADRESSE (Aussi exacte que possible)	Montant du port bonifié	Vérification du bureau destinataire	Observations.
d'ordre.	de l'enregis-trement.					

AVARIE DE COLIS							
NUMÉRO		Lieu d'origine.	ADRESSE		Contenu.	Poids constaté.	Valeur déclarée.	Indication du récipient (panier, sac, etc.).
d'ordre.	de l'enregis-tremeut.		de l'expédi-teur.	du destina-taire.			

Description et cause apparent de l'avarie ou autres observations.

IRRÉGULARITÉS (Manque de la feuille, emballage ou fermeture insuffisants, etc.)						
ERREURS						
NUMÉRO		Lieu d'origine.	Nom et adresse du destinataire.	Poids.	Montant du port bonifié.	Rectification du bureau destinataire.
d'ordre.	de l'enregis-trement.					
Total		Total verifié				

.... le.......... 190...

L'employé du bureau destinataire,

....

Vu et accepté:

.... le......... 190...

Le chef du bureau expéditeur,

....

(288)

H

(recto).

<table>
<tr>
<td>

COUPON

de

mandat

de

remboursement

de.........

(Montant en **chiffres**)

pour

le colis n°........

déposé

le.............. 190...

à................ par

M....................

à l'adresse de

M....................

à.....................

</td>
<td>

Administration des Postes d....................

Mandat de remboursement international

de la somme de ▨▨▨ ▨▨

(en chiffres arabes)

▨▨▨▨▨▨▨▨▨▨▨▨▨▨▨▨

(les unités en toutes lettres et en caractères latins)

payable à M.....................................

Lieu de destination.............................

Adresse du destinataire.........................

Pays de destination.............................

INDICATIONS DE SERVICE (*)

Numéro d'émission....

Date d'émission.......

Bureau d'émission.....

Pays d'émission.......

*Signature de l'agent qui
a dressé le mandat:*

Bon pour

▨▨▨▨▨ ▨▨▨

soit

▨▨▨▨▨ ▨▨▨

(Monnaie du pays des-
tinataire du colis.)

Timbre
du bureau
d'emision.

(*) Indications à remplir par l'office destinataire du colis après
l'encaissement du montaut du remboursement.

</td>
</tr>
</table>

H

(verso).

(Cadre réservé aux endossements, s'il y a lieu.)

QUITTANCE DU DESTINATAIRE

———

Reçu la somme indiquée d'autre part.

Lieu...

      Le.. 190...

                 Signature du destinataire:

             ....

Registre
d'arrivée.

N°.........

Timbre
du
bureau payeur.

I

Pays d'origine.................

Modèle d'avis pour demander le retour d'un colis

OU SA REMISE Á UN AUTRE DESTINATAIRE

AVIS

Dans le cas où, par un motif quelconque, ce colis se trouverait en souf france, prière:

a (1) D'en faire *le retour inmédiat* aux risques et périls de l'expéditeur soussigné.

b (1) De le **remettre à M.**..

L'expéditeur,

(Nom ou raison sociale et adresse.)

. . . .

---

(1) L'expéditeur doit biffer de sa main l'alternative dont il ne fait pas usage.

J

Administration des Postes à...................................

(COLIS POSTAUX)

Avis de non remise.

Le... colis dont ci joint.............. bulletin... d'expédition nº.........
originaire... de... . ...
se trouve......... en souffrance à mon bureau pour le motif suivant:

  a Le... colis....... été refusé ..par le destinataire (1).
  b Le... colis nº....... pas été réclamé... (1).
  c Le destinataire est inconnu, absent, parti, décédé (1).
  d L'adresse est insuffisante (1).
  e L'adresse du colis n'est pas conforme à celle du bulletin (1).
  f Le destinataire refuse de payer | les frais de douane (1).
                                      | le remboursement (1).

Prière de demander les idstructions de l'expéditeur et de lui faire connaître
que, si ces instructions ne me parviennent pas dans un délai de......... mois,
le... colis lui ser... réexpédié... sous suite de frais.

Timbre à date.

Signature:

....

RÉPONSE

Le... colis doi... être:

  a Présenté encore une fois au destinataire | M...................
  b Remis à............................. | rue........... nº... (1)
  sans perception | du montant de remboursement de...fr. ...cts. (1)
  contre payement |
  c Réexpédié à M....................... rue.............. nº... (1).
  d Réexpédié à son point d'origine (1).

L'expéditeur fait abandon du colis (1).
L'expéditeur demande que le colis soit vendu (1).
L'expéditeur n'ayant pas répondu aux demandes d'instructions qui lui ont
été adressées, le... colis doi... être renvoyé... à mon bureau à l'expiration
du délai réglementaire (1).

Timbre à date.

Signature:

....

---

(1) Biffer les indications dont il n'est pas fait usage.

Administration des Postes

d......................

K

Correspondance avec l'Office

d......................

État mensuel

de sommes que se doivent réciproquement l'Administration des Postes d..............
et l'Administration des Postes d.............., à titre de frais pour les colis postaux
livrés par le bureau d'échange dépendant de la première Administration au bureau
d'échange d..............

Mois d...................... 190...

Dates de feuilles de route.	I.—Avoir de l'Office destinataire. (Colonne 8 de la formule F)												II.—Avoir de l'Office expéditeur. Taxes et droits. (Colonne 9 de la formule F)												Observations.
	Envol du bureau d....		Envol du bureau d....		Envol du bureau d....		Envol du bureau d....		Envol du bureau d....		Envol du bureau d....		Envol du bureau d....		Envol du bureau d....		Envol du bureau d....		Envol du bureau d....		Envol du bureau d....		Envol du bureau d....		
	Fr.	C.	Fr.	C.	Fr.	C.	Fr.	C.	Fr.	C.	Fr.	C.	Fr.	C.	Fr.	C.	Fr.	C.	Fr.	C.	Fr.	C.	Fr.	C.	
1..........																									
2..........																									
3..........																									
4..........																									
5..........																									
6..........																									
7..........																									
8..........																									
9..........																									
10..........																									
11..........																									
12..........																									
13..........																									
14..........																									
15..........																									
16..........																									
17..........																									
18..........																									
19..........																									
20..........																									
21..........																									
22..........																									
23..........																									
24..........																									
25..........																									
26..........																									
27..........																									
28..........																									
29..........																									
30..........																									
31..........																									
Totaux par bureaux d'échange correspondants......																									
Total général de chaque avoir.																									

Timbre du bureau d'échange destinataire.

Le Chef du bureau d'échange destinataire

(238)

Administration d............

d...................

L

Correspondance avec l'Office

d......................

COMPTE

récapitulatif des états mensuels des feuilles de route de colis postaux adressées par les bureaux d'échange d........................... aux bureaux
d'échange d.........................

Mois d......................... 190...

Numé-ros d'ordre.	DÉSIGNATION DES BUREAUX D'ÉCHANGE DESTINATAIRES	Montant des sommes dues d'après chaque état mensuel à l'Office destinataire.	Montant des sommes dues d'après chaque état mensuel à l'Office expéditeur. — Taxes et droits.	Observations.
1				
2				
3				
4				
5				
6				
7				
8				
9				
10				
11				
12				
13				
14				
15				
16				
17				
18				
19				
20				
	¹/₂ p. 100 du montant des rembour-sements effectués par l'Office des-tinataire.....................			
	TOTAUX............			
	Solde au crédit de l'Office...			

M

Compte particulier

des mandats de remboursement payés par l'Administration d........ ......,
pour le compte de l'Administration d.............................. pendan.
le mois d.................... 190...

Numéros d'ordre.	Numéros d'émission des mandats.	Dates d'émission des mandats.	BUREAU PAR LESQUELS LES MANDATS ONT ÉTÉ DÉLIVRÉS	Montant des mandats (en francs).	OBSERVATIONS
			TOTAL......		
			A déduire, pour cent du total..........		
			Reste au profit de l'Ad ministration d......		

Administration des Postes d ....

Réclamation d'un colis postal.

Partie à remplir par l'Office d'origine.

Boureau de dépôt: ....
Date du dépôt: ....
N° d'enregistrement: ....
Adresse du destinataire (aussi exactement que possible): ....
Contenu exact: ....
Poids: ....
Déclaration de valeur: ....
Remboursement: ....
Demande d'un avis de réception: ....
    (Dans le cas affirmatif, ajouter les lettres A. R.)
Nom et adresse de l'expéditeur: ....
Acheminement: expédié le........ ..... 190... par le bureau d'échange
de.................... au bureau d'échange de...................,
sous le n°........... de la feuille de route.
Date...................   Signature........................

Administration des Postes d...
Le colis décrit ci-dessus a été remis le........... 190... à.........
Date...................   Signature........................

Le colis décrit ci-dessus..
....
....
....
Date...................   Signature........................

Administration des Postes d...
Réacheminé le......... 190... par le bureau d'échange de...........
au bureau d'échange de.........., sous le n°.... de la feuille de route.
Date...................   Signature... ....

Administration des Postes d...
Réacheminé le......... 190... par le bureau d'échange de...........
au bureau d'échange de..... ...., sous le n°.... de la feuille de route.
Date...................   Signature... ....

Administration des Postes d...
Réacheminé le......... 190... par le bureau d'échange de...........
au bureau d'échange de.........., sous le n°.... de la feuille de route.
Date...................   Signature............... . ...

NOTAS (*)

(a) *Gaceta*, traduce *practicar* por *assurer*.

(b) La *Gaceta* no dice de qué son estos *dineros*.

(c) La *Gaceta*, 1 kran ó 26 chahis.

(d) La *Gaceta* por errata, *papeles* en vez de *paquetes*.

(e) En la *Gaceta* se traduce, *locaux*, locales, por *localidades*.

(*)   Para no fatigar al lector omitimos la mención de las inexactitudes de la traducción oficial, que ya hemos hecho notar en la versión del Convenio general y que naturalmente se hallan reproducidas en la presente.

15

Alemania y los protectorados alemanes, Argentina (República), Austria, Bélgica, Bosnia-Herzegovina, Brasil, Bulgaria, Chile, Colombia (República de), Dinamarca y las colonias danesas, Egipto, Francia, Argelia, Colonias y protectorados franceses de la Indo-China, el conjunto de las demás colonias francesas, Gran Bretaña y diversas colonias británicas, India británica, Grecia, Guatemala, Hungría, Italia y las colonias italianas, Japón, Luxemburgo, Montenegro, Noruega, Países Bajos, Indias neerlandesas, Portugal y las colonias portuguesas, Rumania, Rusia, *Servia*, Suecia, Suiza, Túnez y Turquía.

Acuerdo relativo al cambio de cartas y cajas con *valor declarado*. Reglamento para su ejecución y anejos al mismo.

Firmados en **Roma** *el 26 de Mayo de 1906.*
Publicado el 22 de Noviembre de 1907.

Arrangement concernant l'échange des lettres et des boîtes avec valeur déclarée conclu entre l'Allemagne et les protectorats allemands, la République Argentine, l'Autriche, la Belgique, la Bosnie-Herzégovine, le Brésil, la Bulgarie, le Chili, la République de Colombie, le Danemark et les colonies danoises, l'Égypte, l'Espagne, la France, l'Algérie, les colonies et protectorats français de l'Indo-Chine, l'ensemble des autres colonies françaises, la Grande-Bretagne et diverses colonies britanniques, l'Inde britannique, la Grèce, le Guatemala, la Hongrie, l'Italie et les colonies italiennes, le Japon, le Luxembourg, le Monténégro, la Norvège, les Pays-Bas, les Indes néerlandaises, le Portugal et les colonies portugaises, la Roumanie, la Russie, la Serbie, la Suède, la Suisse, la Tunisie et la Turquie.

Les soussignés. Plénipotentiaires des Gouvernements des pays ci-dessus énumérés, vu l'art. XIX de la Convention principale, ont, d'un commun accord et sous réserve de ratification, arrêté l'Arrangement suivant:

Article I. — **Étendue de l'Arrangement; poids maximum des boîtes.** — 1. Il peut être expédié, de l'un des pays mentionnés ci-dessus pour un autre de ces pays,

Depósito de ratificaciones en Roma á 1.º de Octubre de 1907. — Sustituye al convenio de Wáshington de 15 de Junio de 1897 inserto en *Olivart*, núm. CCCLXXXIX (tomo XII, pág. 251). — Ponemos de cursiva en la cabecera Servia que no firmó el acuerdo en el día de su fecha.

Gaceta de Madrid del 22 de Noviembre de 1907. (Traducción del acuerdo y del reglamento, sin la de los anejos) —*Colección legislativa*, tomo III de 1907, pág. 118.—*Congrés postal de Rome*, II, 787-824.

des lettres contenant des valeurs-papier déclarées et des boîtes contenant des bijoux et objets précieux déclarés avec assurance du montant de la déclaration.

La participation au service des boîtes avec valeur déclarée est limitée aux échanges entre ceux des pays adhérents dont les Administrations sont convenues d'établir ce service dans leurs relations réciproques.

2. Le poids maximum des boîtes est fixé à 1 kilogramme par envoi.

3. Les divers Offices, pour leurs rapports respectifs, ont la faculté de déterminer un maximum de déclaration de valeur qui, dans aucun cas, ne peut être inférieur à 10.000 francs par envoi, et il est entendu que les diverses Administrations intervenant dans le transport ne sont engagées que jusqu'à concurrence du maximum qu'elles ont respectivement adopté.

Art. II. — Remboursements. — 1. Les lettres et boîtes avec valeur déclarée peuvent être grevées de remboursement, aux conditions admises par les paragraphes 1 et 2 de l'art. VII de la Convention principale. Ces objets sont soumis aux formalités et aux taxes des envois de valeur déclarée de la catégorie à laquelle ils appartiennent.

2. Après la livraison de l'objet, l'Administration du pays de destination est responsable du montant du remboursement, à moins qu'elle ne puisse prouver que les dispositions prescrites par le Règlement en ce qui concerne les remboursements, n'ont pas été observées. L'omission éventuelle dans la feuille d'envoi, de la mention «Remb.» et du montant du remboursement, n'altère pas la responsabilité de l'Administration du pays de destination, pour le non-encaissement du montant.

Art. III. — Mode de transmission des envois de valeur déclarée. — 1. La liberté du transit est garantie sur le territoire de chacun des pays adhérents, et la responsabilité des Offices qui participent à ce transport est engagée dans les limites déterminées par l'art. XII ci-après.

Il en est de même à l'égard du transport maritime effectué ou assuré par les Offices des pays adhérents, pourvu toutefois que ces Offices soient en mesure d'accepter la responsabilité des valeurs à bord des paquebots ou bâtiments dont ils font emploi

2. À moins d'arrangement contraire entre les Offices d'origine et de destination, la transmission des valeurs déclarées échangées entre pays non limitrophes s'opère à découvert et par les voies utilisées pour l'acheminement des correspondances ordinaires.

3. L'échange de lettres et de boîtes contenant des valeurs déclarées entre deux pays qui correspondent, pour les relations ordinaires, par l'intermédiaire d'un ou de plusieurs pays non participant au présent Arrangement, ou au moyen de services maritimes dégagés de responsabilité, est subordonné à l'adoption de mesures spéciales à concerter entre les Administrations des pays d'origine et de destination: telles que l'emploi d'une voie détournée, l'expédition en dépêches closes, etc.

Art. IV. — **Port et droit d'assurance.** — 1. Les frais de transit prévus par l'article IV de la Convention principale sont payables par l'Office d'origine aux Offices qui participent au transport intermédiaire, à découvert ou en dépêches closes, des lettres contenant des valeurs déclarées.

2. Un port de 50 centimes par envoi est payable par l'Office d'origine des boîtes de valeur déclarée à l'Administration du pays de destination et, s'il y a lieu, à chacune des Administrations participant au transport territorial intermédiaire. L'Office d'origine doit payer, en outre, le cas échéant, un port d'un franc à chacune des Administrations participant au transport maritime intermédiaire.

3. Indépendamment de ces frais et ports, l'Administration du pays d'origine est redevable, à titre de droit d'assurance, envers l'Administration du pays de destination et, s'il y a lieu, envers chacune des Administrations participant au transit territorial avec garantie de responsabilité, d'un droit proportionnel de 5 centimes par chaque somme de 300 francs ou fraction de 300 francs déclarée.

4. En outre, s'il y a transport par mer avec la même garantie, l'Administration d'origine est redevable, envers chacun des Offices participant à ce transport, d'un droit d'assurance maritime de 10 centimes par chaque somme de 300 francs ou fraction de 300 francs déclarée.

5. Le décompte de ces ports et droits a lieu sur la base de relevés établis tous les ans, pendant une période de 28 jours à déterminer par le Règlement d'exécution prévu par l'art. XVI ci-après.

Art. V. — **Taxes.** — 1. La taxe des lettres et des boîtes contenant des valeurs déclarées doit être acquittée à l'avance et se compose:

1° Pour les lettres, du port et du droit fixe applicables à une lettre recommandée du même poids et pour la même destination, — port et droit acquis en entier à l'Office expéditeur —; pour les boîtes, d'un port de 0 fr. 50 par pays participant au transport territorial et, le cas échéant, d'un port d'un franc par pays participant au transport maritime.

2° Pour les lettres et les boîtes, d'un droit proportionnel d'assurance comprenant, par 300 francs ou fraction de 300 francs déclarés, autant de fois 5 centimes qu'il y a d'Offices participant au transport territorial, avec addition, s'il y a lieu, du droit d'assurance maritime prévu au 4ᵉ paragraphe de l'art. IV précédent.

Toutefois, comme mesure de transition, est réservée à chacune des parties contractantes, pour tenir compte de ses convenances monétaires ou autres, la faculté de percevoir un droit autre que celui indiqué ci-dessus, moyennant que ce droit ne dépasse pas un quart pour cent de la somme déclarée.

2. L'expéditeur d'un envoi contenant des valeurs déclarées reçoit, sans frais, au moment du dépôt, un récépissé sommaire de son envoi.

3. Sauf dans le cas de réexpédition prévu au paragraphe 2 de l'art. X ci-après, les lettres et les boîtes renfermant des valeurs déclarées ne peuvent être frappées, à la charge des destinataires, d'aucun droit postal autre que celui de remise à domicile, s'il y a lieu.

4. Ceux des pays adhérents qui n'ont pas le franc pour unité monétaire fixent leurs taxes à l'équivalent, dans leur monnaie respective, des taux déterminés par le paragraphe premier qui précède. Ces pays ont la faculté d'arrondir les fractions conformément au tableau inséré au Règlement d'exécution de la Convention principale.

Art. VI. — **Franchise.** — 1. Les lettres de valeur déclarée échangées soit par les Administrations postales entre elles, soit entre ces Administrations et le Bureau international, sont admises à la franchise de port, de droit fixe et de droit d'assurance dans les conditions déterminées par l'art. XI, § 3, de la Convention principale.

2. Il en est de même des lettres et des boîtes avec valeur déclarée expédiées ou reçues par des prisonniers de guerre, soit directement, soit par l'intermédiaire des bureaux de renseignements dont il est question au paragraphe 4 de l'art. XI précité.

3. Les envois avec valeur déclarée expédiés en franchise ne donnent pas lieu aux bonifications prévues par l'art. IV du présent Arrangement.

Art. VII. — **Avis de réception et demandes de renseignements.** — 1. L'expéditeur d'un envoi contenant des valeurs déclarées peut, aux conditions déterminées par le paragraphe 3 de l'article VI de la Convention principale en ce qui concerne les objets recommandés, obtenir qu'il lui soit donné avis de la remise de cet objet au destinataire ou demander des renseignements sur le sort de son envoi, postérieurement au dépôt

2. Le produit du droit applicable aux avis de réception et, le cas échéant, aux demandes de renseignements sur le sort des envois, est acquis en entier à l'Office du pays qui le perçoit.

Art. VIII. — **Demandes de retrait ou de modification d'adresse; dégrèvement du montant d'un remboursement; remise par exprès.** — 1. L'expéditeur d'un envoi avec valeur déclarée peut le retirer du service ou en faire modifier l'adresse pour réexpédier cet envoi, soit à l'intérieur du pays de destination primitif, soit sur l'un quelconque des pays contractans, aussi longtemps qu'il n'a pas été livré au destinataire, aux conditions et sous les réserves déterminées, pour les correspondances ordinaires et recommandées, par l'article IX de la Convention principale.

L'expéditeur d'un envoi avec valeur déclarée grevé de remboursement peut, sous les conditions fixées pour les demandes de modification de l'adresse, demander le dégrèvement total ou partiel du montant du remboursement.

2. Il peut, de même, demander la remise à domicile par porteur spécial aussitôt après l'arrivée, aux conditions et sous les réserves fixées par l'art. XIII de ladite Convention.

Est, toutefois, réservée à l'Office du lieu de destination, la faculté de faire remettre par exprès un avis d'arrivée de l'envoi au lieu de l'envoi lui-même lorsque ses règlements intérieurs le comportent *(a)*.

Art. IX. — **Interdictions.** — 1. Toute déclaration frauduleuse de valeur supé
rieure à la valeur réellement insérée dans une lettre ou dans une boîte est interdite.

En cas de déclaration frauduleuse de cette nature, l'expéditeur perd tout droit
à l'indemnité, sans préjudice des poursuites judiciaires que peut comporter la
législation du pays d'origine.

2. Il est interdit d'insérer dans les lettres de valeur:

a) Des espèces monnayées.

b) Des objets passibles de droits de douane, à l'exception des valeurs-papier.

c) Des matières d'or et d'argent, des pierreries, des bijoux et autres objets
précieux.

d) Des objets dont l'entrée ou la circulation sont prohibées dans le pays de
destination.

Il est également interdit d'insérer dans les boîtes avec valeur déclarée des
lettres ou notes pouvant tenir lieu de correspondance, des monnaies ayant
cours, des billets de banque ou valeurs quelconques au porteur, des titres et des
objets rentrant dans la catégorie des papiers d'affaires.

Les objets qui auraient été à tort admis à l'expédition, doivent être renvoyés au timbre d'origine, sauf le cas où l'Administration du pays de destination
serait autorisée par sa législation ou par ses règlements intérieurs à les remettre aux destinataires.

Art. X. — **Réexpédition.** — 1. Une lettre ou boîte de valeur déclarée réexpédiée par suite du changement de résidence du destinataire, à l'intérieur du
pays de destination, n'est passible d'aucune taxe supplémentaire.

2. En cas de réexpédition sur un des pays contractants autre que le pays de
destination, les droits d'assurance fixés par les paragraphes 3 et 4 de l'art. IV
du présent Arrangement sont perçus sur le destinataire, du chef de la réexpédition, au profit de chacun des Offices intervenant dans le nouveau transport. Quand il s'agit d'une boîte avec valeur déclarée, il est perçu, en outre,
le port fixé au paragraphe 2 de l'art. IV susvisé.

3. La réexpédition par suite de fausse direction ou de mise en rebut ne donne lieu à aucune perception postale supplémentaire à la charge du public.

Art. XI. — **Droits de douane; garantie; droits fiscaux et frais d'essayage.** —
1. Les boîtes avec valeur déclarée sont soumises à la législation du pays d'ori-
ne ou du pays de destination, en ce qui concerne, à l'exportation, la restitution
des droits de garantie, et, à l'importation, l'exercice du contrôle de la garantie et de la douane *(b)*.

2. Les droits fiscaux et frais d'essayage exigibles à l'importation sont perçus sur les destinataires lors de la distribution. Si, par suite de changement
de résidence du destinataire, de refus ou pour toute autre cause, une boîte de
valeur déclarée vient à être réexpédiée sur un autre pays participant à l'échange ou renvoyée au pays d'origine, ceux des frais dont il s'agit qui ne sont pas

remboursables à la réexportation sont répétés d'Office à Office pour être recouvrés sur le destinataire ou sur l'expéditeur.

Art. XII. — Responsabilité. — 1.

Sauf le cas de force majeure, lorsqu'une lettre ou une boîte contenant des valeurs déclarées a été perdue, spoliée ou avariée, l'expéditeur ou, sur sa demande, le destinataire, a droit à une indemnité correspondant au montant réel de la perte, de la spoliation ou de l'avarie, à moins que le dommage n'ait été causé par la faute ou la négligence de l'expéditeur, ou ne provienne de la nature de l'objet, et sans que l'indemnité puisse dépasser en aucun cas la somme déclarée.

En cas de perte, et si le remboursement est effectué au profit de l'expéditeur, celui ci a, en outre, droit à la restitution des frais d'expédition, ainsi que des frais postaux de réclamation lorsque la réclamation a été motivée par une faute de la poste. Toutefois, le droit d'assurance reste acquis aux Administrations postales.

2. Les pays disposés à se charger des risques pouvant dériver du cas de force majeure, sont autorisés à percevoir de ce chef une surtaxe dans les limites tracées dans le dernier alinéa du paragraphe 1 de l'art. V du présent Arrangement.

3. L'obligation de payer l'indemnité incombe à l'Administration dont relève le bureau expéditeur. Est réservé à cette Administration le recours contre l'Administration responsable, c'est à dire contre l'Administration sur le territoire ou dans le service de laquelle la perte, l'avarie ou la spoliation a eu lieu.

En cas de perte, de spoliation ou d'avarie dans des circonstances de force majeure, sur le territoire ou dans le service d'un pays se chargeant des risques mentionnés au paragraphe 2 ci-dessus, d'une lettre ou d'une boîte de valeur déclarée, le pays où la perte, la spoliation ou l'avarie a eu lieu en est responsable devant l'Office expéditeur, si ce dernier se charge, de son côté, des risques en cas de force majeure à l'égard de ses expéditeurs, quant aux envois de valeur déclarée.

4. Jusqu'à preuve du contraire, la responsabilité incombe à l'Administration qui, ayant reçu l'objet sans faire d'observation, ne peut établir ni la délivrance au destinataire ni, s'il y a lieu, la transmission régulière à l'Administration suivante.

5. Le payement de l'indemnité par l'Office expéditeur doit avoir lieu le plus tôt possible, et, au plus tard, dans le délai d'un an à partir du jour de la réclamation. L'Office responsable est tenu de rembourser, sans retard et au moyen d'une traite ou d'un mandat de poste, à l'Office expéditeur, le montant de l'indemnité payée par celui-ci.

L'Office d'origine est autorisé à désintéresser l'expéditeur pour le compte de l'Office intermédiaire ou destinataire qui, régulièrement saisi, a laissé une année s'écouler sans donner suite à l'affaire. En outre, dans le cas où un Office dont la responsabilité est dûment établie a tout d'abord décliné le payement de l'indemnité, il doit prendre à sa charge, en plus de l'indemnité, les frais accessoires résultant du retard non justifié apporté au payement.

6. Il est entendu que la réclamation n'est admise que dans le délai d'un an à partir du dépôt à la poste de l'envoi portant déclaration; passé ce terme, le réclamant n'a droit à aucune indemnité.

7. L'Administration pour le compte de laquelle est opéré le remboursement du montant des valeurs déclarées non parvenues à destination, est subrogée dans tous les droits du propriétaire.

8. Si la perte, la spoliation ou l'avarie, a eu lieu en cours de transport entre les bureaux d'échange de deux pays limitrophes, sans qu'il soit possible d'établir sur lequel des deux territoires le fait s'est accompli, les deux Administrations en cause supportent le dommage par moitié.

Il en est de même en cas d'échange en dépêches closes, si la perte, la spoliation ou l'avarie a eu lieu sur le territoire ou dans le service d'un Office intermédiaire non responsable.

9. Les Administrations cessent d'être responsables des valeurs déclarées contenues dans les envois dont les ayants droit ont donné reçu et pris livraison.

Pour les envois adressés poste restante ou conservés en instance à la disposition des destinataires, la responsabilité des Administrations est dégagée par la délivrance à une personne qui a justifié de son identité suivant les règles en vigueur dans le pays de destination, et dont les nom et qualité sont conformes aux indications de l'adresse.

Art. XIII. — Législation des pays contractants; arrangements spéciaux. — 1. Est réservé le droit de chaque pays d'appliquer, aux envois contenant des valeurs déclarées à destination ou provenant d'autres pays, ses lois ou règlements intérieurs, en tant qu'il n'y est pas dérogé par le présent Arrangement.

2. Les stipulations du présent Arrangement ne portent pas restriction au droit des parties contractantes de maintenir et de conclure des arrangements spéciaux, ainsi que de maintenir et d'établir des unions plus restreintes en vue de la réduction des taxes ou de toute autre amélioration de service.

8. Dans les relations entre Offices qui se sont mis d'accord à cet égard, les expéditeurs de boîtes avec valeur déclarée peuvent prendre à leur charge les droits non postaux dont l'envoi serait passible dans le pays de destination, moyennant déclaration préalable au bureau de dépôt et obligation de payer, sur la demande du bureau de destination, les sommes indiquées par ce dernier.

Art. XIV. — Suspension temporaire du service. — Chacune des Administrations des pays contractants peut, dans des circonstances extraordinaires de nature à justifier la mesure, suspendre temporairement le service des valeurs déclarées, tant à l'expédition qu'à la réception et d'une manière générale ou partielle, sous la condition d'en donner immédiatement avis, au besoin par le télégraphe, à l'Administration ou aux Administrations intéressées.

Art. XV. — Adhésions. — Les pays de l'Union qui n'ont point pris part au présent Arrangement sont admis à y adhérer sur leur demande et dans la forme prescrite par l'art. XXIV de la Convention principale, en ce qui concerne les adhésions à l'Union postale universelle.

Art XVI. — Règlement d'exécution. — Les Administrations des postes des pays contractans règlent la forme et le mode de transmission des lettres et des boîtes contenant des valeurs déclarées et arrêtent toutes les autres mesures de détail ou d'ordre nécessaires pour assurer l'exécution du présent Arrangement.

Art. XVII. – Propositions formulées dans l'intervalle des Congrès. — 1. Dans l'intervalle qui s'écoule entre les réunions prévues à l'art. XXV de la Convention principale, toute Administration des postes d'un des pays contractants, a le droit d'adresser aux autres Administrations participantes, par l'intermédiaire du Bureau international, des propositions concernant le service des lettres et des boîtes avec valeur déclarée.

Pour être mise en délibération, chaque proposition doit être appuyée par au moins deux Administrations sans compter celle dont la proposition émane. Lorsque le Bureau international ne reçoit pas, en même temps que la proposition, le nombre nécessaire de déclarations d'appui, la proposition reste sans aucune suite.

2. Toute proposition est soumise au procédé déterminé par le paragraphe 2 de l'art. XXVI de la Convention principale.

3. Pour devenir exécutoires, les propositions doivent réunir, savoir:

1º L'unanimité des suffrages, s'il s'agit de l'addition de nouvelles dispositions ou de la modification des dispositions du présent article et des articles I, II, III, IV, V, VI, VII, VIII, XII et XVIII.

2º Les deux tiers des suffrages, s'il s'agit de la modification des dispositions du présent Arrangement autres que celles des articles I, II, III, IV, V, VI, VII, VIII, XII, XVII et XVIII.

3º La simple majorité absolue, s'il s'agit de l'interprétation des dispositions du présent Arrangement, sauf le cas de litige prévu à l'art. XXIII de la Convention principale.

4. Les résolutions valables sont consacrées, dans les deux premiers cas, par une déclaration diplomatique et, dans le troisième cas, par une notification administrative, selon la forme indiquée à l'art. XXVI de la Convention principale.

5. Toute modification ou résolution adoptée n'est exécutoire que trois mois, au moins, après sa notification.

Art. XVIII. — Durée de l'Arrangement; abrogation des dispositions antérieures. 1. Le présent Arrangement entrera en vigueur le 1er Octobre 1907 et il aura la même durée que la Convention principale, sans préjudice du droit, réservé à chaque pays, de se retirer de cet Arrangement moyennant un avis donné, un an à l'avance, par son Gouvernement au Gouvernement de la Confédération suisse.

2. Sont abrogées, à partir du jour de la mise à exécution du présent Arran-

gement, toutes les dispositions convenues antérieurement entre les divers pays contractants ou entre leurs Administrations, pour autant qu'elles ne sont pas conciliables avec les termes du présent Arrangement, et sans préjudice des dispositions de l'art. XIII précédent.

8. Le présent Arrangement sera ratifié aussitôt que faire se pourra. Les actes de ratification seront échangés à Rome.

En foi de quoi, les Plénipotentiaires des pays ci-dessus énumérés ont signé le présent Arrangement à Rome le vingt-six mai mil neuf cent six.

(L. S.) — Pour l'Espagne: CARLOS FLÓREZ.

(L. S.) — Pour l'Allemagne et les protectorats allemands: GIESEKE. — KNOF.

(L. S.) — Pour la République Argentine: ALBERTO BLANCAS.

(L. S.) — Pour l'Autriche: STIBRAL. — EBERAN.

(L. S.) — Pour la Belgique: J. STERPIN. — L. WODON. — A. LAMBIN.

(L. S.) — Pour la Bosnie-Herzégovine: SCHLEYER. — KOWARSCHIK.

(L. S) — Pour le Brésil: JOAQUIM CARNEIRO DE MIRANDA E HORTA.

(L. S.) — Pour la Bulgarie: IV. STOYANOVITCH. — T. TZONTCHEFF.

(L. S.) — Pour le Chili: CARLOS LARRAIN CLARO. — M. LUIS SANTOS RODRÍGUEZ.

(L. S.) — Pour la République de Colombie: G. MICHELSEN.

(L. S.) — Pour le Danemark et les colonies danoises: KIÖRBOE.

(L. S.) — Pour l'Égypte: Y. SABA.

(L. S.) — Pour la France et l'Algérie: JACOTEY. — LUCIEN SAINT. — HERMAN.

(L. S.) — Pour les colonies et protectorats français de l'Indo-Chine: G. SCHMIDT.

(L. S.) — Pour l'ensemble des autres colonies françaises: MORGAT.

(L. S.) — Pour la Grande-Bretagne et diverses colonies britanniques: H. BABINGTON SMITH. — A. B. WALKLEY. — H DAVIES.

(L. S.) — Pour l'Inde britannique: H. M. KISCH. — E. A. DORAN.

(L. S.) — Pour la Grèce: CHRIST. MIZZOPOULOS. — C. N. MARINOS.

(L. S.) — Pour le Guatemala: THOMAS SEGARINI.

(L. S.) — Pour la Hongrie: PIERRE DE SZALAY. — DR. DE HENNYEY.

(L. S.) — Pour l'Italie et les colonies italiennes: ELIO MORPURGO. — CARLO GAMOND. — PIRRONE. — GIUSSEPPE GREBORIO. — E. DELMATI.

(L. S.) — Pour le Japon: KANICHIRO MATSUKI. — TAKEJI KAWAMURA

(L. S.) — Pour le Luxembourg: Pour M. MONGENAST, A. W. KYMMELL.

(L. S.) — Pour le Monténégro: EUG. POPOVITCH.

(L. S.) — Pour la Norvège: THB. HEYERDAHL.

(L. S.) — Pour les Pays-Bas: Pour M. G. J. C. A. POP, A. W. KYMMELL. — A. W. KYMMELL.

(L. S) — Pour les Indes néerlandaises: PERK.

(L. S.) — Pour le Portugal et les colonies portugaises: ALFREDO PEREIRA.

(L. S.) — Pour la Roumanie: GR. CERKEZ. — G. GABRIELESCU.
(L. S.) — Pour la Russie: VICTOR BILIBINE.
(L. S.) — Pour la Serbie:
(L. S.) — Pour la Suède: FREDR. GRÖNWALL.
(L. S.) — Pour la Suisse: J. B. PIO A. — A. STÄGER. — C. DELESSERT.
(L. S.) — Pour la Tunisie: ALBERT LEGRAND. — E MAZOYER.
(L. S.) — Pour la Turquie: AH. FAHRY. — A. FUAD HIKMET.

PROTOCOLO FINAL

Au moment de procéder à la signature de l'Arrangement concernant l'échange des lettres et des boîtes avec valeur déclarée, les Plénipotentiaires soussignés sont convenus de ce qui suit:

Article unique. En dérogation à la disposition du paragraphe 3 de l'article premier de l'Arrangement qui fixe à 10.000 francs la limite au-dessous de laquelle le maximum de déclaration de valeur ne peut en aucun cas être fixé, il est convenu que si un pays a adopté dans son service intérieur un maximum inférieur à 10.000 franc, il a la faculté de le fixer également pour ses échanges internationaux de lettres et de boîtes avec valeur déclarée.

En foi de quoi, les Plénipotentiaires ci dessous ont dressé le présent Protocole final, qui aura la même force et la même valeur que si ses dispositions étaient insérées dans le texte même de l'Arrangement auquel il se rapporte, et ils l'ont signé en un exemplaire qui restera déposé aux Archives du Gouvernement italien et dont une copie sera remise à chaque partie.

Fait à Rome le vingt-six mai mil neuf cent six.

(L. S.) — Pour l'Espagne: CARLOS FLÓREZ.
(L. S.) — Pour l'Allemagne et les protectorats allemands: GIESEKE. — KNOF.
(L. S.) — Pour la République Argentine: ALBERTO BLANCAS.
(L. S.) — Pour l'Autriche: STIBRAL. — EBERAN.
(L. S.) — Pour la Belgique: J. STERPIN. — L. WODON. — A. LAMBIN.
(L. S.) — Pour la Bosnie-Herzégovine: SCHLEYER. — KOWARSCHIK.
(L. S.) — Pour le Brésil: JOAQUIM CARNEIRO DE MIRANDA E HORTA.
(L. S.) — Pour la Bulgarie: IV. STOYANOVITCH. — T. TZONTCHEFF.
(L. S) — Pour le Chili: CARLOS LARRAIN CLARO. — M. LUIS SANTOS RODRÍGUEZ.
(L. S.) — Pour la République de Colombie: G. MICHELSEN.
(L. S.) — Pour le Danemark et les colonies danoises: KIÖRBOE.
(L. S.) — Pour l'Égypte: Y. SABA.
(L. S.) — Pour la France et l'Algérie: JACOTEY. — LUCIEN SAINT. — HERMAN.

(L. S.) — Pour les colonies et protectorats français de l'Indo-Chine: G. SCHMIDT.

(L. S.) — Pour l'ensemble des autres colonies françaises: MORGAT.

(L. S.) — Pour la Grande-Bretagne et diverses colonies britanniques: H. BABINGTON SMITH. — A. B. WALKLEY. — H. DAVIES.

(L. S.) — Pour l'Inde britannique: H. M. KISCH. — E. A. DORAN.

(L. S.) — Pour la Grèce: CHRIST. MIZZOPOULOS. — C. N. MARINOS.

(L. S.) — Pour le Guatemala: THOMAS SEGARINI.

(L. S.) — Pour la Hongrie: PIERRE DE SZALAY. — DR. DE HENNYEY.

(L. S.) — Pour l'Italie et les colonies italiennes: ELIO MORPURGO. — CARLO GAMOND. — PIRRONE.—GIUSEPPE GREBORIO.—E. DELMATI.

(L. S.) — Pour le Japon: KANICHIRO MATSUKI.—TAKEJI KAWAMURA.

(L. S.) — Pour le Luxembourg: Pour M. MONGENAST, A. W. KYMMELL.

(L. S.) — Pour le Monténégro: EUG. POPOVITCH.

(L. S.) — Pour la Norvège: THB. HEYERDAHL.

(L. S.) — Pour les Pays-Bas: Pour M. G. J. C. A. POP, A. W. KYMMELL.— A. W. KYMMELL.

(L. S.) — Pour les Indes néerlandaises: PERK.

(L. S.) — Pour le Portugal et les colonies portugaises: ALFREDO PEREIRA.

(L. S.) — Pour la Roumanie: GR. CERKEZ. — G. GABRIELESCU.

(L. S.) — Pour la Russie: VICTOR BILIBINE.

(L. S.) — Pour la Serbie:

(L. S.) — Pour la Suède: FREDR. GRÖNWALL.

(L. S.) — Pour la Suisse: J. B. PIODA. — A. STÄGER. — C. DELESSERT.

(L. S.) — Pour la Tunisie: ALBERT LEGRAND. — E. MAZOYER.

(L. S) — Pour la Turquie: AH. FAHRY. — A. FUAD HIKMET.

REGLAMENTO DE EJECUCIÓN DEL ACUERDO

Les soussignés, vu l'art. XIX de la Convention principale et l'art. XVI de l'Arrangement concernant l'échange des lettres et des boîtes avec valeur déclarée, ont, au nom de leurs Administrations respectives, arrêté d'un commun accord les mesures suivantes pour assurer l'exécution dudit Arrangement.

I. Organisation du service.—1. Les Administrations postales des pays adhérents qui entretiennent des services maritimes réguliers, utilisés pour le transport des correspondances ordinaires, dans le ressort de l'Union, désignent aux Offices des autres pays adhérents ceux de ces services qui peuvent être affectés au transport des lettres et des boîtes contenant des valeurs déclarées, avec garantie de responsabilité.

2. Les Administrations des pays contractants qui entretiennent des échanges directs se notifient mutuellement, au moyen de tableaux conformes au modèle *A* ci-annexé, savoir:

1° La nomenclature des pays par rapport auxquels elles peuvent respectivement servir d'intermédiaires pour le transport des lettres et des boîtes de valeur déclarée.

2° Les voies ouvertes à l'acheminement desdits envois, à partir de leur entrée sur leur territoire ou dans leurs services.

3° Le montant pour chaque destination, des sommes à leur bonifier, à titre de frais de transport, par l'Office qui leur transmet des boîtes.

4° Le montant des droits d'assurance qui doivent leur être également bonifiés pour chaque destination, par l'Office qui leur livre des lettres ou des boîtes à découvert.

3. Les Administrations des pays hors d'Europe et l'Office ottoman ont la faculté de restreindre à certains bureaux le service des envois avec valeur déclarée. Les Administrations qui usent de cette faculté doivent notifier, aux autres Offices participants, la liste de ceux de leurs bureaux à destination desquels il peut être admis des envois avec valeur déclarée.

4. Au moyen des tableaux *A* reçus de ses correspondants, chaque Administration détermine les voies à employer pour la transmission de ses valeurs déclarées et les droits à percevoir sur les expéditeurs d'après les conditions dans lesquelles s'effectue le transport intermédiaire.

5. Chaque Administration doit faire connaître directement, au premier Office intermédiaire, quels sont les pays pour lesquels elle se propose de lui livrer à découvert des lettres et des boîtes contenant des valeurs déclarées.

II. Conditionnement des envois.—1. Les lettres contenant des valeurs déclarées ne peuvent être admises que sous une enveloppe fermée au moyen de cachets en cire fine, espacés, reproduisant un signe particulier, et appliqués en nombre suffisant pour retenir tous les plis de l'enveloppe. Il est interdit d'employer des enveloppes à bords coloriés.

2. Chaque lettre doit, d'ailleurs, être conditionnée de manière qu'il ne puisse être porté atteinte à son contenu sans endommager extérieurement et visiblement l'enveloppe ou les cachets.

3. Les timbres-poste employés à l'affranchissement et les étiquettes, s'il y en a, se rap-

portant au service postal, doivent être espacés, afin qu'ils ne puissent servir à cacher les lésions de l'enveloppe. Ils ne doivent pas, non plus, être repliés sur les deux faces de l'enveloppe de manière à couvrir la bordure. Il est interdit d'apposer, sur les lettres de valeur déclarée d'autres étiquettes que celles se rapportant au service postal.

4. Les bijoux et objets précieux doivent être renfermés dans des boîtes suffisamment résistantes en bois ou en métal, n'excédant pas 30 centimètres en longueur, 10 centimètres en largeur et 10 centimètres en hauteur; les parois des boîtes en bois doivent avoir au moins 8 millimètres d'épaisseur.

5. Les boîtes de valeur déclarée doivent être entourées d'un croisé de ficelle solide, sans nœuds, et dont les deux bouts sont réunis sous un cachet en cire fine portant une empreinte particulière. Les boîtes doivent, en outre, être scellées, sur les quatre faces latérales, de cachets identiques. Les faces supérieure et inférieure doivent être recouvertes de papier blanc, pour recevoir l'adresse du destinataire, la déclaration de la valeur et l'empreinte des timbres de service.

6. Les lettres et boîtes contenant des valeurs déclarées adressées sous des initiales ou dont l'adresse est indiquée au crayon ne sont pas admises.

III. Indication du montant des valeurs; déclarations en douane. — 1. La déclaration des valeurs doit être exprimée en francs et centimes ou dans la monnaie du pays d'origine et être inscrite par l'expéditeur sur l'adresse de l'envoi en toutes lettres et en chiffres, sans rature ni surcharge, même approuvées.

2. Lorsque la déclaration est formulée en une monnaie autre que la monnaie de franc, l'Office du pays d'origine est tenu d'en opérer la réduction en cette dernière monnaie en indiquant, par de nouveaux chiffres, placés à côté ou au-dessous des chiffres représentatifs du montant de la déclaration, l'équivalent de celle-ci en francs et centimes. Cette dispositions n'est pas applicable aux relations directes entre pays ayant une monnaie commune.

3. Les boîtes de valeur déclarée doivent être accompagnées de déclarations en douane conformes ou analogues au modèle *B* ci-joint, dans les relations qui comportent l'emploi de semblables déclarations. Il appartient aux Administrations intéressées d'adresser une notification à ce sujet aux Offices correspondants, et de leur indiquer le nombre des déclarations en douane à joindre aux envois.

IV. Exprès; avis de réception; demandes de retrait ou de changement d'adresse; envois grevés de remboursement. — Les dispositions de l'art. XIII de la Convention principale, ainsi que les articles XIV et XXXI de son Règlement d'exécution sont respectivement applicables en cas de demande, soit de remise par exprès, soit d'avis de réception, de retrait ou de changement d'adresse d'une lettre ou boîte avec valeur déclarée.

Les dispositions de l'art. XV du Règlement d'exécution de la Convention principale sont applicables aux lettres ou boîtes de valeur déclarée grevées de remboursement.

V. Déclarations frauduleuses. — Lorsque des circonstances quelconques ou les réclamations des intéressés viennent à révéler l'existence d'une declaration frauduleuse de valeur supérieure à la valeur réelle insérée dans une lettre ou boîte, avis en est donné à l'Administration du pays d'origine, dans le plus bref délai possible, et, le cas échéant, avec les pièces de l'enquête à l'appui.

VI. Indication du poids des envois; timbre à date. — 1. Le poids exact, en grammes, de chaque lettre ou boîte contenant des valeurs déclarées doit être inscrit sur l'envoi, par l'Office d'origine, à l'angle gauche supérieur de la suscription

2. L'envoi est, en outre, frappé par le bureau d'origine, du côté de la suscription, du timbre indiquant le lieu et la date du dépôt et, le cas échéant, du timbre spécial en usage dans le pays d'origine pour les lettres ou boîtes contenant des valeurs déclarées.

3. Le bureau destinataire applique, au verso, son propre timbre à la date de la réception.

VII. Condition de transmission des envois; bureaux d'échange. — 1. La transmission des envois contenant des valeurs déclarées entre pays limitrophes ou reliés entre eux au moyen d'un service maritime direct, est effectuée par ceux des bureaux d'échange que les deux Offices correspondants désignent d'un commun accord à cet effet.

2. Dans les rapports entre pays séparés par un ou plusieurs services intermédiaires, les lettres et boîtes de valeur déclarée doivent toujours suivre la voie la plus directe et être livrées à découvert au premier Office intermédiaire, si cet Office est à même d'assurer la transmission dans les conditions déterminées par l'art. I du présent Règlement.

3. Toutefois, est réservée aux Offices correspondants la faculté de s'entendre, soit pour échanger des valeurs déclarées en dépêches closes au moyen des services d'un ou de plusieurs pays intermédiaires participant ou non à l'Arrangement, soit pour assurer la transmission à découvert par des voies détournées, au cas où ce mode de transmission ne comporte pas, par la voie directe, la garantie de responsabilité sur tout le parcours.

VIII. Feuilles d'envoi; confection des paquets; insertion dans les dépêches. — 1. Les lettres et les boîtes contenant des valeurs déclarées sont inscrites par le bureau d'échange expéditeur sur des feuilles d'envoi spéciales, conformes au modèle *C* annexé au présent Règlement, avec tous les détails que ces formules comportent.

Les colonnes 5, 6 et 7 desdites feuilles ne sont remplies que pendant la période de statistique prévue à l'art. IV de l'Arrangement.

En regard de l'inscription des envois à faire remettre par exprès, de ceux qui font l'objet de demande d'avis de réception ou qui sont grevés de remboursement, on doit faire respectivement figurer dans la colonne «Observations», soit la mention «Exprès», soit la mention «A. R.», soit enfin la mention «Remb.» suivie de l'indication, en monnaie du pays de destination, sauf arrangement contraire entre les Administrations intéressées, du montant du remboursement.

2. Les lettres et boîtes avec valeur déclarée forment, avec la feuille d'envoi, un ou deux paquets spéciaux qui sont ficelés et enveloppés de papier solide, puis ficelés extérieurement et cachetés à la cire fine sur tous les plis, au moyen du cachet du bureau d'échange expéditeur. Ces paquets portent pour suscription les mots «valeurs déclarées» ou «lettres de valeur déclarée» et «boîtes de valeur déclarée».

Au lieu d'être réunies en un paquet proprement dit, les lettres avec valeur déclarée peuvent être insérées dans une enveloppe de fort papier fermée au moyen de cachets à la cire.

3. La présence ou l'absence de tels paquets dans une dépêche susceptible de contenir des envois avec valeur déclarée est constatée, en regard de la rubrique *ad hoc* qui figure au recto de la feuille d'avis, soit par l'indication du nombre des paquets, soit par la mention «Néant».

4. Le paquet ou les paquets de valeur déclarée sont réunis par un croisé de ficelle au paquet des objets recommandés et insérés au centre de la dépêche; à ces paquets réunis est attachée extérieurement l'enveloppe spéciale renfermant la feuille d'avis.

Toutefois, lorsqu'on utilise un sac pour l'emballage des objets recommandés, le paquet ou les paquets de valeur déclarée sont insérés dans ce sac.

5. Toutes les fois qu'un des deux Offices correspondants réclame la séparation, les boîtes de valeur déclarée doivent être décrites sur des formules *C* distinctes et être emballées séparément. ·

6. Les avis de réception des envois de valeur déclarée sont traités conformément aux dispositions des articles XIV et XXI du Règlement d'exécution de la Convention principale.

7. Les dispositions du présent article peuvent être modifiées d'un commun accord entre les deux Offices correspondants, dans les relations où ces dispositions seraient incompatibles avec le régime particulier de l'un d'eux.

IX. *Vérification des paquets; irrégularités diverses.* — 1. Á la réception d'un paquet de valeur déclarée, le bureau d'échange destinataire commence par rechercher si ce paquet ne présente aucune irrégularité, soit dans son état ou sa confection extérieure, soit dans l'accomplissement des formalités auxquelles la transmission est soumise par l'article précédent.

2. Ce bureau procède ensuite à la vérification particulière des envois contenant des valeurs déclarées, et, s'il y a lieu, à la constatation des manquants ou autres irrégularités, ainsi qu'à la rectification des feuilles d'envoi, en se conformant aux règles tracées pour les objets recommandés par l'art. XXV du Règlement d'exécution de la Convention principale.

3. La constatation, soit d'un manquant, soit d'une altération ou irrégularité de nature à engager la responsabilité des Administrations respectives, est opérée au moyen d'un procès-verbal qui est transmis, accompagné des enveloppes, ficelles et cachets du paquet ainsi que du sac qui le contient, à l'Administration centrale du pays auquel appartient le bureau d'échange destinataire. Un double de ce document est, en même temps, adressé, sous recommandation d'office, à l'Administration centrale à laquelle ressortit le bureau d'échange expéditeur, indépendamment du bulletin de vérification à transmettre immédiatement à ce bureau.

4. Sans préjudice de l'application des dispositions du paragraphe 3, le bureau d'échange qui reçoit d'un bureau correspondant un envoi insuffisamment emballé ou avarié, doit y donner cours après l'avoir emballé de nouveau, s'il y a lieu, en conservant autant que possible l'emballage primitif. En pareil cas, le poids de l'envoi doit être constaté avant et après le nouvel emballage..

X. *Réexpédition; rebuts.* — 1. Les lettres et les boîtes de valeur déclarée réexpédiées par suite de fausse direction sont acheminées sur leur destination par la voie la plus rapide dont peut disposer l'Office réexpéditeur.

Lorsque la réexpédition entraîne restitution des envois de l'espèce à l'Office expéditeur, les bonifications inscrites, le cas échéant, pendant la période de statistique à la feuille d'envoi de cet Office, sont annulées et le bureau d'échange réexpéditeur livre ces envois pour mémoire à son correspondant, après avoir signalé l'erreur par un bulletin de vérification.

Dans le cas contraire, et si les droits bonifiés à l'Office réexpéditeur sont insuffisants pour couvrir sa part de ces droits et les frais de réexpédition qui lui incombent, il se crédite de la différence en forçant la somme inscrite à son avoir sur les feuilles d'envoi du bureau d'échange expéditeur. Le motif de cette rectification est notifié audit bureau au moyen d'un bulletin de vérification.

2. Les lettres et boîtes de valeur déclarée réexpédiées, par suite du changement de résidence des destinataires, sur un des pays contractants, sont frappées du timbre T par l'Office réexpéditeur et grevées à la charge du destinataire, par l'Office distributeur,

d'une taxe représentant le droit revenant à ce dernier Office et, s'il y a lieu, à chacun des Offices intermédiaires.

Dans ce dernier cas, le premier Office intermédiaire qui reçoit, pendant la période de statistique, une valeur déclarée réexpédiée se crédite du montant de son droit vis-à-vis de l'Office auquel il livre cet envoi et ce dernier, à son tour, s'il n'est lui-même qu'un intermédiaire, répète sur l'Office suivant son propre droit cumulé avec celui dont il a tenu compte à l'Office précédent. La même opération se poursuit dans les rapports entre les différents Offices participant au transport jusqu'à ce que l'envoi parvienne à l'Office distributeur.

Toutefois, si les droits exigibles pour le parcours ultérieur d'un envoi réexpédié sont acquittés au moment de la réexpédition, cet envoi est traité comme s'il était adressé directement du pays réexpéditeur dans le pays de destination, et remis sans taxe au destinataire.

3. Toute lettre ou boîte de valeur déclarée dont le destinataire est parti pour un pays non participant au présent Arrangement est renvoyée immédiatement en rebut au pays d'origine, pour être rendue à l'expéditeur, à moins que l'Office de la première destination ne soit en mesure de la faire parvenir.

4. Les envois de valeur déclarée qui sont tombés en rebut, pour quelque cause que ce soit, doivent être réciproquement renvoyés, par l'intermédiaire des bureaux d'échange respectifs, aussitôt que possible et, au plus tard, dans les délais fixés par le Règlement d'exécution de la Convention principale. Ces envois sont inscrits pour mémoire sur la feuille spéciale C avec la mention «Rebuts» dans la colonne d'observations et compris dans le paquet intitulé «Valeurs déclarées».

5. Si des boîtes de valeur déclarée réexpédiées sur un autre pays par suite de changement de résidence du destinataire ou tombées en rebut, sont grevées de frais accessoires de vérification non remboursables lors de la réexpédition, le montant en est porté au débit de l'Office correspondant, dans la colonne 8 de la feuille d'envoi, avec indication sommaire en regard, dans la colonne 9, de la nature des frais de l'espèce à recouvrer sur le destinataire ou sur l'expéditeur (droit de timbre, frais d'essayage, etc).

XI. Responsabilité. — Jusqu'à preuve du contraire, l'Administration qui a transmis une lettre ou une boîte contenant des valeurs déclarées à une autre Administration est déchargée de toute responsabilité par rapport à ces valeurs, si le bureau d'échange auquel la lettre ou la boîte a été livrée n'a pas fait parvenir, par le premier courrier après la vérification, à l'Administration expéditrice, un procès-verbal constatant l'absence ou l'altération, soit du paquet entier des valeurs déclarées, soit de la lettre ou de la boîte elle-même.

XII. Réclamations d'envois non parvenus. — En ce qui concerne les réclamations des lettres et boîtes de valeur déclarée non parvenues à destination, les Administrations se conforment aux dispositions de l'art. XXX du Règlement d'exécution de la Convention principale concernant la réclamation des objets recommandés.

XIII. Frais de transit. — Les prix dus à chaque Office participant, conformément au premier paragraphe de l'art. IV de l'Arrangement, pour le transit territorial ou maritime des lettres avec valeur déclarée, sont calculés dans les conditions fixées par les articles XXXIII à XXXVI du Règlement d'exécution de la Convention principale.

XIV. Statistique: comptes; payement des soldes. — 1. Chaque Administration fait établir tous les ans, pendant les 28 premiers jours du mois de Janvier de l'année qui suit celle de la mise en vigueur de l'Arrangement et pendant les 28 premiers jour des mois de Mars, Mai, Juillet, Septembre et Novembre respectivement dans les années suivantes de la durée de l'Arrangement, par chacun de ses bureaux d'échange et pour tous les envois reçus, des bureaux d'échange d'un seul et même Office, un état, conforme au modèle D annexé au présent Règlement, des sommes inscrites sur chaque feuille d'envoi, soit à son crédit pour sa part et celle de chacune des Administrations intéressées, s'il y a lieu, dans les taxes de transport (boîtes seulement) et dans les droits d'assurance perçus par l'Office expéditeur, soit à son débit, pour la part revenant aux Offices intermédiaires; en cas de réexpédition ou de mise en rebut, dans les droits postaux à recouvrer sur les destinataires ou sur les expéditeurs.

2. Les états D sont ensuite récapitulés par les soins de la même Administration dans un compte conforme au modèle E, également annexé au présent Règlement, compte dont les totaux sont multipliés par 13, pour établir le montant annuel des bonifications. Dans le cas où ce multiplicateur ne se rapporte pas à la périodicité du service, ou lors, qu'il s'agit d'expéditions extraordinaires faites pendant la période de statistique, les Administrations s'entendent pour l'adoption d'un autre multiplicateur.

Si l'utilité en est reconnue, par suite de l'adhésion de nouveaux Offices à l'Arrangement, des statistiques spéciales peuvent être effectuées.

Á titre exceptionnel, la statistique effectuée en Janvier 1908 produira rétroactivement ses effets sur la période comprise entre le 1er Octobre et le 31 Décembre 1907.

3. Le compte E, accompagné des états partiels, des feuilles d'envoi et, s'il y a lieu des bulletins de vérification y afférents, est soumis à l'examen de l'Office correspondant dans le courant du mois qui suit celui pendant lequel la statistique a été tenue.

Le résultat de cet examen est communiqué à l'Office qui a établi le compte, dans le délai d'un mois au plus tard à partir de la date de réception dudit compte.

4. Chaque Administration participant au service des boîtes avec valeur déclarée, établit, en outre, à la fin de l'année, un relevé spécial des sommes portées à son débit dans la colonne 8 des feuilles d'envoi, pour les droits non postaux à recouvrer sur les destinataires ou les expéditeurs desdites boîtes.

Ce relevé, accompagné des pièces justificatives, est soumis, dans le courant du premier mois de l'année suivant celle à laquelle il se rapporte, à la vérification de l'Office correspondant, qui doit le renvoyer dans le délai d'un mois.

5. Les comptes E et, le cas échéant, les relevés spéciaux dont il est question au paragraphe précédent, après avoir été vérifiés et acceptés de part et d'autre, sont résumés dans un compte général par les soins de l'Administration créditrice, sauf autre arrangement à prendre par les Offices intéressés.

Le compte général doit être établi et transmis à l'Office correspondant au plus tard dans le courant de la première moitié du troisième mois de l'année qui suit celle en cause, et ce dernier Office doit renvoyer le compte, accepté ou avec observations, dans un délai d'un mois au plus après la réception.

6. Sauf autre arrangement entre les Offices intéressés, le payement du solde résultant du compte général doit être effectué sans frais pour l'Administration créditrice, au plus tard un mois après que ledit compte a été contradictoirement arrêté.

XV. Communications de documents et de renseignements. — 1. Les Administrations se communiquent réciproquement, par l'intermédiaire du Bureau international et trois mois au moins avant la mise à exécution de l'Arrangement, savoir:

1° Le tarif des droits d'assurance applicable dans leur service aux lettres et aux boîtes de valeur déclarée pour chacun des pays contractants, en conformité de l'art. V de l'Arrangement et de l'art. I du présent Règlement.

2° Le cas échéant, l'empreinte du timbre spécial en usage dans leur service pour les valeurs déclarées.

3° Le maximum jusqu'à concurrence duquel elles admettent les valeurs déclarées, par application de l'article premier de l'Arrangement.

2. Toute modification apportée ultérieurement à l'égard de l'un ou de l'autre des trois points ci-dessus mentionnés doit être notifiée, sans retard, de la même manière.

XVI. Propositions de modifications dans l'intervalle des Congrès. —1. Dans l'intervalle qui s'écoule entre les réunions prévues à l'art. XXV de la Convention principale, toute Administration des postes d'un pays de l'Union a le droit d'adresser aux autres Administrations participantes, par l'intermédiaire du Bureau international, des propositions pour la modification ou l'interprétation du présent Règlement.

2. Toute proposition est soumise au procédé déterminé par l'art. XLV du Règlement d'exécution de la Convention principale.

3. Pour devenir exécutoires, les propositions doivent réunir, savoir:

1° L'unanimité des suffrages, s'il s'agit de l'addition de nouvelles dispositions ou de la modification des dispositions du présent article ou de l'art. XVII.

2° Les deux tiers des suffrages, s'il s'agit de la modification des articles II, III, VI, VII, VIII, IX, XI et XIII.

3° La simple majorité absolue, s'il s'agit de la modification des autres articles ou de l'interprétation des diverses dispositions du présent Règlement, sauf le cas de litige prévu à l'art. XXIII de la Convention principale.

4. Les résolutions valables sont consacrées par une simple notification du Bureau international à toutes les Administrations participantes.

5. Toute modification ou résolution adoptée n'est exécutoire que trois mois, au moins, après sa notification.

XVII. Durée du Règlement. —Le présent Règlement sera exécutoire à partir du jour de la mise en vigueur de l'Arrangement. Il aura la même durée que cet Arrangement, à moins qu'il ne soit renouvelé d'un commun accord entre les parties intéressées.

Fait à Rome, le 26 mai 1906.

Pour l'Espagne: CARLOS FLORÉZ.
Pour l'Allemagne et les protectorats allemands: GIESEKE. — KNOF.
Pour la République Argentine: ALBERTO BLANCAS.
Pour l'Autriche: STIBRAL.—EBERAN.
Pour la Belgique: J. STERPIN. — L. WODON.—A. LAMBIN.
Pour la Bosnie-Herzégovine: SCHLEYER. — KOWARSCHIK.
Pour le Brésil: JOAQUIM CARNEIRO DE MIRANDA E HORTA.
Pour la Bulgarie: IV. STOYANOVITCH. — T. TZONTCHEFF.
Pour le Chili: CARLOS LARRAIN CLARO. — M. LUIS SANTOS RODRÍGUEZ.
Pour la République de Colombie: G. MICHELSEN.
Pour le Danemark et les colonies danoises: KIÖRBOE.
Pour l'Égypte: Y. SABA.
Pour la France et l'Algérie: JACOTEY.—LUCIEN SAINT.—HERMAN.
Pour les colonies et protectorats français de l'Indo-Chine: G. SCHMIDT.
Pour l'ensemble des autres colonies françaises: MORGAT.
Pour la Grande-Bretagne et diverses colonies britanniques: H. BABINGTON SMITH.
A. B. WALKLEY. — H. DAVIES.
Pour l'Inde britannique: H. M. KISCH.—E. A. DORAN.

Pour la Grèce: CHRIST. MIZZOPOULOS.—C. N. MARINOS.

Pour le Guatemala: THOMÁS SEGARINI.

Pour la Hongrie: PIERRE DE SZALAY.—DR. DE HENNYEY.

Pour l'Italie et les colonies italiennes: ELIO MORPURGO.—CARLO GAMOND.—PIRRONE.—GIUSEPPE GREBORIO.—E. DELMATI.

Pour le Japon: KANICHIRO MATSUKI.—TAKEJI KAWAMURA.

Pour le Luxembourg: Pour M. MONGENAST, A. W. KYMMELL.

Pour le Monténégro: EUG. POPOVITCH.

Pour la Norvège: THB. HEYERDAHL.

Pour les Pays-Bas: Pour M. G. J. C. A. POP, A. W. KYMMELL.—A. W. KYMMELL.

Pour les Indes néerlandaises: PERK.

Pour le Portugal et les colonies portugaises: ALFREDO PEREIRA.

Pour la Roumanie: GR. CERKEZ.—G. GABRIELESCU.

Pour la Russie: VICTOR BILIBINE.

Pour la Serbie:

Pour la Suède: FREDR. GRÖNWALL.

Pour la Suisse: J. B. PIODA.—A. STÄGER.—C. DELESSERT.

Pour la Tunisie: ALBERT LEGRAND.—E. MAZOYER.

Pour la Turquie: AH. FAHRY.—A. FUAD HIKMET.

ANEJOS

Office expéditeur
DU PRÉSENT TABLEAU:

Office destinataire
DU PRÉSENT TABLEAU:

....

A

Échange de lettres et boîtes

AVEC VALEUR DÉCLARÉE ENTRE PAYS NON LIMITROPHES

Tableau indiquant les conditions auxquelles peuvent être transmis à découvert à l'Office des postes d......... ...., par l'Office des postes d................. ...., des envois contenant des valeurs déclarées à destination des pays auxquels le premier Office est à même de servir d'intermédiaire au second.

Pays de destination.	Voies de transmission.	Désignation des pays intermédiaires et des services maritimes dont l'emploi entraîne rémunération spécial avec garantie.	Total des taxes de transport pour les boîtes à bonifier à..............	Total des droits d'assurance pour les lettres et pour les boîtes à bonifier à..............	Observations.
1	2	3	4	5	6

B

Déclaration en Douane.

DÉCLARATION DU CONTENU	VALEUR DU CONTENU	POIDS		OBSERVATIONS
		brut de la boîte. net du contenu.		
1	2	3	4	5
		Grammes.	Grammes.	

Reproduire ci-dessous l'empreinte des cachets.

A....   ...., le....   ... 190...

L'expéditeur.

(265)

Administration des Postes

d................................

C

e. cte.

Correspondance avec l'Office

d.. ....

Timbre du bureau
expéditeur.

Feuille d'envoi des lettres et boîtes

Timbre du bureau
destinataire.

AVEC VALEUR DÉCLARÉE

expédiées par le bureau d'echange d...........

au bureau d'échange d............................

Départ (.... envoi) du .... 190... à ..... h. ..... m. du ... .

Arrivée le .... 190.... à ..... h. ..... m.

Numéros d'ordre.	Timbres d'origination.	Jours de distribution.	Montant des valeurs déclarées.	Taxes d'affranchissement pour les lettres contenues d'une dépêche.	Droits de fixation à bonifier pour les lettres à l'Office destinataire de la dépêche.	Taxes de transport (boîtes) et droits d'assurance (boîtes et lettres) à bonifier par l'Office expéditeur de la dépêche.	Frais divers à récupérer par l'Office expéditeur de la dépêche.	Observations.
1	2	3	4	5	6	7	8	9
			Fr. Ct.	Fr. Ct.	Fr. Ct.	Fr. Ct.	Fr. Ct.	
1								
2								
3								
4								
5								
6								
7								
8								
9								
10								
11								
12								
13								
14								
15								
À reporter								

C

(verso).

Numéros d'ordre.	Timbre d'origine.	Lieux de destination.	Montant des valeurs déclarées.	Taxes de transport à bonifier pour les boîtes à l'Office destinataire de la dépêche.		Droits d'assurance à bonifier pour les lettres et les boîtes à l'Office destinataire de la dépêche.		Taxes de transport (boîtes) et droits d'assurance (lettres et boîtes) à récupérer par l'Office expéditeur de la dépêche.		Frais divers à récupérer par l'Office expéditeur de la dépêche.		Observations.
1	2	3	4	5		6		7		8		9
				Fr.	Ct.	Fr.	Ct.	Fr.	Ct.	Fr.	Ct.	
Report....												
16												
17												
18												
19												
20												
21												
22												
23												
24												
25												
26												
27												
28												
29												
30												
31												
32												
33												
34												
35												
36												
TOTAUX...												

Les employés du bureau expéditeur,   *Les employés du bureau destinataire,*

Administration des Postes

d ....

Correspondance avec l'Office

d ....

D

ÉTAT

des sommes que se doivent réciproquement l'Administration des Postes d............
et l'Administration des Postes d............... à titre de taxes de transport et de droits
d'assurance pour les lettres et boîtes avec valeur déclarée livrées par les bureaux
d'échange dépendant de la première Administration au bureau d'échange d..........

Mois d........................... 190....

Dates des feuilles d'envoi.	I. Avoir de l'Office destinataire. Colonnes 4 et 6 de la formule C.)						II.—Avoir de l'Office expéditeur. Taxes et droits. (Colonne 7 de la formule C.)						Observations.
	Fr. C.	Fr. C.	Fr. C.	Fr. C.	Fr. C.	Fr. C.	Fr. C.	Fr. C.	Fr. C.	Fr. C.	Fr. C.		
1													
2													
3													
4													
5													
6													
7													
8													
9													
10													
11													
12													
13													
14													
15													
16													
17													
18													
19													
20													
21													
22													
23													
24													
25													
26													
27													
28													
....													
....													
Totaux par feuilles d'avoir,													
Total général de chaque avoir													

Timbre du bureau d'échange destinataire,

Le Chef du bureau d'échange destinataire,

Administration des Postes

d.....................

☰

(recto).

Correspondance avec l'Office

d.......................

COMPTE

récapitulatif des états de feuilles d'envoi des valeurs déclarées adressées par
les bureaux d'échange d......................... .... aux bureaux
d'échange d................. ....

Mois d............................. 190...

Numéros d'ordre.	DÉSIGNATION DES BUREAUX D'ÉCHANGE DESTINATAIRES	MONTANT DES SOMMES DUES DAPRÈS CHAQUE ÉTAT			
		à l'Office destinataire.		à l'Office expéditeur.	
		Francs.	Ct.	Francs.	Ct.
1					
2					
3					
4					
5					
6					
7					
8					
9					
10					
11					
12					
13					
14					
15					
16					
17					
18					
19					
20					
	Totaux à reporter...				

H

(verso).

Numéros d'ordre.	DÉSIGNATION DES BUREAUX D'ÉCHANGE DESTINATAIRES	MONTANT DES SOMMES DUES D'APRÈS CHAQUE ÉTAT			
		à l'Office destinataire.		à l'Office expéditeur.	
		Francs.	Ct.	Francs.	Ct.
	Report				
	Totaux				

Solde au crédit de l'Office ....

N O T A S (*)

(a) La *Gaceta*, traduce *comportent* (permitan), por *exijan*.
(b) La *Gaceta* dice, alterando el sentido: «*y por la importación, al ejercicio de la inspección, de la garantía y de la Aduana*», debiendo de ser «*y por la importación, al ejercicio del contraste de la ley y de la Aduana*».

(*)   Para no fatigar al lector omitimos la mención de las inexactitudes de la traducción oficial, que ya hemos hecho notar en la versión del Convenio general y que naturalmente se hallan reproducidas en la presente.

FIN DEL TOMO TERCERO

Lightning Source UK Ltd.
Milton Keynes UK
UKHW020035260219

337881UK00006B/322/P

9 780260 964670